실리콘밸리 천재들의

생각 아포리즘

Idea aphorisms of Silicon Valley geniuses

0에서 1을 만드는 생각의 탄생

IDEA
APHORISMS
of
Silicon Valley geniuses

실리콘밸리 천재들의 생각 아포리즘

– 인문학자 김태현 지음 –

RITEC
CONTENTS

아포리즘의 마법,
번역은 반역이다.

이 책은 제가 그동안 수많은 책을 읽으며 끊임없이 요약하고 축약해서 메모해둔 문장들을 모아 집필한 아포리즘(aphorism) 시리즈의 한 작품입니다. 이미 수만 독자의 사랑을 받은 베스트셀러 아포리즘 도서인 〈백년의 기억, 베스트셀러 속 명언 800〉, 〈타인의 속마음, 심리학자들의 명언 700〉, 〈부와 성공의 인사이트, 유대인 탈무드 명언〉 등을 출간한 경험이 있어 저는 독서 메모가 습관이 된 지 오래입니다.

그러다가 평소처럼 독서하면서 메모를 하던 중, 불현듯 지금껏 써왔던 메모를 다시 정리해야겠다는 생각이 들었습니다. 그렇게 수십 년여 동안 쓴 노트를 분야별로 정리하다 보니 실리콘밸리의 천재들에 관한 책을 많이 읽었고 그들의 인터뷰 기사 등 관련 자료를 많이 스크랩했다는 사실을 알게 되었습니다.

그들이 어떻게 창조적인 생각을 할 수 있는지를 메모해놓은 것들을 따로 정리하니 노트 여러 권을 꽉 채울 정도로 분량이 상당했습니다. 문득 이런 생각이 들었습니다. '이 메모들이 바로 창조적 생각 "아포리즘"이다.' 아포리즘은 깊은 체험적 진리를 간결하고 압축된 형식으로 나타낸 짧은 글인데, 작가의 독자적인 창작이며 또한 교훈적 가치보다도 순수한 이론적 가치를 중요시합니다.

저는 각자 따로 흩어져 있으면 그저 짧은 문장일 뿐이지만 분류하여 모아놓으면 한 권의 책이 되는 아포리즘의 마법을 이용하여, 목차를 구성하기 시작했습니다. 본문에는 그동안 제게 굉장한 영감을 주었던 실리콘밸리 천재들의 생각과 엄청난 통찰을 주었던 천재적인 발상법에 대해서 써 내려갔습니다.

사실 스티브 잡스, 마크 저커버그 등 유명한 실리콘밸리 천재들에 관한 책은 전 세계적으로 수천 종은 될 것입니다. 하지만 이것은 번역과 각색을 통해 작가에 의해 한 번 정제되었기에 진짜 실리콘밸리 천재들의 생각이 아닌 작가의 생각일 수 있습니다. 그렇기에 순수한 오리지널 창조의 생각과는 거리가 멀 수도 있습니다.

그래서 저는 '훌륭한' 아포리즘이란 무엇인지 깊게 고민하였고, 그 답을 구현하는 데 많은 시간과 노력을 기울였습니다. 그렇게 인고의 시간을 보내고 나서야 비로소 이 책을 완성하게 되었습니다.

실리콘밸리 천재들의 생각을 번역된 언어로만 전하는 것이 아니라 영어 원문 그대로 쓴 이유는, 한 번 걸러진 생각이 아닌 실제적인 그들의 생각을 독자들이 직접 깊게 이해하고 사유하기를 바랐기 때문입니다.

번역은 곧 반역이라는 게 저의 지론입니다. 인문 고전도 어느 정도 경지에 오른 철학자들은 〈도덕경〉, 〈공자〉 같은 원문을 읽는 것이 진짜 경지에 도달할 수 있는 지름길이라고 말합니다. 훌륭한 불교 고승들 역시 팔리어나 티베트 글자를 공부하여 〈니까야〉, 〈아함경〉 같은 경전을 원문으로 읽으며 도에 이르고는 합니다. 깨달은 철학자들이나 고승들처럼 이 책을 읽는 독자들도 원문을 읽어보면서 그들의 생각을 직접 사유하고 통찰하기를 바랍니다.

만약 당신이 비즈니스를 하는 회사원이라면 비즈니스에 대한 통찰을, 스타트업을 시작하는 사업가라면 스타트업 운영에 대한 통찰을 얻을 수 있습니다. 또한, 일반인이라면 이 책을 통해 AI가 핵심이 될 미래에 대해 사유하고 대비할 수 있습니다. 실리콘밸리 천재들은 기술이 사회를 바꾸는 가장 강력한 동력이라고 생각하고 있기 때문입니다.

그들은 사회를 개방하고 삶의 질을 높이는 데 기술이 도움이 된다고 믿습니다. 더 나은 삶을 향한 실리콘밸리 천재들의 믿음은 지금도 계속되고 있습니다. 그들이 개발한 미래 혁신 기술은 개인과 사회 모두에게 새로운 기회를 제공하는 동시에 사회의 불평등을 극복하고 더 나은 삶을 제공하기 위한 강력한 해결책으로 작용할 것입니다.

실리콘밸리 미래 기술은 인류의 생활 방식과 문화를 강력하게 변화시킬 것입니다. 인공지능과 로봇 기술을 통해 다양한 업무를 자동화하고, 인간의 지능과 인간의 능력을 대체할 수 있는 다양한 기술이 발전할 것입니다. 또한, 인공지능과 로봇 기술을 이용하여 인간이 이루지 못하는 다양한 일을 수행할 수 있게 될 것입니다.

인류의 문화와 생활 방식을 강력하게 변화시킬 이러한 변화는 바로 실리콘밸리 천재들의 창조적인 생각에서부터 시작됩니다. 지금 이 책을 통해 애플의 스티브 잡스부터 챗GPT를 만든 OpenAI의 샘 알트만까지 실리콘밸리 천재들의 사고방식을 배워보세요. 각 단락은 실리콘밸리 천재들이 회사를 만들게 된 탄생의 모티브와 다양한 창조적 아이디어들을 제공하고 있습니다.

이 책에는 당신이 찾고자 하는 사소한 문제의 해결법은 물론 사고방식을 변화시키고 삶을 뒤바꿀 어떤 비법이 담겨있다고 저는 자신합니다.

인문학자

김태현

차 례

PART 1

실리콘밸리를
움직이는
거인들의 통찰

제1장

항상 갈구하라.
바보짓을 두려워 말라.

애플 창립자
스티브 잡스 *Steve Jobs*

애플의 전 CEO이자 공동 창립자인 스티브 잡스는 1976년 스티브 워즈니악, 로널드 웨인과 함께 애플을 공동 창업하고 애플2를 통해 개인용 컴퓨터를 대중화시킨 인물이다. 그는 매킨토시 판매량 부진과 운영진과의 불화로 인해 애플에서 쫓겨나기도 했지만, Next를 창업하여 새로운 개념의 운영체제를 개발하는 등 도전을 거듭하여 결국 애플로 다시 돌아왔다. 그리고 애플을 혁신적인 기업으로 만드는 데 성공하였다. 그는 아이폰을 공개하면서 모두를 놀라게 했고, 스마트폰의 혁신을 가져와 우리가 사는 세상을 바꾸어 놓았다.

오늘날 스티브 잡스를 모르는 사람은 보기 드물 정도이다. 그는 시대를 대표하는 혁신의 아이콘이었으며 많은 사람에게 영감을 주는 인물이다. 그가 남긴 명언 중에는 'Stay hungry, Stay foolish'라는 말이 있다. 번역이나 뉘앙스의 차이는 있지만, 항상 갈구하고 바보짓 하기를 두려워 말라는 의미이다. 우리는 그의 말을 통해 삶의 태도를 짐작할 수 있다. 도전이 망설여지고 미래가 불안하다면, 여기 스티브 잡스의 대표적인 일화를 통해 그가 어떻게 세상을 바꾸고 주도할 수 있었는지 알아보자.

스티브 잡스는 애플에서 프로젝트 팀장을 맡을 때, 자기 아이디어에 동조하지 않는 팀원은 인정사정없이 그 자리에서 해고했다고 한다. 일에 있어서 무자비한 냉혈한이었던 스티브 잡스. 그는 항상 해군이 되느니 해적이 되는 게 낫다면서 자신처럼 창의적이고 똑똑하지만 반항기가 다분한 인재를 원했다고 한다. 세상의 칭송을 한 몸에 받으면서도 반항기가 넘치는 악동이었던 스티브 잡스는 어떤 사고방식을 가지고 애플을 이끌었을까?

0001   1997년에 이곳에 돌아왔을 당시, 나에겐 더 넓은 공간이 필요했다. 낡은 맥과 같은 물건들을 쌓아 놓은 것을 발견하고, "당장 치워!"라고 소리쳤다. 그리고 모두 스탠퍼드로 보내 치워버렸다. 이 분야에서 잠깐이라도 뒤를 돌아보면, 완전히 무너질 것이다. 오직 앞만 보고 가야 한다.

When I got back here in 1997, I was looking for more room, and I found an archive of old Macs and other stuff. I said, 'Get it away!' and I shipped all that shit off to Stanford. If you look backward in this business, you'll be crushed. You have to look forward.

0002   나의 사업모델은 비틀즈이다. 부정적인 상황에서 그들은 서로를 지탱해주는 존재였다. 서로 균형을 맞춰주었고 개인보다 공동체일 때 더 강했다. 이렇듯 나의 관점에서 사업이란 한 팀의 사람들이 이루어 내는 것이지, 개인이 이룰 수 없다.

My model for business is The Beatles. They were four guys who kept each other's kind of negative tendencies in check. They balanced each other, and the total was greater than the sum of the parts. That's how I see business: great things in business are never done by one person, they're done by a team of people.

0003 작은 스타트업 기업들이 정말로 사업에 열정이 있는지, 아니면 단지 돈에만 관심이 있는지 알기가 어렵다. 하지만 나는 말할 수 있다. 그들이 정말로 회사를 세우는 데 열정과 진지함이 있는 게 아니라면, 운은 따르지 않을 것이다. 왜냐하면 열정이 없으면 포기하게 될 정도로 힘든 일이기 때문이다.

It's hard to tell with these Internet startups if they're really interested in building companies or if they're just interested in the money. I can tell you, though: If they don't really want to build a company, they won't luck into it. That's because it's so hard that if you don't have a passion, you'll give up.

0004 대부분의 경우 기성품을 사용한다. 우리가 입는 옷을 직접 만들고, 먹는 음식을 직접 재배하지 않으며, 이미 개발된 언어를 사용하고, 다른 사회의 수학이론을 사용한다. 지금까지는 이렇게 살아왔지만 이제 기회가 온 듯하다.

Most of the time, we're taking things. Neither you nor I made the clothes we wear; we don't make the food or grow the foods we eat; we use a language that was developed by other people; we use another society's mathematics. Very rarely do we get a chance to put something back into that pool. I think we have that opportunity now.

0005 애플의 핵심 중 하나는 애플이 놀라울 정도로 협력적인 회사라

는 것이다. 애플에 과연 몇 개의 위원회가 있는지 아는가? 0개. 우리에겐 단 하나의 위원회도 없다. 우리는 스타트업처럼 조직적이다. 한 사람은 아이폰 OS 소프트웨어 담당, 한 사람은 맥 하드웨어 담당, 한 사람은 아이폰 하드웨어 엔지니어링 담당, 한 사람은 전 세계 마케팅 담당, 또 어떤 한 사람은 운영을 담당한다. 우리는 스타트업처럼 조직적이다. 우리는 지구상에서 가장 큰 스타트업이다.

One of the keys to Apple is Apple's an incredibly collaborative company. You know how many committees we have at Apple? Zero. We have no committees. We are organized like a startup. One person's in charge of iPhone OS software, one person's in charge of Mac hardware, one person's in charge of iPhone hardware engineering, another person's in charge of world wide marketing, another person's in charge of operations. We are organized like a startup. We are the biggest startup on the planet.

0006 또 다른 우선순위는 애플을 좀 더 기업답게, 스타트업처럼 만드는 것이었다. 그래서 우리는 그 즉시 조직을 재편성하고 제품 라인을 대폭 줄였고, 고위 경영자들에게 현금 보너스 대신 많은 주식을 보상으로 주었다. 결론은 그편이 더 젊은 회사처럼 느껴진다는 것이다. 하지만 이런 급진적인 시각으로 끊임없이 무언가 바꾸는 것은 바람직하지 않다. 중요한 것이 되기 위해 세상을 모두 바꿀 필요는 없다.

Another priority was to make Apple more entrepreneurial and startup-like. So we immediately reorganized, drastically narrowed the product line, and changed compensation for senior managers so they get a lot of stock but no cash bonuses. The upshot is that the place feels more like a young company. But it's a disservice to constantly put things in this radical new light–that it's going to change everything. Things don't have to change the world to be important.

0007 행동해야 한다. 그리고 실패를 기꺼이 받아들여야 한다. 낯선 사람들과 유선으로 대화를 나누고, 새로운 회사를 차리려면, 여기저기서 깨지고 무너질 각오로 시작해야 한다. 실패를 두려워하면 그리 멀리 가지 못할 것이다.

You gotta act. And you've gottabe willing to fail, you gotta be ready to crash and burn, with people on the phone, with starting a company, with whatever. If you're afraid of failing, you won't get very far.

0008 여러분은 새로운 아이디어, 혹은 잘못된 문제를 바로잡는 것에 대해 열정을 가지고 있어야 합니다. 그렇지 않으면 이 모든 것을 견뎌낼 수 없을 것입니다. 그리고 그 시작이 이 싸움에서의 절반이라고 할 수 있습니다.

You've got to have an idea, or a problem or a wrong that you want to right that you're passionate about, otherwise you're not going to have the perseverance to stick it through. I think that's half the battle right there.

0009 사회적 시선으로 '성공'했다고 여겨지는 사람들과 그렇지 않은 사람들을 자세히 관찰해보면, 성공했다고 여겨지는 사람들은 그들이 하는 일을 너무 사랑해서, 일이 너무 힘들어져도 꿋꿋이 견뎌낸 사람들입니다. 그리고 그렇지 않은 사람들은 제정신이기 때

문에 그만뒀다고 할 수 있죠. 사랑하지 않는데 이 정도까지 견딜 수 있을까요?

If you really look at the ones that ended up, you know, being "successful" in the eyes of society and the ones that didn't, often times, it's the ones who were successful and loved what they did so they could persevere, you know, when it got really tough. And the ones that didn't love it quit because they're sane, right? Who would want to put up with this stuff if you don't love it?

0010 사람들은 여러분이 하고 있는 일에 대해 커다란 열정을 가져야 한다고 말하는데 그것은 전적으로 사실입니다. 그렇지 않으면, 어떤 이성적인 사람도 포기하게 될 정도로 힘들기 때문입니다. 정말 힘들 것입니다. 그리고 그것을 오랜 시간 견뎌내야 합니다. 만약 여러분이 그 일을 정말로 좋아하지 않는다면, 그 일을 하는 것이 즐겁지 않다면, 결국 포기하게 될 것입니다.

People say you have to have a lot of passion for what you're doing and it's totally true. And the reason is because it's so hard that if you don't, any rational person would give up. It's really hard. And you have to do it over a sustained period of time. So if you don't love it, if you're not having fun doing it, you don't really love it, you're going to give up.

0011 자신이 무슨 말을 하고 있는지 아는 사람들에겐 파워포인트가 필요하지 않다.

People who know what they're talking about don't need PowerPoint.

0012 훌륭한 아이디어와 훌륭한 제품에는 엄청난 장인정신이 숨겨져 있다.

There is a tremendous amount of craftsmanship between a great idea and a great product.

0013 누구보다 고객에게 가까이 다가가세요. 그들이 스스로 깨닫기 전에 그들에게 무엇이 필요한지 말할 수 있을 정도로 가까이로요.

Get closer than ever to your customers. So close that you tell them what they need well before they realize it themselves.

0014 우리는 정말 주 7일, 매일 14시간에서 18시간을 일했습니다. 2년, 3년 정도요. 일이 우리 삶의 전부였습니다. 하지만 우리는 일을 사랑했고, 젊었기 때문에 해낼 수 있었습니다.

We were really working fourteen-to-eighteen-hour days, seven days a week. For like, two years, three years. That was our life. But we loved it, we were young, and we could do it.

0015 사람들은 성과에 따라 당신을 판단하니 결과에 집중하세요. 스스로 능력의 기준점이 되세요.

People judge you on your performance, so focus on the outcome. Be a yardstick of quality.

0016 지금은 당신이 새로운 것을 시작하기 위해 변화할 때입니다. 항상 갈구하고 바보짓 하기를 두려워하지 마세요.

Now, as you graduate to begin a new, I wish that for you, 'Stay hungry, stay foolish'.

0017 그리고 가장 중요한 것은 여러분의 마음과 직관을 따를 용기를
갖는 것입니다. 아마 당신이 진정으로 무엇이 되고 싶은지는 이
미 알고 있을 것입니다. 다른 모든 것들은 나중의 문제입니다.
And most important, have the courage to follow your heart and intuition.
They somehow already know what you truly want to become. Everything
else is secondary.

스티브 잡스는 특히 제품의 예술성을 강조하였다. 매킨토시 개발 팀
의 소프트웨어 엔지니어였던 앤디 허츠펠드는 잡스에 대해 "스스로를 예
술가라고 생각한 사람"이라고 말하기도 하였다. 더불어 위대한 예술품
은 사람들의 취향을 따라가지 않고 오히려 그것을 확장시킨다며, 매킨토
시도 예술품처럼 만들어야 한다고 강조하였다. 디자인 신념에 관한 그의
유명한 일화가 있다.

암 투병으로 숨쉬기 힘들어하는 스티브 잡스에게 의사가 산소마스크
를 씌우자, 그가 산소마스크를 벗겨냈다. 그러면서 "디자인이 마음에 안
들어서 쓰기 싫다. 다섯 개를 더 가져오면 내가 고르겠다."라고 말하였다.
그리고 연신 손가락에 끼워진 산소측정장치의 디자인이 형편없다고 불
평했다. 디자인에 그가 얼마나 애정을 쏟았는지 보여준 사례이다. 실제로
그는 자신의 이름으로 애플사의 디자인권을 350건이나 가지고 있었다.

그럼에도 그에게 돈을 많이 버는 것은 단 한 번도 목표인 적이 없었
다. 가능한 한 가장 위대한 일을 하는 것, 혹은 거기서 한 걸음 더 나아

가는 것을 추구하였다. 제품의 질과 디자인을 중시하고 창조하는 기쁨에 몰입한 스티브 잡스였기에 애플을 세계 최고의 기업으로 만들 수 있었다.

0018 지금 우리에게 대답하기 가장 어려운 문제는, 당신이 설명할 수 없는 미래에 대해 사람들이 구체적으로 물어온다는 것입니다. 100년 전, 만약 누군가가 전화기를 빌명한 벨에게 "전화를 가지고 무엇을 할 수 있는가?"라고 물었다면, 그는 전화가 세상에 어떤 영향을 미칠지 설명할 수 없었을 것입니다. 그는 사람들이 전화를 통해 그날 밤 어떤 영화가 상영되고 있는지 알아보거나, 식료품을 주문하거나, 지구 반대편에 있는 친척에게 전화할 수 있게 될 줄은 몰랐겠죠.

The hard part of what we're up against now is that people ask you about specifics and you can't tell them. A hundred years ago, if somebody had asked Alexander Graham Bell, 'What are you going to be able to do with a telephone?' he wouldn't have been able to tell him the ways the telephone would affect the world. He didn't know that people would use the telephone to call up and find out what movies were playing that night or to order some groceries or call a relative on the other side of the globe.

0019 정말 위대한 사람은 계속해서 문제의 핵심적이고 근본적인 원리를 찾아내고, 효과적이면서도 명쾌한 해결책을 생각해 낼 것입니다.

The really great person will keep on going and find the key, underlying principle of the problem, and come up with a beautiful elegant solution that works.

0020   우린 모든 것을 얻을 수 있었다. 그리고 우리가 아무리 무너지고 쓰러져도, 모든 것을 잃어도, 경험이 열 배 이상의 가치가 있을 것으로 생각했다.

We he had everything to gain. And we figured even if we crash and burn, and lose everything, the experience will have been worth ten times the cost.

0021   나는 항상 사람들에게 "주저하지 마라! 젊은 시절에, 아무것도 잃을 것이 없을 때 무엇이든 하라. 그리고 항상 이를 명심하라."라고 충고한다.

I always advise people—Don't wait! Do something when you are young, when you have nothing to lose, and keep that in mind.

0022   우리가 '애플'을 시작한 이유는 바로 '잃을 것'이 없었기 때문입니다. 당시 저는 스무 살이었고 워즈는 스물 다섯 정도였기에 우린 가족도, 아이도, 집도 없었어요. 워즈는 낡은 차 한 대, 저는 폭스바겐 밴 한 대가 전부였습니다. 잃을 것이라곤 입은 셔츠와 자동차 외에는 없었다는 얘기죠.

That's why we started Apple, we said you know, we have absolutely nothing to lose. I was 20 years old at the time, Woz was 24-25, so we have nothing to lose. We have no families, no children, no houses. Woz had an old car. I had a Volkswagen van, I mean, all we were going to lose is our cars and the shirts off our back.

0023   여러분은 다른 사람들이 사용할 수 있는 '자신만의 무언가'를

만들어낼 수 있습니다. 그리고 한번 그것을 깨우치고 나면, 이전과는 완전히 다른 사람이 될 것입니다.

You can build your own things that other people can use. And once you learn that, you'll never be the same again.

0024 우리는 기능을 추가하는 데에 있어서 매우 신중합니다. 왜냐하면, 그 결정을 번복할 수 없기 때문이죠.

We are very careful about what features we add because we can't take them away.

0025 저는 제 자신을 공구 제작자라고 생각합니다. 저는 제 마음과 직감으로 가치 있다고 느낄 수 있는 정말 좋은 공구를 만들고 싶습니다. 그리고 그 이후에는 사실 어떤 일이 일어날지 예측하기는 어렵지만, 어떤 방향으로 가고 있는지는 느낄 수 있을 것입니다.

I'm a tool builder. That's how I think of myself. I want to build really good tools that I know in my gut and my heart will be valuable. And then, whatever happens, is … you can't really predict exactly what will happen, but you can feel the direction that we're going.

0026 내가 17살 때, 이런 인용구를 읽은 적이 있다. "만약 당신이 하루하루를 마지막 날인 것처럼 산다면, 언젠가 당신은 틀림없이 옳은 결정을 내릴 것이다." 나에겐 아주 인상적인 말이었고, 그 이후로 지난 33년 동안 나는 매일 아침 거울을 보며 스스로에게 물었다. "오늘이 내 삶의 마지막 날이라면, 오늘 내가 하려고 한 일을 정말 했을까?" 그리고 그 대답이 며칠을 연속해 대답이 "아

니.” 일 때마다, 나는 변화해야 한다고 느꼈다.

When I was 17, I read a quote that went something like: 'If you live each day as if it was your last, someday you'll most certainly be right.' It made an impression on me, and since then, for the past 33 years, I have looked in the mirror every morning and asked myself: 'If today were the last day of my life, would I want to do what I am about to do today?' And whenever the answer has been 'no' for too many days in a row, I know I need to change something.

0027　여러분의 일은 여러분의 인생의 큰 부분이 될 것이고, 진정으로 만족하는 유일한 방법은 여러분이 위대한 일을 하고 있다고 믿는 것입니다. 그리고 위대한 일을 하는 유일한 방법은 당신이 하는 일을 사랑하는 것입니다. 아직 찾지 못했다면 계속해서 찾아보세요. 그리고 안주하지 마세요.

Your work is going to fill a large part of your life, and the only way to be truly satisfied is to do what you believe is great work. And the only way to do great work is to love what you do. If you haven't found it yet, keep looking and don't settle.

0028　나는 하루 이틀이 아닌 수년을 최소 단위로 생각하는 것에 익숙해졌다. 내가 내 인생을 위해 선택한 것들은, 아주 사소한 일일지라도 적어도 몇 년이 걸린다.

I have been trained to think in units of time that are measured in several years. With what I've chosen to do with my life, you know, even a small thing takes a few years.

0029 암에 걸린 이후로 생각이 많아졌다. 그리고 믿음이 조금 더 강해졌다. 아마도 사후세계를 믿고 싶어서 그런 것 같다. 죽는다고 해도 모든 것이 단순히 사라지진 않는다는 것 말이다. 지금까지 쌓아온 지혜는 어떻게든 남겨질 수도 있지만, 가끔은 삶이란 단순히 스위치를 켜고 끄는 것과 다름이 없다고도 생각된다.

Ever since I've had cancer, I've been thinking about it more. And I find myself believing a bit more. I kind of—maybe it's because I want to believe in an afterlife. That when you die, it doesn't just all disappear. The wisdom you've accumulated. Somehow it lives on, but sometimes I think it's just like an on-off switch.

0030 마라톤을 하다가도 '내가 이걸 왜 하고 있지?'라는 의문이 들 때가 있을 수 있다. 하지만 물 한 잔을 마시고, 다음 커브를 돌면, 다시 호흡을 되찾고, 결승선을 생각하며 계속해서 나아가게 된다.

There are times when you run a marathon and you wonder, why am I doing this? But you take a drink of water, and around the next bend, you get your wind back, remember the finish line, and keep going.

0031 "나는 20대에 정말로 열심히 일했다." 빌 게이츠가 6개월 전에 한 말이다. 그리고 나 또한 20대에 정말 열심히 일했기 때문에 그의 말이 무슨 뜻인지 안다. 일주일에 7일, 하루 대부분의 시간을 일에 쏟아부었다. 정말 많은 것을 배울 수 있는 멋진 일이었다. 하지만 영원히 할 수도 없고, 영원히 하고 싶지도 않다. 일에 몰두하되, 자신에게 가장 중요한 것이 무엇인지 생각하고 많은 사람과 함께 일할 방법을 생각해내야 한다.

I've read something that Bill Gates said about six months ago. He said, 'I worked really, really hard in my 20s.' And I know what he means because I worked really, really hard in my 20s too. Literally, you know, 7 days a week, a lot of hours every day. And it actually is a wonderful thing to do, because you can get a lot done. But you can't do it forever, and you don't want to do it forever, and you have to come up with ways of figuring out what the most important things are and working with other people even more.

0032 이 일은 너무나 힘듭니다. 인생의 상당 부분을 일에 투자해야만 하죠. 그래서 대부분의 사람이 포기하는 아주 힘든 시기가 옵니다. 그들을 비난할 수는 없습니다. 이 일은 정말 힘들고 소모적이니까요.

It is so hard. You put so much of your life into this thing. There are such rough moments in time that I think most people give up. I don't blame them. It's really tough and it consumes your life.

0033 넓게 보면 목표는 깨달음을 추구하는 것입니다. 이것은 여러분이 어떻게 정의하느냐에 달렸습니다.

In the broadest context, the goal is to seek enlightenment—however you define it.

0034 행동가들은 주요한 사상가들입니다. 이 업계에서 무언가를 바꾸는 것을 창조하는 사람들은 사상가인 동시에 행동가들입니다.

The doers are the major thinkers. The people that really create the things that change this industry are both the thinker and doer in one person.

0035   나는 그들이 더 나은 사람이 되길 바라기 때문에, 다른 사람에
        게 관대하게 대해주지 않는다.

        I do not adopt softness to wards others because I want to make them
        better.

0036   내가 곧 죽을 것임을 기억하는 것은 인생에 있어 큰 선택을 할
        수 있도록 도와준 가장 중요한 도구이다.

        Remembering that I'll be dead soon is the most important tool I've ever
        encountered to help me make the big choices in life.

        인생을 살아가다 보면 수많은 갈림길에 선다. 갈림길 앞에서 우리는
        우리의 선택이 옳은 것인지 끊임없이 고민하고 후회가 남지 않도록 노력
        한다. 그런데 과연 우리가 선택한 것 중 의미 없는 것이 있었을까?
        스티브 잡스는 이런 말을 남겼다. "Connecting the dots. (점을 이어
        라.)" 이는 우리가 하는 선택, 모든 행동은 전부 의미가 있기 마련이라는
        뜻이다. 현재는 모든 것이 불분명하지만 결국 수많은 점이 모이고 모여서
        연결된다. 지금은 의미 없는 점들이 모여 미래에는 의미 있는 선으로 변
        모한다. 그렇기 때문에 우리의 선택은 모두 의미가 있다. 현재 인생의 여
        러 문제로 고민하고 있다면 스티브 잡스의 명언을 통해 삶을 돌아보자.

0037   당신이 원한다면 날아갈 수 있습니다. 다만 자신을 굳게 믿어야
        하죠. 인생에서 유일하게 소유할 수 있는 것은 시간입니다. 자신
        을 풍요롭게 해 줄 멋진 경험을 위해 그 시간을 자신에게 투자한

다면 절대 지지 않을 것입니다.

If you want it, you can fly, you just have to trust you a lot. The only thing you have in your life is time. If you invest that time in yourself to have great experiences that are going to enrich you, then you can't possibly lose.

0038 어른이 되면 세상은 세상 그 자체일 뿐이고, 당신의 삶은 그 세계에 속한 수많은 삶 중 하나일 뿐이라는 말을 듣게 될 것입니다. 장애물에 너무 부딪히지는 마세요. 가족들과 좋은 시간을 보내고, 재미있게 노세요. 또, 돈을 너무 많이 저축하지는 마세요. 그건 너무 한정적인 삶이니까요. 삶의 영역은 지금보다 훨씬 더 넓어질 수 있습니다.

When you grow up, you tend to get told that the world is the way it is and your life is just to live your life inside the world. Try not to bash into walls too much. Try to have a nice family life, have fun, save a little money. That's a very limited life. Life can be much broader.

0039 외부의 기대, 자부심, 당혹감이나 실패에 대한 모든 두려움, 이런 모든 것은 죽음 앞에서 사라지고 진정으로 중요한 것들만 남게 됩니다.

Almost everything, all external expectations, all pride, all fear of embarrassment or failure, these things just fall away in the face of death, leaving only what is truly important.

0040 삶은 포용하고, 바꾸고, 개선하고, 자신의 궤적을 남기는 것이 아니라 그저 흘러가는 대로 사는 것이라는 잘못된 생각을 떨쳐버

리는 것입니다. 저는 그것이 매우 중요하다고 생각합니다. 그리고 여러분이 한번 그 사실을 깨우치면, 많은 것을 바꾸고 개선하고 싶어질 것입니다. 왜냐하면, 삶은 여러 면에서 일단 엉망이기 때문이죠. 한번 이것을 알게 되면, 전과는 완전히 다른 사람이 될 것입니다.

It's to shake off this erroneous notion that life is there and you're just gonna live in it, versus embrace it, change it, improve it, make your markup on it. I think that's very important and however you learn that, once you learn it, you'll want to change life and make it better, cause it's kind of messed up, in a lot of ways. Once you learn that, you'll never be the same again.

0041 아시다시피, 저는 30세에 애플에서 해고당했고 12년 후에 다시 돌아와 달라는 제의를 받았습니다. 그 당시에는 힘들었지만, 어쩌면 제게 일어날 수 있는 가장 좋은 일이었을지도 모릅니다. 묵묵히 나아가다 보면 인생은 계속되고, 배움을 얻을 수 있을 것입니다.

As you may know, I was basically fired from Apple when I was 30 and was invited to come back 12 years later so that was difficult when it happened but maybe the best thing that could ever happen to me. ... you just move on, life goes on and you learn from it.

0042 저는 자퇴를 결심했고, 모든 것이 잘 될 것이라고 믿었습니다. 계속해서 앞으로 나아갈 수 있었던 유일한 이유는 내가 하는 일을 사랑했기 때문이라고 확신했습니다. 당신도 사랑할 수 있는 일을 찾아야 합니다.

I decided to drop out and trust that it would all work out okay. I'm convinced that the only thing that kept me going was that I loved what I did. You've got to find what you love.

0043 당신의 시간은 한정되어 있으니, 다른 사람의 삶을 사는 데 낭비하지 마세요. 다른 사람들의 생각과 신조에 갇히지 마세요.

Your time is limited, so don't waste it living someone else's life. Don't be trapped by dogma, which is living with the results of other people's thinking.

0044 너무 심각하게 생각하지 마세요. 예술가로서 창의적인 방법으로 인생을 살고 싶다면, 너무 많이 돌아보지 말아야 합니다.

Don't take it all too seriously. If you want to live your life in a creative way, as an artist, you have to not look back too much.

0045 당신이 누구인지 기억하는 한 가지 방법은 당신의 영웅들이 누구인지 기억하는 것이다.

One way to remember who you are is to remember who your heroes are.

제2장

변화 속에
반드시 기회가 숨어 있다.

마이크로소프트 창립자
빌 게이츠 *Bill Gates*

널리 사용하고 있는 WINDOWS와 MS-DOS, MS OFFICE는 모두 마이크로소프트사에서 개발한 주요 소프트웨어다. 미국의 마이크로소프트의 창립자이자 CEO였던 빌 게이츠 역시 너무도 유명한 인물이다. 최고의 명문인 하버드대학을 자퇴하고 폴 앨런과 함께 마이크로소프트를 공동 창립한 빌 게이츠. 그는 어떻게 무(無)에서 시작하여 전 세계적으로 유명한 회사를 만들었을까?

빌 게이츠가 이렇게 성공할 수 있었던 이유 중의 하나는 자신만의 철학이 있었기 때문이다. 그가 남긴 유명한 명언 중의 하나는 "가난하게 태어난 건 당신의 잘못이 아니지만, 죽을 때도 가난한 건 당신의 잘못이다."라는 말이다. 컴퓨터 프로그래밍 분야에서 가장 앞서나가는 혁신가이며 오랫동안 세계 최고 부자로 군림하고 있는 빌 게이츠의 생각을 알아보고 나에게도 잘 적용한다면 삶을 성공적으로 이끌 수 있을 것이다.

빌 게이츠가 마이크로소프트사를 세계 최고의 회사로 만들 수 있었던 비법은 무엇일까? 그 비법은 바로 확고한 그만의 신념이었다. 그는 최고의 지식경영 전략은 기술에 대한 '이해'와 '사랑'이라고 말한다. 또한, 그는 철저한 준비 정신을 가장 중요하게 생각하였다. 그는 고객에 대한 이해를 바탕으로 초 단위로 변화하는 시장에 적응하기 위해 주의를 기울였고, 소액 투자를 통해 변화 속 기회를 찾아다녔다. 더불어 직원들에게 프로젝트의 중요성을 심어주고 직원들 간 대화를 중시하였으며 포기할 때를 알아야 한다고 하였다.

조급하게 일을 그만둬서 고객을 실망시키는 것은 금물이었지만, 그는 프로젝트를 포기해야 할 상황을 정확하게 짚어내는 안목을 키워야 한다고도 하였다. 이외에도 빌 게이츠의 경영철학을 그가 남긴 명언을 통해 알아보자.

0046   우리는 항상 향후 2년 안에 일어날 변화를 과대평가하고 향후 10년 안에 일어날 변화를 과소평가한다. 스스로를 현재에 안주하게 두지 마라.

We always overestimate the change that will occur in the next two years and underestimate the change that will occur in the next ten. Don't let yourself be lulled into inaction.

0047   좋게 만들 수 없다면, 적어도 좋아 보이게 만들어라.

If you can't make it good, at least make it look good.

0048   나는 내 정신 중 약 10% 정도만 사업 생각에 할애한다. 사업은 그렇게 복잡하지 않다.

Of my mental cycles, I devote maybe 10% to business thinking. Business isn't that complicated.

0049 불만족스러운 고객은 가장 좋은 배움의 원천이다.

Your most unhappy customers are your greatest source of learning.

0050 나는 혁신을 믿는다. 그 혁신을 이뤄내는 방법은 연구에 투자하고 가장 기본적인 사실들을 배워나가는 것이다.

I believe in innovation and that the way you get innovation is you fund research and you learn the basic facts.

0051 지금은 비즈니스 세계에 진입하기에 환상적인 시기입니다. 왜냐하면, 비즈니스는 향후 10년 안에 지난 50년보다 더 많이 변화할 것이기 때문입니다.

This is a fantastic time to be entering the business world, because business is going to change more in the next 10 years than it has in the last 50.

0052 우리의 성공은 처음부터 파트너십을 기반으로 이루어졌습니다.

Our success has really been based on partnerships from the very beginning.

0053 WINDOWS(윈도우)의 모든 것은 누가 결정하는가? 바로 구매하는 고객들이다.

Who decides what's in Windows? The customers who buy it.

0054 가장 좋은 스승은 활발한 상호작용이다.

The best teacher is very interactive.

0055 사업에 있어서는 고객 만족도나 사업 성과와 같이 현재 하고 있는 일에 대한 현 상황을 객관적으로 파악해야 한다.

In business, the idea of measuring what you are doing, picking the measurements that count like customer satisfaction and performance … you thrive on that.

0056 내가 속한 비즈니스의 세계에서는 문제를 인지할 때쯤이면, 해결하기엔 이미 너무 늦었다. 항상 긴장을 늦추지 않으면 당신은 살아남지 못할 것이다.

In this business, by the time you realize you are in trouble, it's too late to save yourself. Unless your running scared all the time, you're gone.

0057 비즈니스란 몇 가지의 규칙과 커다란 위험으로 이루어진 머니게임이다.

Business is a money game with few rules and a lot of risk.

0058 혁신은 무서울 만큼 빠른 속도로 진행되고 있다.

Innovation is moving at a scarily fast pace.

0059 회사의 사명은 직원들에게 힘을 실어주고, 현재의 일에 대한 모든 정보를 제공하여 그들이 전보다 더 많은 일을 할 수 있도록 돕는 것이다.

The vision is about empowering workers, giving them all the information about what's going on so they can do a lot more than they've done in the past.

0060 나는 게으른 사람에게 힘든 일을 지시한다. 게으른 사람은 그것을 쉽게 할 수 있는 방법을 찾을 것이기 때문이다.

I choose a lazy person to do a hard job. Because a lazy person will find an easy way to do it.

0061 나쁜 전략은 당신의 정보가 아무리 좋아도 실패할 것이고, 형편없는 실행은 좋은 전략을 방해한 것이다. 일을 서투르게 했다가는 사업에 실패하고 말 것이다.

A bad strategy will fail no matter how good your information is, and lame execution will stymie a good strategy. If you do enough things poorly, you will go out of business.

0062 비즈니스의 근본적인 새로운 규칙은 인터넷이 모든 것을 변화시킨다는 것이다.

A fundamental new rule for business is that the Internet changes everything.

빌 게이츠는 컴퓨터 업계에서 천재라고 불린다. 그러나 그는 고등학교를 졸업할 무렵에는 컴퓨터에만 푹 빠진 문제아이기도 하였다. 그는 컴퓨터 과학 센터에 있는 쓰레기통을 뒤져 운영체제의 목록을 찾아내는 등 컴퓨터에 대해 몰입하고 열광하였다. 그 결과 폴 앨런과 함께 윈도우 95를 성공적으로 개발할 수 있었다.

그뿐만 아니라 빌 게이츠와 폴 앨런은 마이크로소프트를 공동 설립하였고, 이 기업은 세계 최대의 개인용 컴퓨터 소프트웨어 회사가 되었다. 비즈니스 분야에서 큰 성공을 거둔 빌 게이츠는 최고경영자 자리에서 물러날 때까지 회장 겸 CEO로 회사를 이끌었고, 이후에도 회장으로 남아 소프트웨어 설계의 최고책임자로 역할을 하고 있다.

이제 그가 말하는 혁신과 성공의 비결을 살펴보자.

0063 우리는 행동을 바꾸는 데 많은 돈을 투자해야 합니다.

We've got to put a lot of money into changing behavior.

0064 괴짜에게 친절하게 대해 주세요. 나중에 당신이 그 사람 밑에서 일하게 될 확률이 큽니다.

Be nice to nerds. Chances are you'll end up working for one.

0065 성공을 축하하는 것보다 실패에서 오는 교훈에 주의를 기울이는 것이 더 중요한 일이다.

It's fine to celebrate success, but it is more important to heed the lessons of failure.

0066 성공은 좋지 않은 스승이다. 똑똑한 사람들을 유혹해서 절대로 실패하지 않을 것이라고 생각하게 만든다.

Success is a lousy teacher. It seduces smart people into thinking they can't lose.

0067 텔레비전에 나온 삶은 현실과 다르다. 현실 속 사람들은 커피숍에서 나와 일을 하러 가야 한다.

Television is not real life. In real life people actually have to leave the coffee shop and go to jobs.

0068 다음 세기를 앞둔 지금, 다른 사람들에게 힘을 실어주는 사람들이 리더가 될 것입니다.

As we look ahead into the next century, leaders will be those who empower others.

0069 누구에게나 코치는 필요하다. 당신이 농구선수든 테니스선수든 체조선수든 브리지선수든 상관없다.

Everyone needs a coach. It doesn't matter whether you're a basketball player, a tennis player, a gymnastor, a bridge player.

0070 가난한 사람들의 고통을 내버려 두는 것이 아니라, 그들에게 투자할 때 우리는 우리의 미래를 지속 가능하게 만들 수 있습니다.

We make the future sustainable when we invest in the poor, not when we insist on their suffering.

0071 소프트웨어 세계에서 성공할 수 있는 방법은 혁신적인 소프트웨어를 고안하는 것입니다. 마이크로소프트 오피스든 윈도우든, 소프트웨어를 추진하는 것입니다. 새로운 아이디어로 시장을 놀라게 한다는 점에서 좋은 엔지니어링과 좋은 사업은 결국 똑같은 것이라고 할 수 있습니다.

The way to be successful in the software world is to come up with breakthrough software, and so whether it's Microsoft Office or Windows, its pushing that forward. New ideas, surprising the market place, so good engineering and good business are one in the same.

0072 큰 승리를 위해 때로는 큰 위험을 감수해야 합니다.

To win big, you sometimes have to take big risks.

0073 프로그래머가 되기 위한 가장 좋은 방법은 프로그램을 만들고, 다른 사람들이 만든 훌륭한 프로그램에 대해 공부하는 것입니다. 제 경우에는 컴퓨터 과학 센터의 쓰레기통을 뒤져 운영체제의 목록을 찾아냈습니다.

The best way to prepare [to be a programmer] is to write programs, and to study great programs that other people have written. In my case, I went to the garbage cans at the Computer Science Center and fished out listings of their operating system.

0074 돈은 일정 수준 이상을 넘어가면, 더 이상 효용이 없다.

Money has no utility to me beyond a certain point.

0075 나는 나 자신 이외에는 누구와도 경쟁하지 않는다. 나의 목표는 나를 지속적으로 발전시키는 것이다.

I am not in competition with anyone but myself. My goal is to improve myself continuously.

0076 만약 여러분이 사람들에게 도구를 주고 그들이 타고난 능력과 호기심을 사용한다면, 그들은 여러분이 기대했던 것 이상으로 여

러분을 놀라게 할 것들을 개발할 것입니다.

If you give people tools, and they use their natural abilities and their curiosity, they will develop things in ways that will surprise you very much beyond what you might have expected.

0077　코드 선으로 프로그래밍 진행률을 측정하는 것은 부품 무게로 항공기 제작 진행률을 측정하는 것과 같다. 나무를 보지 말고 숲을 봐라.

Measuring programming progress bylines of code is like measuring aircraft building progress by weight.

0078　힘은 오래된 지식에서 오는 것이 아니라 공유된 지식에서 온다.

Power comes not from knowledge kept but from knowledge shared.

　　우리는 때때로 남들과 비교하며 공평하지 않은 인생을 한탄하기도 한다. 하지만 빌 게이츠는 이렇게 말했다. "세상은 너 자신이 어떻게 생각하든 상관하지 않는다. 세상이 너희들한테 기대하는 것은, 네가 스스로 만족한다고 느끼기 전에 무엇인가를 성취해서 보여주는 것이다."

　　이렇듯 인생은 공평하지 않다는 사실을 인정하고 이에 익숙해져야 한다. 그리고 등산과도 같은 인생을 노력으로 끝까지 올라야만 한다. 그러면 이제 그의 인생 철학에 대해 알아보자.

0079　인생은 학기로 나누어져 있지 않습니다. 여름방학이 있지도 않

고, 고용주들은 당신을 돕는 데 크게 관심이 없습니다. 스스로 찾아야 합니다.

Life is not divided into semesters. You don't get summers off, and very few employers are interested in helping you. Find yourself.

0080 여러분이 사람들에게 문제를 보여주고 해결책을 보여준다면, 그들이 행동으로 옮길 거라 저는 믿습니다.

I believe that if you show people the problems and you show them the solutions they will be moved to act.

0081 기술은 단지 도구일 뿐입니다. 아이들이 서로 협력할 수 있게 하고, 그들에게 동기부여를 시키기 위해서는 선생님이 가장 중요합니다.

Technology is just a tool. In terms of getting the kids working together and motivating them, the teacher is the most important.

0082 모든 사람은 조언해 줄 사람이 필요하다. 조언이 있어야만 더 나은 방향이 보인다.

We all need people who will give us feedback. That's how we improve.

0083 나는 의사소통을 끌어내는 것이라면, 어떤 수단이라도, 사람들이 서로에게서 배우고, 그들이 원하는 자유를 얻는 데 많은 영향을 미친다고 믿는다.

I'm a great believer that any tool that enhances communication has profound effects in terms of how people can learn from each other, and how they can achieve the kind of freedoms that they're interested in.

0084 GM(General Motors) 자동차 회사가 컴퓨터 산업처럼 기술 발전을 따라잡았다면, 우리가 1갤런의 연료로 1,000마일을 주행할 수 있는 자동차를 25달러에 살 수 있었을 것이다.

If GM had kept up with technology like the computer industry has, we would all be driving $25 cars that got 1,000MPG.

0085 저는 어렸을 때 정말 많은 꿈을 꿨는데 책을 많이 읽을 기회가 있었던 것이 많은 꿈을 꿀 수 있던 이유였습니다.

I really had a lot of dreams when I was a kid, and I think a great deal of that grew out of the fact that I had a chance to read a lot.

0086 기대는 가장 중요한 진실의 형태이다. 사람들이 무언가를 믿는다면, 그것은 사실이 된다.

Expectations are a form of first-class truth: If people believe it, it's true.

제3장

정말 위대한 꿈이라면,
붙잡아라.

구글 전 CEO
래리 페이지 *Larry Page*

전 세계 사람 중에서 구글을 접하지 못한 사람이 과연 존재할까? 현대를 살아가는 우리에게 막대한 영향력을 끼치고 있는 기업인 구글. 세계 최고의 기업을 창립한 사람은 어떠한 목표를 설정하였고, 어떠한 생각으로 구글을 성장시켰을까?

래리 페이지와 세르게이 브린은 세계 최고의 검색엔진을 만들고 글로벌 기업 구글을 창립했다. 처음 두 사람이 검색엔진 회사를 시작했을 때, 모든 사람이 실패할 것이라고 했다. 이미 5개의 검색엔진이 시장을 선점하고 있었기 때문이다. 그러나 이들은 자신들의 검색엔진을 특별하게 만들기 위해 노력한 끝에 위대한 혁신을 이루어냈다.

오늘날 구글은 한 마디로 '미래를 여는 기업'이다. 구글은 미국에서 검색 시장의 약 88%를 차지하고 있으며, 온라인 검색 광고 시장에서는 약 77%를 점유하고 있다. 우리 생활에 막대한 영향을 끼치는 구글의 탄생 배경에는 래리 페이지의 기술 혁신이 있었다.

래리 페이지는 어떻게 이러한 기술 혁신을 이룰 수 있었으며, 앞으로 어떤 기술의 힘으로 우리를 어떻게 놀라게 할까? 래리 페이지는 야심 찬 목표를 설립하는 것이 가장 중요하며, 그 목표를 아주 높게 잡는다면 완전히 실패하기란 어렵다고 하였다. 열정의 가치를 믿었던 래리 페이지가 어떻게 혁신을 이루어 냈는지 알아보자.

0087 기술은 사람들이 삶에서 가장 행복해질 수 있도록 많은 일을 해야 한다.

Technology should do the hard work so people can do the things that make them the happiest in life.

0088 인공지능은 구글의 궁극적인 검색엔진이 될 것이다. 구글은 온라인상의 모든 것을 이해하게 될 것이다. 그리고 당신이 원하는 것을 정확하게 제공해줄 것이다. 아직은 완벽히 준비되지 않았다. 그러나 우리는 서서히 가까워지고 있고, 그것이 우리가 근본적으로 하고 있는 일이다.

Artificial intelligence would be the ultimate version of Google. The ultimate search engine that would understand everything on the Web. It would understand exactly what you wanted, and it would give you the right thing. We're nowhere near doing that now. However, we can get incrementally closer to that, and that is basically what we work on.

0089 우리의 목표는 기본적으로 세계의 정보를 체계화하고 보편적으로 접근 가능한 유용한 검색엔진을 만드는 것이다.

Basically, our goal is to organize the world's information and to make it universally accessible and useful.

0090 매우 복잡하고 반복적이지만, 우리는 웹 사이트의 중요성을 계산하는 방법을 찾아냈다.

It's quite complicated and sounds circular, but we've worked out a way of calculating a web site's importance.

0091 세르게이와 나는 세상을 더 좋은 곳으로 만드는 기술의 잠재력을 믿기에 구글을 설립했다.

Sergey and I founded Google because we're super optimistic about the potential for technology to make the world a better place.

0092 우리는 기술이 계속해서 사람들의 생활과 일하는 방식을 변화시키기를 바란다.

As we go forward, I hope we're going to continue to use technology to make really big differences in how people live and work.

0093 우리는 우리가 할 수 있는 것보다 더 잘 추론하고, 생각하고, 해내는 기계를 만들 것이다.

We will make machines that can reason, think and do things better than we can.

0094 우리는 모두가 사용하고 싶어 하고, 모두에게 영향을 미치는 기술을 만들고 싶다. 사람들이 하루 두 번씩 사용할 정도로 아름답고, 직관적이고, 유용한 서비스를 창조하고 싶다. 마치 칫솔처럼 말이다.

We want to build technology that everybody loves using, and that affects everyone. We want to create beautiful, intuitive services and technologies that are so incredibly useful that people use them twice a day. Like they use a toothbrush.

0095 발명만으로는 충분하지 않다. 즉, 당신은 두 가지를 결합해야 한다. 발명과 혁신에 초점을 맞추고, 물건을 상업화하여 사람들에게 제공할 수 있는 회사가 되어야 한다.

Invention is not enough. You have to combine both things: invention and innovation focus, plus the company that can commercialize things and get them to people.

0096 우리는 특히 기술에 있어서 점진적 변화가 아니라 혁신적 변화를 필요로 한다.

Especially in technology, we need revolutionary change, not incremental change.

0097 나는 발견, 조직, 통신과 같은 어려운 일들은 기술이 해내야 한다고 생각한다. 그리고 사용자는 인생을 살아가고, 사람을 사랑하며, 그저 자신을 행복하게 하는 일을 할 수 있어야 한다. 짜증 나는 컴퓨터와 씨름해서는 안 된다. 즉, 우리 제품이 원활하게 작동해야 한다는 것이다.

I have always believed that technology should do the hard work— discovery, organization, communication—so users can do what makes them happiest: living and loving, not messing with annoying computers! That means making our products work together seamlessly.

0098 당신은 구글을 사용하는 것이 멋지다고 생각할 수도 있지만, 나는 여전히 형편없다고 느낀다.

You may think using Google's great, but I still think it's terrible.

0099 나는 우리가 하는 일에는 중요한 예술적 요소가 있다고 생각한다. 기술 기업으로서 그것을 강조하려고 노력했다.

I do think there is an important artistic component in what we do. As a technology company I've tried to really stress that.

0100 우리는 잠재력의 약 1%에 도달했다. 우리가 더 빠르게 변화하고 있음에도 불구하고, 가진 기회에 비해 여전히 느리게 움직이고 있다.

We're at maybe 1% of what is possible. Despite the faster change, we're still moving slow relative to the opportunities we have.

0101 단 열 명으로 IT 기업이 설립 가능한 것과 상반되게, 이것으로 수십억 명의 사용자를 보유할 수 있다. 또한, 많은 자본이 필요하지 않은 데 비하면 많은 돈을 벌어들일 수도 있다. 많은 사람이 이런 종류의 일에만 집중하는 것은 당연하다.

You can make an internet company with 10 people and it can have billions of users. It doesn't take much capital and it makes a lot of money—a really, really lot of money—so it's natural for everyone to focus on those kinds of things.

0102 사람들을 통제하거나 현실을 표현하는 시스템을 만들 수도 있다.

그러나 사람들을 통제하려는 것보다 실제로 무슨 일이 일어나고 있는지 아는 것이 더 중요하다.

You can try to control people, or you can try to have a system that represents reality. I find that knowing what's really happening is more important than trying to control people.

0103 내가 구글에 대해 읽은 이야기는 모두 구글과 다른 기업, 또는 다른 무언가를 경쟁 구도에 놓고 있어 그다지 흥미롭지 않았다. 우리는 세상에 아직 존재하지 않는 무언가를 만들어야 한다. 비관적인 모습이 되는 것은 우리가 나아가려는 방식이 아니다.

Every story I read about Google is about us vs some other company, or something else, and I really don't find that interesting. We should be building great things that don't exist. Being negative is not how we make progress.

0104 만약 쓰임새가 아주 많은 상품이 있다면, 아마도 그것은 좋은 아이디어일 것이다.

If you have a product that's really gaining a lot of usage, then it's probably a good idea.

0105 세상이 무너져가는 것처럼 보이지만, 실제로는 당신의 인생에서 아주 멋진 시기이다. 조금은 미쳐가고, 호기심을 따라가며, 야망을 품을 수 있는 시기이다.

It seems like the world is crumbling out there, but it is actually a really great time in your life to get a little crazy, follow your curiosity and be ambitious about it.

래리 페이지와 세르게이 브린은 구글을 공동으로 창업하면서 "세상의 모든 정보를 한 곳에 집대성해서 누구나 사용할 수 있게 하겠다."라는 포부를 밝혔다. 구글의 직원들은 그를 향해 "미래의 우리가 어떤 모습인지 설명하기 위해 온 사람인 것 같다."라고 입을 모아 말하기도 하였다.

혁신적인 기업가로서 래리 페이지는 어떻게 앞을 내다볼 수 있었던 것일까? 구글을 IT 공룡으로 만든 그의 기업가 정신에 주목해보자.

0106   우리는 존재하지 않는 위대한 것을 만들어야 한다.

We should be building great things that don't exist.

0107   우리는 항상 악하지 않고도 돈을 버는 것이 가능하다고 믿는다.

We have always believed that it's possible to make money without being evil.

0108   기업 입장에서는 뚜렷한 '경쟁자'가 있다는 생각 아래 경쟁하며 성장하는 것이 효과적인 방법이다. 그러나 개인적으로는, 경쟁자를 시야에서 없애고 우리 기업의 목표 자체를 높게 잡는 것이 더 좋다고 생각한다. 경쟁자만을 바라보는 것은 바람직한 성장이 아니다. 가능성을 바라보고, 세상을 어떻게 더 나은 곳으로 만들 것인지를 고민해야 한다.

For a lot of companies, it's useful for them to feel like they have an obvious competitor and to rally around that. I personally believe it's better to shoot higher. You don't want to be looking at your competitors. You want to be looking at what's possible and how to make the world better.

0109   구글은 선도하는 것이지, 따르는 것이 아니다. 이것이 나의 목표이다.

My goal is for Google to lead, not follow.

0110   탁월함은 중요하다. 나는 우리의 속도와 실행력을 높이고, 세상에 변화를 가져올 커다란 기회에 집중하려고 노력해왔다.

Excellence matters. I've pushed hard to increase our velocity, improve our execution, and focus on the big bets that will make a difference in the world.

0111   제가 리더로서 해야 할 일은 회사의 모든 사람이 좋은 기회를 가질 수 있도록 하고, 그들이 의미 있는 영향을 미치고 있으며, 사회의 이익에 이바지하고 있다고 느끼도록 하는 것입니다. 하나의 세계로서, 우리는 그것을 더 잘 해내고 있습니다.

My job as a leader is to make sure everybody in the company has great opportunities, and that they feel they're having a meaningful impact and are contributing to the good of society. As a world, we're doing a better job of that.

0112   당신은 무언가 발명하고 사람들에게 보여주어야 한다. 그리고 그 발명품을 상업화하라. 분명한 것은 우리가 그렇게 하는 가장 좋

은 방법은 회사를 통하는 것이다.

You need to invent things and you need to get them to people. You need to commercialize those inventions. Obviously, the best way we've come up with doing that is through companies.

0113 우리에게는 '나쁜 마음으로 수익을 내지 말아야 한다.'라는 믿음이 있다. 이 말은 우리의 사용자, 고객, 모두의 편리를 위해 최선을 다해야 한다는 것이다. 이런 마음이 알려진다면, 이 또한 정말 멋진 일일 것이라 생각한다.

We have a mantra: don't be evil, which is to do the best things we know how for our users, for our customers, for everyone. So I think if we were known for that, it would be a wonderful thing.

0114 우리는 많은 관리자를 필요로 하지 않는다. 너무 많기보다는 적은 것이 더 낫다.

We don't have as many managers as we should, but we would rather have too few than too many.

0115 나는 모든 사람이 일을 계속하기 위해서는 비효율적인 일을 해야 한다는 생각 자체를 이해할 수 없다. 그것은 정답이 아니다.

The idea that everyone should lavishly work so they do something inefficiently so they keep their job – that just doesn't make any sense to me. That can't be the right answer.

0116 나는 스티브 잡스와 자주 이런 이야기를 나누었는데, 그는 항상

"너희는 너무 많은 일을 한 번에 하고 있어."라고 말했다. 그는 한 번에 한두 가지 일을 하는 것에 재능이 있었다. 반면, 우리는 더 많은 일을 함으로써 세상에 더 큰 영향을 미치고 싶어 했다.

I used to have this debate with Steve Jobs, and he would always say, 'You guys are doing too much stuff.' He did a good job of doing one or two things really well. We'd like to have a bigger impact on the world by doing more things.

0117 우리는 우리의 브랜드를 정말 각별하게 아낀다. 우리 브랜드가 좋은 품질의 대표주자가 되기를 바란다. 그리고 사람들이 이를 기대하고, 즐길 수 있기를 원한다.

We really care about our brand. We really want it to stand for high quality. We want people to be excited about it, for it to be fun.

0118 우리는 항상 장기적인 관점에 초점을 맞추고 있으며, 장기적으로 상당한 영향을 미칠 가능성이 있는 기술에 투자를 집중하고 있다. 지금은 상상하기 어렵지만 구글을 처음 시작했을 때, 대부분의 사람은 검색은 해결된 문제이고 배너 광고 외에는 돈을 벌 수 없다고 생각했다. 그러나 우리는 정반대라고 느꼈다. 그 당시 검색 품질은 별로 좋지 않았고, 여기서 고품질의 사용 경험을 제공하는 것은 반드시 돈이 될 수 있다고 생각했다.

We have always tried to concentrate on the long term, and to place bets on technology we believe will have a significant impact over time. It's hard to imagine now, but when we started Google most people thought search was a solved problem and that there was no money to be made apart from some banner advertising. We felt the exact opposite: that search quality was very poor, and that awesome user experiences would clearly make money.

0119 미친 짓을 하고 있지 않으면, 잘못된 일을 하고 있는 것이다.

If you're not doing some things that are crazy, then you're doing the wrong things.

0120 혁명가적 기질을 가지고 성공한 대부분의 사람은 처음에 "미쳤구나."라는 말을 많이 들었다.

Almost everyone who has had an idea that's some what revolutionary or wildly successful was first told they're insane.

0121 만약 당신이 세상을 바꾸려고 한다면, 중요한 일을 하게 될 것이다. 그리고 아침에 일어나기를 기대할 것이다.

If you're changing the world, you're working on important things. You're excited to get up in the morning.

구글에는 십계명이 존재한다.

1. 사용자에게 초점을 맞추면 나머지는 저절로 따라온다.
2. 한 분야에서 최고가 되는 것이 최선의 방법이다.
3. 느린 것보다 빠른 것이 낫다.
4. 인터넷은 민주주의가 통하는 세상이다.

5. 책상 앞에서만 검색이 통하는 것은 아니다.

6. 부정한 방법을 쓰지 않고도 돈을 벌 수 있다.

7. 세상에는 무한한 정보가 존재한다.

8. 정보의 필요성에는 국경이 없다.

9. 정장을 입지 않아도 업무를 훌륭히 수행할 수 있다.

10. 대단하다는 것에 만족할 수 없다.

구글의 정신이라고 할 수 있는 십계명에서 그가 현재보다 더 큰 꿈을 꾸고 있다는 것을 알 수 있다. 더불어, 그는 담대하게 도전하라고 말한다. 회사가 실패하는 이유는 야망이 없기 때문이라고도 했던 래리 페이지. 그는 왜 우리에게 야망을 품으라고 말할까?

그가 끊임없이 위대함을 추구하고 전진하려는 이유를 다음을 통해 알아보자.

0122   낙관주의는 중요하다. 목표를 세울 때는 조금 어리석어야 한다. 대학에서 배운 말 중에 "불가능을 위한 건전한 무관심"이라는 말이 있었다. 이 말은 아주 좋은 말이다. 많은 사람이 하지 않을 만한 일을 시도해야 한다.

Optimism is important. You have to be a little silly about the goals you are going to set. There is a phrase I learned in college called, 'having a healthy disregard for the impossible.' That is a really good phrase. You should try to do things that most people would not do.

0123   야심 찬 꿈을 향해 나아가는 것이 더 쉽기도 하다. 다른 사람들

은 그것을 할 만큼 미친 사람이 아니므로 경쟁자가 거의 없기 때문이다.

It is often easier to make progress on mega-ambitious dreams. Since no one else is crazy enough to do it, you have little competition.

0124   진정으로 게을러지고 싶다면 당신이 세상에 미칠 수 있는 영향력을 찾아라.

Find the leverage in the world so you can be truly lazy.

0125   만약 당신이 폭풍우 속 거리의 벌레처럼 느껴진다면, 올바른 길로 가고 있는 것이다.

You're probably on the right track if you feel like a sidewalk worm during a rainstorm.

0126   한밤중에 생생한 꿈을 꾸고 일어나는 것이 어떤 느낌인지 아는가? 머리맡에 연필과 메모장을 두고 자지 않았다면, 다음날 일어났을 땐 완전히 잊어버릴 것이다. 가끔은 꿈에서 깨어나 버리는 것이 중요하다. 정말 멋진 꿈이 나타나면, 잡아라.

You know what it's like to wake up in the middle of the night with a vivid dream? And you know that if you don't have a pencil and pad by the bed, it will be completely gone by the next morning. Sometimes it's important to wake up and stop dreaming. When a really great dream shows up, grab it.

0127   만약 내가 돈에 이끌렸다면, 나는 오래 전에 회사를 매각하고 해변에 갔을 것이다.

If we were motivated by money, we would have sold the company a long time ago and ended up on a beach.

0128 인생은 친구, 가족과 함께하는 순간, 세상에 큰 변화를 가져올 기회, 사랑하는 사람들에게 작은 변화를 가져올 기회, 삶이 우리에게 주는 모든 놀라운 기회를 주기도 하지만, 그 기회를 빼앗아 가기도 한다. 이는 당신이 생각하는 것보다 빠르게 일어날 수 있다.

The moments that we have with friends and family, the chances that we have to make a big difference in the world or even to make a small difference to the ones we love, all those wonderful chances that life gives us, life also takes away. It can happen fast and a whole lot sooner than you think.

0129 항상 불편할 정도로 신나는 일을 열심히 하세요.

Always work hard on something uncomfortably exciting.

0130 비즈니스를 시작하기 위해 학교에 갈 필요는 없다. 나는 선반에 있는 비즈니스에 관한 책을 모두 읽었고, 그것이 기본적으로 내게 필요한 전부였다.

It's not necessary to go to school to launch a business. I read a whole shelf of business books and that was basically all I needed.

0131 당신은 결코 꿈을 잃은 적이 없다. 그 꿈은 단지 취미라는 잠복기에 숨어 있을 뿐이다.

You never lose a dream, it just incubates as a hobby.

제4장

5%는 불가능해도
30%는 가능하다.

구글 공동 창립자
세르게이 브린 *Sergey Brin*

세르게이 브린은 래리 페이지와 함께 구글의 공동 창립자이다. 그는 늘 "5%는 불가능해도 30%는 가능하다."라고 말하고 다녔다. 즉 목표를 5%로 잡는다면 생각의 범위도 그만큼 작아지지만, 겉보기에 무모해 보이는 조금 더 큰 목표를 세우면 혁신적인 생각으로 큰 성과를 이룰 수 있다는 말이다.

우리는 큰 목표를 세우는 것을 두려워한다. 그러나 세르게이 브린의 말처럼 큰 목표를 세우지 않으면 결코 혁신도 없다. 혁신을 이루어 내기 위해 최종적으로 큰 목표를 가지고 단계별로 나아가는 것이 무엇보다 중요하다.

한 번쯤 기존에 가지고 있었던 생각을 떨쳐버리고 큰 목표를 세워보아라. 세르게이 브린의 말처럼 큰 성과를 이루어 낼 기회가 반드시 생길 것이다.

우리가 어떠한 일을 할 때 돈은 아주 중요한 가치이다. 자신만의 기업을 운영하는 사람 중 돈이 동기가 되지 않는 사람은 거의 없을 것이다. 이처럼 개인이든 기업이든 돈이 되는 쪽으로 움직인다. 그러나 세르게이 브린과 래리 페이지의 주도하에서 구글은 모든 활동을 유도하는 동기가 결코 '돈'이 되도록 방관하지 않았다.

그렇다면 이들은 어떤 목표와 동기를 가지고 현재의 구글을 탄생시켰을까?

0132　나에게 구글은 역사를 보존하고 모든 사람이 이용할 수 있도록 하는 것이다.

To me, this is about preserving history and making it available to everyone.

0133　어떤 사람들은 구글이 신이라고 말한다. 다른 사람들은 구글을 사탄이라고 말한다. 하지만 구글의 힘이 지나치다고 생각한다면, 구글 검색엔진에서는 클릭 한 번만으로 다른 검색엔진으로 이동할 수 있다는 점을 기억하라.

Some say Google is God. Others say Google is Satan. But if they think Google is too powerful, remember that with search engines unlike other companies, all it takes is a single click to go to another search engine.

0134　만약 우리가 하고 있는 일이 몇몇 사람에 의해 공상과학 소설로 보이지 않는다면, 아마도 충분히 혁신적이지 않을 것이다.

If what we are doing is not seen by some people as science fiction, it's probably not transformative enough.

0135　원래 이름은 '구골'이라고 짓기로 했었는데, 이것은 1의 수학 용어이고, 그 뒤에 100개의 0이 붙는다. 구글 철자 검사기가 존재

하기 전의 일이었다.

The name was supposed to be 'Googol,' which is the mathematical term for a 1 followed by 100 zeros. It was before the Google spellchecker existed.

0136 기술은 내재된 민주주의자이다. 하드웨어와 소프트웨어의 진화 덕분에 거의 모든 것을 발전시킬 수 있었다. 즉, 이제는 대부분의 사람이 동등한 도구의 힘을 누릴 수 있다는 것을 뜻한다.

Technology is an inherent democratizer. Because of the evolution of hardware and software, you're able to scale up almost anything. It means that in our lifetime everyone may have tools of equal power.

0137 기본적으로, 우리는 모든 웹 페이지의 순위인 수억 개의 변수와 링크인 수십억 개의 용어를 가진 전체 웹을 큰 방정식으로 변환한다. 그렇게 해서 그 방정식을 풀어낼 수가 있었다.

Basically, we convert the entire Web into a big equation, with several hundred million variables, which are the page ranks of all the Web pages, and billions of terms, which are the links. And we're able to solve that equation.

0138 구글은 실제로 우리의 마케팅을 돕기 위해 사용자들에게 의존한다. 우리의 사용자 중 많은 비율이 다른 사람에게 우리의 검색엔진에 대한 이야기를 한다.

Google actually relies on our users to help with our marketing. We have a very high percentage of our users who often tell others about our search engine.

0139 우리는 구글이 제3의 두뇌가 되기를 원한다.

We want Google to be the third half of your brain.

0140 구글을 개발한 환경, 검색엔진을 개발할 수 있었던 이유는 웹이 개방적이었기 때문이다. 규칙이 지나치게 많으면 혁신을 방해할 것이다.

The kind of environment that we developed Google in, the reason that we were able to develop a search engine, is the web was so open. Once you get too many rules, that will stifle innovation.

0141 아무리 전문가라 한들, 컴퓨터 과학 종사자 중 생물학에서 일어나는 다양한 정보와 이것이 세상에 미치는 영향에 대해 완전히 파악하고 있는 사람은 드물 것이다. 구글은 엄청난 양의 데이터를 매우 저렴하게 검색엔진에 저장할 수 있다.

Too few people in computer science are aware of some of the informational challenges in biology and their implications for the world. We can store an incredible amount of data very cheaply.

0142 구글 이전에는 검색 결과의 순서에 연연하는 사람이 없었다. 그러나 구글을 사용하고 있는 현재에는 몇천 개의 결과 중 앞서 나오는 열 개 정도가 사용자가 원하던 양질의 정보임을 파악할 수 있다. 즉, 나오는 결과의 방대한 숫자와 더불어 양질의 정보도 얻을 수 있다는 말이다.

Before Google, I don't think people put much effort into the ordering of results. You might get a couple thousand results for a query. We saw that a thousand results weren't necessary as useful as 10 good ones.

0143 우리는 모든 종류의 정보를 취급한다. 어떤 사람은 우리가 뭘 해도 항상 화가 나 있다. 우리는 결정을 내려야 한다. 그렇지 않으면 끝없는 논쟁이 있을 것이다.

We deal with all varieties of information. Somebody's always upset no matter what we do. We have to make a decision; otherwise there's a never-ending debate.

0144 나는 사람들이 구글에 검색을 해봤다면 조사를 해본 것이고, 그렇지 않다면 하지 않은 것이라고 여기는 정도의 상태에 이르렀으면 좋겠다. 그게 전부이다.

I'd like to get to a state where people think that if you've Googled something, you've researched it, and otherwise haven't, and that's it.

0145 우리 역시 광고를 게재하지만, 검색 결과와의 연관성을 최대한 고려하였고 광고의 영역을 명확하게 구분 짓는다. 이는 잘 굴러가는 신문사의 신문지면과도 같은 것이어서, 광고영역을 명확하게 구분해야 하고, 지면의 내용이 광고주의 비용 지불에 영향을 받지 않아야 한다. 우리는 모든 사람이 최상의 정보를 확보할 수 있게 될 것이라고 믿는다. 그리고 여기에는 광고주가 돈을 지불하여 보이도록 하는 광고류의 정보는 포함되지 않아야 한다.

We also run advertisements, but we consider the connection with the search results as much as possible and clearly distinguish the advertising areas. This is like a newspaper of a newspaper with good management, so it clearly distinguishes the advertising area and the content of the page is not affected by advertiser's payment. We believe that everyone will be able to get the best information. This does not include only the advertisement information that the advertiser pays and then lets you see it.

0146 우리가 추진하는 이러한 계획들은 회사의 장기적인 성공과도 연결되는 것이기 때문에 그것들을 계속해서 찾아냈습니다. 예를 들면, 10%의 확률밖에 없지만 장기적으로 10억 달러를 벌어들일 수 있는 프로젝트라면 우리는 돈을 지불하고 그것을 실행하였습니다. 만약 우리가 적은 규모로 베팅했다면 투기성 투자로 끝나거나 놀라운 기적을 창조해 내지 못했을 것입니다.

We continued to find these plans because they were linked to the company's long-term success. For example, if there's only a 10% chance, but if it's a project that can make a billion dollars in the long run, we've paid and implemented it. If we had bet on a small scale, we wouldn't have ended up with speculative investments or created amazing miracles.

세르게이 브린과 래리 페이지는 명확한 하나의 구상을 가지고 있었다. 선하고 기술력이 뛰어난 검색엔진 회사를 만드는 것이었다.

또한 그들은 자신이 옳다는 신념을 매우 강하게 의식하며 살아왔다. 설사 그들을 향해 다른 사람은 모두 틀렸다고 말할지라도 말이다. 구글이 거대한 IT 기업으로 성장할 수 있었던 이유 중의 하나는 이들의 이러한 가치관 때문일 것이다. 그렇다면 이들이 선함과 기술력을 제일의 가치로 추구했던 이유를 살펴보자.

0147 분명히 모든 사람이 성공하기를 원하지만, 나는 되돌아보았을 때 궁극적으로 매우 혁신적이고 신뢰받으며 윤리적으로 세상을 크게 변화시키는 사람이었다고 평가받고 싶었다.

Obviously, everyone wants to be successful, but I want to be looked back on as being very innovative, very trusted and ethical and ultimately, making a big difference in the world.

0148 우리는 선을 위한 힘이 되는 것이 무엇을 의미하는지 정확히 정의하려고 노력해왔다. 항상 옳고 윤리적인 것을 행하라.

We have tried to define precisely what it means to be a force for good—always do the right, ethical thing.

0149 악하지 않는 것만으로는 충분하지 않다. 우리는 언제나 적극적으로 선하려고 노력한다.

It's not enough not to be evil. We also actively try to be good.

0150 돈이 행복을 가져다주는 것은 아니라는 말을 자주 들었을 것이다. 하지만 나는 항상 마음 한구석에 많은 돈이 행복을 가져다줄 것이라는 생각을 버리지 못하고 있다. 그러나 이것은 사실이 아니다.

You always hear the phrase, money doesn't buy you happiness. But I always in the back of my mind figured a lot of money will buy you a little bit of happiness. But it's not really true.

0151 돈을 벌기가 너무 쉬우면 진정한 혁신과 기업가 정신에 많은 잡

음이 섞이게 된다. 힘든 시기가 실리콘밸리의 가장 좋은 부분을
이끌어낸다.

When it's too easy to get money, then you get a lot of noise mixed in with
the real innovation and entrepreneurship. Tough times bring out the best
parts of Silicon Valley.

0152 젊은이들 사이에 존재하는 분노가 있는 것 같은데, 나에게 그런
건 없었다. 그들은 거대한 산들을 마주쳤지만, 나에게는 내가 올
라가야 할 작은 언덕 하나뿐이었다.

I feel there's an existential angst among young people. I didn't have that.
They see enormous mountains, where I only saw one little hill to climb.

0153 사람들이 우리를 믿지 않는다면 우리는 살아남지 못할 것이다.

We wouldn't survive if people didn't trust us.

0154 개선할 여지가 많은 것은 분명하다. 우리가 가지고 있는 고유의
한계는 없다.

It's clear there's a lot of room for improvement, there's no inherent ceiling
we're hitting up on.

0155 나는 대량의 데이터를 분석하고 패턴과 동향을 발견하는 데이터
마이닝에 관심이 있었다. 동시에, 래리는 웹을 다운로드하기 시작
했는데, 이 웹이 바로 우리가 발견할 수 있는 가장 흥미로운 데이
터였다.

I was interested in data mining, which means analyzing large amounts of data, discovering patterns and trends. At the same time, Larry started downloading the Web, which turns out to be the most interesting data you can possibly mine.

0156   오늘날 당신이 절판된 책을 구하고자 한다면, 방법은 한 가지밖에 없다. 국내에서 가장 유명한 도서관에 직접 가는 것이다. 그리고 그 책더미 사이에서 책을 찾아낼 수 있기를 바란다. (그렇지만 구글에서는 이런 문제가 해결된다.)

Today, if you want to access atypical out-of-print book, you have only one choice—fly to one of a handful of leading libraries in the country and hope to find it in the stacks.

0157   내가 회사의 간부들을 만날 때마다 그들 한 명 한 명은 항상 사려 깊고 착한 사람인 것이 다소 아이러니하다. 하지만, 그들의 노력 중 90%는 회사 안에서 패를 가르고 싸우는 데 쓰이고 있는 것 같다.

It is ironic since whenever I have met with our elected officials they are invariably thoughtful, well-meaning people. And yet collectively 90% of their efforts seems to be focused on how to stick it to the other party.

0158   나는 게으른 유형의 사람이기 때문에 구글 초창기에 그랬듯이 내가 무언가를 하는 데 많은 시간을 쓰게 되면 무언가 문제가 있다는 것을 알 수 있었다.

I am sometimes something of a lazy person, so when I end up spending a lot of time using something myself—as I did with Google in the earliest of days, I knew it was a big deal.

0159 악해지지 마라. 눈앞의 이익에 힘쓰지 말고 장기적으로 봤을 때 세상에 이로운 일을 하는 회사라면, 주식 가치와 더불어 모든 방면에서 보상받게 될 것을 우린 굳게 믿는다.

Don't be evil. We believe strongly that in the long term, we will be better served as shareholders and in all other ways as a company that does good things for the world even if we for go some short term gains. This is an important aspect of out culture and is broadly shared within the company.

0160 많은 기업이 분석가의 전망치에 맞춰 수익을 창출해야 한다는 압박에 시달립니다. 그러다 보니 전망이 불투명한 큰 수익보다 예측 가능한 작은 수익으로 타협하는 일이 잦습니다. 저는 그래서 더 반대쪽으로 나아가려고 합니다.

Many companies are under pressure to keep their earnings in line with analysts' forecasts. Therefore, they often accept smaller, predictable returns. Sergey and I feel this is harmful, and we intend to steer in the opposite direction.

0161 우리는 모든 웹 페이지가 동등하게 만들어지는 것은 아니라는 개념을 고안했습니다. 사람은 서로 동등하지만 웹 페이지는 그렇지 않다는 것입니다.

We came up with the notion that not all web pages are created equal. People are—but not web pages.

0162 일단 10명에서 100명으로 넘어가면, 아마 누가 누군지 모르게 될 것이다. 그 단계부터는 큰 규모의 이점을 얻기 위해 계속해서 커져야 한다.

Once you go from 10 people to 100, you already don't know who everyone is. So at that stage you might as well keep growing, to get the advantages of scale.

0163 만약 세상에 있는 모든 정보를 우리의 뇌에 다 넣을 수 있다면 우리는 더 잘 살 수 있을 것이다.

If you had all the world's information directly attached to your brain, or an artificial brain that was smarter than your brain, you'd be better off.

"큰 문제를 푸는 것은 작은 문제를 풀기보다 쉽다." 이는 통상적으로 이해되지 않는 문장이다. 큰 문제를 푸는 것은 당연히 작은 문제를 풀기보다 어렵기 마련이다. 그러나 세르게이 브린은 작은 문제에 집착해 에너지를 낭비하는 것보다 불가능해 보였던 문제지만 완전히 새로운 방법을 고민하고 찾아내면 어느새 큰 문제도 해결할 수 있다는 의미에서 이러한 말을 남겼다.

그러면 구글이 추구했던 '큰 문제'는 과연 무엇이었을까?

0164 누구나 자신의 꿈을 이룰 수 있는 사람이 될 수 있게 하는 것이 우리 구글이 하는 일이다.

I would like to see anyone be able to achieve their dreams, and that's what this organization does.

0165 우리는 많은 일을 한다. 성공하려면 먼저 실패를 많이 하는 수밖에 없다.

We do lots of stuff. The only way you are going to have success is to have lots of failures first.

0166 당신에게 훌륭한 아이디어 하나가 있다고 해서, 모든 것이 잘 풀리리라는 것은 이상적인 생각이다. 진짜 핵심은 실행과 전달이다.

It's a romantic notion that you're going to have one brilliant idea and then everything is going to be great … but the execution and delivery are what's key.

0167 지난 2백 년 동안 사람들에게 점진적으로 자유가 주어지면서, 사람들이 무언가 생각하거나 창조하는 일에 종사하는 비율이 점점 커지고 있다. 그리고 나는 이런 추세가 앞으로도 계속 이어졌으면 좋겠다.

You do see more people that have been freed up over the last couple of hundred years to do work that is more about thinking about or creating things … and I would hope to see that trend continue.

0168 지금까지 쓰인 책 대부분은 학위기관의 권위 있는 학술자가 아닌 사람들은 누구도 열람할 수 없다. 1923년 이후에 쓰인 책들은 문학계의 블랙홀로 빠르게 사라졌다.

But the vast majority of books ever written are not accessible to anyone except the most tenacious researchers at premier academic libraries. Books written after 1923 quickly disappear into a literary black hole.

0169 사람들은 항상 새로운 것을 시도한다. 이제부터는 성공하기 위해 서는 아주 높은 수준에 도달해야 한다.

People try new things all the time. By now, the people who succeed have to be very sophisticated.

0170 결국 여러분은 전 세계의 모든 지식을 흡수할 수 있기를 원하는 것이다.

Ultimately you want to have the entire world's knowledge connected directly to your mind.

제5장

무언가가 중요하다면,
반드시 실행하라.

테슬라 CEO
일론 머스크 *Elon Musk*

아마도 현재 지구상에서 가장 '핫'한 남자는 테슬라 모터스의 CEO이자 스페이스 X, 솔라시티의 CEO인 일론 머스크일 것이다.

담배와 마리화나를 섞어 만든 대마초를 피우며 위스키를 마시는 장면을 온라인 팟캐스트에서 방영하는가 하면, 자신을 "도지코인의 아버지"로 부르다가, 갑자기 "도지코인은 사기"라고 발언하여 암호화폐 시장을 뒤흔들기도 했다.

게다가 만우절에는 트위터에 테슬라 파산설을 발표해서 시장의 혼란을 일으키기도 하였다. 그의 일거수일투족이 경제에 즉시 영향을 미칠 만큼 일론 머스크는 파급력 있는 인물이다.

일론 머스크는 그가 가진 파급력만큼 수많은 기행으로 인터넷을 뜨겁게 달군 것으로도 유명하다. 그가 저지른 수많은 기행은 각종 밈(Meme)을 통달해 개인 SNS에 밈을 활용한 글을 자주 남기기도 했고, 만우절 전날이자 테슬라의 1분기 실적 발표 전날인 2019년 3월 31일에는 사운드클라우드(SoundCloud)에 고릴라 '하람베'를 주제로 한 랩을 올려 화제가 되기도 했다.

그가 SNS에 올린 글 하나로 테슬라의 주가가 10%가량 하락하기도 했다. 최근에는 러시아 대통령인 푸틴에게 결투를 신청해 전 세계적으로 이목을 모았다.

한편으로 그는 영화 《아이언맨》의 토니 스타크의 모델이며, 우리가 살게 될 세상을 설계하고 바꿔 나가려는 모험가이자 사업가이기도 하다. 그의 목표는 화성에 식민지를 건설하는 것이다. 몇 년 전까지만 해도 일론 머스크의 이러한 원대한 목표를 향해 세상은 허황한 꿈이라고 했었다.

그러나 그는 우주 로켓을 발사하고 현재까지 민간업체로는 유일하게 '우주 화물선'을 운행하는 등 전 세계를 놀라게 하며 끊임없는 도전을 이어 나가고 있다. 또한, 탁월한 경영 능력으로 대담한 모험을 하는 일론 머스크는 애플의 스티브 잡스를 뛰어넘는 혁신의 아이콘으로 자리 잡고 있다.

일론 머스크는 타인의 아이디어를 기반으로 한 상상력이 아니라 자신만의 목표를 설립하고 그 위대한 목표를 향해 질주한다. 그는 우리에게 끊임없이 생각하고 자신에게 질문을 던지라고 한다.

우리는 학교든 직장이든 때때로 창의적인 생각이 필요할 때가 있으며, 조직을 이끌어야 할 때가 있다. 그러나 현재 많은 기업과 조직에서는 개인의 창의성을 쉽게 끌어내지 못하고 있다.

만약 우리가 리더로서 조직을 혁신으로 이끌려면 과연 어떤 자세를 가져야 할까? 이러한 물음에 일론 머스크는 '생각과 질문의 중요성'으로 답한다.

0171   CEO의 사무실은 재무담당자의 사무실이나 마케팅 부서와 직접

연결되어서는 안 된다. 엔지니어링 부서와 디자인 부서와 연결되어야 한다.

The path to the CEO's office should not be through the CFO's office, and it should not be through the marketing department. It needs to be through engineering and design.

0172 지금까지 해온 일, 그리고 앞으로 해야 할 일에 대해 계속해서 고민하게 된다면, 남들의 의견을 수용하는 피드백을 꾸준히 듣는 것이 좋다.

I think it's very important to have a feedback loop, where you're constantly thinking about what you've done and how you could be doing it better.

0173 어려운 일을 해내기 위해 많은 사람을 고용하는 것은 실수다. 인원이 많다고 해서 답이 나오는 것이 아니며, 오히려 발전을 늦춘다. 또한, 비용적인 측면에서도 단점으로 작용한다.

It is a mistake to hire huge numbers of people to get a complicated job done. Numbers will never compensate for talent in getting the right answer, will tend to slow down progress, and will make the task incredibly expensive.

0174 기업은 상품이나 서비스를 창출하는 '하나의 그룹'이기 때문에 회사에 속한 직원들의 수준, 직원들이 창조하는 것, 그들이 이 일을 즐기는가로 어떤 회사인지 판가름할 수 있다. 나는 탁월한 재능을 가진 우리 직원들에 고마움을 느낀다. 나는 그저 회사의 얼굴일 뿐이지 우리 그룹은 훌륭한 직원들로 이루어져 있다.

A company is a group organized to create a product or service, and it is only as good as its people and how excited they are about creating. I do want to recognize a ton of super-talented people. I just happen to be the face of the companies.

0175 사람들은 이 일을 왜 해야 하는지, 즉 일의 목적을 알 때 업무 능률이 올라간다. 사람들이 일하는 기쁨을 만끽하게 하려면 본인 일의 목적을 알게 하는 것이 중요하다. 이는 출근할 아침이 기다려지게 만들기도 한다.

People work better when they know what the goal is and why. It is important that people look forward to coming to work in the morning and enjoy working.

0176 당신이 공동 창업자 혹은 CEO라면, 원하지 않은 일도 다 해야 한다. 잡일을 싫어한다면 그 회사는 성공하지 못한다. 하찮은 일 같은 것은 없다.

If you're co-founder or CEO, you have to do all kinds of tasks you might not want to do. If you don't do your chores, the company won't succeed. No task is too menial.

0177 나는 고차원적인 것들을 자랑하는 데 시간을 허비하지 않는다. 엔지니어링과 제작에 관한 문제를 해결하느라 시간을 쓸 뿐이다.

I don't spend my time pontificating about high-concept things; I spend my time solving engineering and manufacturing problems.

0178 나는 항상 내 돈을 내가 만든 회사에 투자한다. 다른 사람들의 돈이 사용된 것은 전혀 믿지 않는다. 그런 것이 옳다는 생각이 들지 않기 때문이다. 나는 내가 준비하지 않은 무언가에 투자해 달라고 다른 사람들에게 요청하지 않는다.

I always invest my own money in the companies that I create. I don't believe in the whole thing of just using other people's money. I don't think that's right. I'm not going to ask other people to invest in something if I'm not prepared to do so myself.

0179 나는 일을 하기 위해 회사를 세우지, 회사를 세우기 위해 일하지 않는다.

I don't create companies for the sake of creating companies, but to get things done.

0180 지옥에 들어가 있는 것처럼 일하라. 일주일에 80~100시간을 일해야 한다. 그러면 성공 가능성이 커진다. 똑같이 일하더라도 다른 사람들이 일주일에 40시간을 투자하는 일에 100시간을 투자한다면 다른 사람들이 1년 걸려 이룰 일을 4개월 만에 끝낼 수 있다는 것을 알게 될 것이다.

Work like hell. I mean you just have to put in 80 to 100 hour weeks every week. [This] improves the odds of success. If other people are putting in 40 hour work weeks and you're putting in 100 hour work weeks, then even if you're doing the same thing, you know that you will achieve in four months what it takes them a year to achieve.

0181 기업가가 된다는 것은 풀을 먹으면서 지옥의 심연으로 빠져들어 가는 것과 같다.

Being an entrepreneur is like eating glass and staring into the abyss of death.

0182 회사를 만드는 것은 빵을 굽는 것과 다를 바 없다. 재료를 적절한 비율로 섞어야 하는 것이다.

If you're trying to create a company, it's like baking a cake. You have to have all the ingredients in the right proportion.

0183 스페이스 X에는 엉터리 정책은 절대 적용되지 않는다.

We have a strict 'no-assholes policy' at SpaceX.

0184 벤처 자금을 유치하는 최고의 방법은 어떤 제품이나 서비스라도 내보이면서 가능한 한 이상적으로 비추도록 노력하는 데 있다. 그런 다음 그 아이디어가 진실로 고객에게 먹혀들어서 움직임이 시작되는지 지켜보면 된다. 그런 식으로 멀리 가면 갈수록, 펀딩을 따올 가능성이 커지는 것이다.

I think the best way to attract venture capital is to try and come up with a demonstration of whatever product or service it is and ideally take that as far as you can. Just see if you can sell that to real customers and start generating some momentum. The further along you can get with that, the more likely you are to get funding.

0185 가능한 한 MBA 학위 소지자를 고용하지 말라. MBA 프로그램

은 회사 창업 방법에 대해서는 가르치지 않는다.

As much as possible, avoid hiring MBAs. MBA programs don't teach people how to create companies.

0186 무언가를 설계하면서 고안할 때는, 당신이 창조하는 그것의 가치가 투자비용보다 더 큰지를 판단하도록 하라. 그런 다음에 핵심 기술을 생각하라.

If something has to be designed and invented, and you have to figure out how to ensure that the value of the thing you create is greater than the cost of the in puts, then that is probably my core skill.

0187 나는 항상 낙관론자이면서 현실주의자이다. 나는 테슬라 자동차와 스페이스 X를 시작하면서 큰 성공을 거둘 것이라는 기대를 하지 않았다. 나는 그냥 이 프로젝트가 중요하다고 생각했을 뿐이다.

I always have optimism, but I'm realistic. It was not with the expectation of great success that I started Tesla or SpaceX. It's just that I thought they were important enough to do anyway.

0188 사실이 그렇지 않은데 일이 잘되고 있다고 스스로 속이지 말라. 그랬다가는 나쁜 해결책에만 매달리게 될 것이다.

Don't delude yourself into thinking something's working when it's not, or you're gonna get fixated on abad solution.

0189 당신과 같이 일하는 사람들을 좋아해야 한다. 그렇지 않다면 당

신의 삶과 직업은 매우 비참해질 것이다.

It's very important to like the people you work with, otherwise life [and] your job is gonna be quite miserable.

우리는 화성을 배경으로 한 많은 SF 영화와 소설을 본다. 그리고 그것을 단지 허구일 뿐이라고 믿었다. 일론 머스크가 화성에 식민지를 건설하겠다는 포부를 밝히기 전, 그 누가 이러한 상상을 현실로 만들 생각을 했을까?

그는 "인류의 미래에 가장 큰 영향을 끼치는 것이 무엇일까?"라는 물음을 자신에게 던지며 고민하였다. 실패는 하나의 옵션일 뿐이며, 만약 무언가 실패하고 있지 않다면, 충분히 혁신하고 있지 않은 것이라고 말하는 일론 머스크가 우리에게 묻고 있다. 지금 우리는 실패를 경험하고 있는지 말이다.

0190   여기서는 실패가 하나의 선택일 뿐이다. 실패가 일어나지 않는다면 아직 개혁이 충분하지 않은 것이다.

Failure is an option here. If things are not failing, you are not innovating enough.

0191   많은 사람이 성공의 가능성을 내포하고 있는 위험 요소를 감수하는 것보다는 실패로부터 자신을 보호하고 부정적인 결과를 최소화하는 것에 더 집중하면서, 결국 위험을 감수하는 것을 피하는 경향이 있다.

There's a tremendous bias against taking risks. Everyone is trying to optimize their ass-covering.

0192　브랜드는 인식에 불과하고, 인식은 시간이 흐르면서 현실이 된다. 때로는 앞설 수도 있고 뒤처질 때도 있지만, 브랜드는 어떤 상품에 대한 집단적인 느낌에 불과하다.

Brand is just a perception, and perception will match reality over time. Sometimes it will be ahead, other times it will be behind. But brand is simply a collective impression some have about a product.

0193　내가 말하면 대개 그 일이 이루어진다. 계획된 것이 아닐지라도 보통은 이루어진다.

I say something, and then it usually happens. Maybe not on schedule, but it usually happens.

0194　소비자들이 많은 돈을 지급해서라도 갖고자 하는 매력적인 상품이 있다면, 잠재력 있는 기업의 상품이라 볼 수 있다. 애플이 바로 그런 식이다. 소비자는 훨씬 저렴한 스마트폰이나 노트북을 살 수 있지만, 애플 제품이 끌어당기는 매력이 있기 때문에 사람들이 더 많은 돈을 지급해서라도 구입하려는 것이다.

I do think there is a lot of potential if you have a compelling product and people are willing to pay a premium for that. I think that is what Apple has shown. You can buy a much cheaper cell phone or laptop, but Apple's product is so much better than the alternative, and people are willing to pay that premium.

0195　나는 과정을 신뢰하지 않는다. 입사 지원자 면접을 볼 때, 지원자가 결과보다 과정에 의미를 두는 발언을 한다면 이것은 감점 요소이다. 많은 대기업에서는 과정을 중요시한다. 그러나 그런 곳에서는 그저 복잡한 기계 속 작은 부속품의 역할로만 일하게 된다. 즉, 영리해지거나 창의적일 수가 없게 된다는 말이다.

I don't believe in process. In fact, when I interview a potential employee and he or she says that 'it's all about the process,' I see that as a bad sign. The problem is that at a lot of big companies, process becomes a substitute for thinking. You're encouraged to be have like a little gear in a complex machine. Frankly, it allows you to keep people who aren't that smart, who aren't that creative.

0196　비즈니스를 시작해서 키워나가는 것은 판매하는 물품뿐만 아니라 그 이면에 일하는 사람들의 혁신, 동기 및 결의와 밀접한 관계가 있다.

Starting and growing a business is as much about the innovation, drive, and determination of the people behind it as the product they sell.

0197　새로운 기술이 대중 시장에서 저렴해질 수 있는 두 가지 조건이 있습니다. 첫 번째는 규모의 경제를 얻는 것이고, 두 번째는 디자인을 몇 차례 개선하는 것입니다. 여러 버전을 거치면서 진화해 나가야 합니다.

There are really two things that have to occur in order for a new technology to be affordable to the mass market. One is you need economies of scale. The other is you need to iterate on the design. You need to go through a few versions.

0198   저는 여러분이 "와, 어떻게 저럴 수 있지? 저게 가능하단 말이야?"라고 탄복할 정도로 세상을 바꾸고, 미래에 영향을 미칠만한 경이롭고 새로운 기술에 관심이 있습니다.

I'm interested in things that change the world or that affect the future and wondrous, new technology where you see it, and you're like, 'Wow, how did that even happen? How is that possible?'

0199   무엇이 혁신적인 생각을 일으키는가? 나는 사고방식이라고 생각한다. 즉, 과감한 생각을 하려면 과감한 결정을 내려야 한다는 말이다.

What makes innovative thinking happen? I think it's really a mindset. You have to decide.

0200   우리에겐 의식의 빛을 비출 의무가 있다. 어떤 일이 미래로 지속할 수 있는지를 지켜봐야 한다.

I think we have a duty to maintain the light of consciousness to make sure it continues into the future.

0201   헨리 포드가 저렴하고 튼튼한 자동차를 만들자 사람들이 수군거렸다. "저건 아니야. 말 타고 다닌다고 어디 덧나나?" 그럼에도 그는 엄청난 투자를 했고, 그리고 성공했다.

When Henry Ford made cheap, reliable cars, people said, 'Nah, what's wrong with a horse?' That was a huge bet he made, and it worked.

0202   누군가가 획기적인 개혁을 이루었다면, 그건 결코 작은 일이 아

니다. 그것이 시시하게 끝날 가능성은 거의 없다. 집단적으로 많은 일이 거대한 개혁으로 이어지기 때문이다.

When somebody has a break through innovation, it is rarely one little thing. Very rarely, is it one little thing. It's usually a whole bunch of things that collectively amount to a huge innovation.

0203   당신이 사용하는 거대한 기술을 중단시킬 획기적인 테크놀로지는 신생 기업에서 탄생하는 것이 보통이다.

Disruptive technology where you really have a big technology discontinuity ... tends to come from new companies.

0204   무슨 일이 벌어지더라도 감당할 수 있다면, 한 바구니에 모든 달걀을 담아두어도 좋다.

It's OK to have your eggs in one basket as long as you control what happens to that basket.

0205   나는 항상 내가 어느 정도는 틀릴 수도 있다는 자세로 살아간다. 이와 같은 생각은 내 잘못을 점차 줄여가게 한다.

I take the position that I'm always to some degree wrong, and the aspiration is to be less wrong.

0206   우리는 반드시 이루어 낼 것이다. 신이 보고 계시겠지만, 나는 어떤 희생을 감수해서라도 반드시 목적을 이룰 것이다.

We're going to make it happen. As God is my bloody witness, I'm hell-bent on making it work.

우리는 자신에게 향하는 비판을 참기 어려울 때가 많다. 아무리 옳은 말이고 우리에게 진정으로 도움이 되는 말이라 할지라도 비판을 기분 좋게 받아들일 수 있는 사람은 많지 않을 것이다. 그러나 일론 머스크는 피드백 중에서도 부정적인 피드백을 친구들로부터 적극적으로 구하라고 말한다. 듣기 싫은 비판을 들어야 하는 이유는 무엇일까?

상대에게 직접적으로 부정적인 피드백을 하는 것은 어려운 일이다. 그렇기 때문에 그에게는 이러한 피드백을 듣는 것이 무엇보다 중요하며, 아무나 해주지 않는 조언은 큰 도움이 된다고 말하는 것이다. 세계 제일의 부호도 주위 사람들에게 부정적인 피드백을 해달라고 간청한다. 아마도 그가 자신을 끊임없이 돌아보는 이러한 삶의 지혜를 갖추었기 때문에 영향력 있는 인물이 될 수 있었을 것이다. 이외에도 그가 어떤 지혜를 가졌는지 알아보자.

0207 아침에 일어나면 살고 싶은 이유가 있어야 한다. 왜 살고 싶은가? 무슨 목적으로? 미래에 하고 싶은 것은 뭔가? 별들 사이를 돌아다니면서 다양한 별에 사는 생명의 하나가 되는 것이 미래의 꿈이 아니라면 나는 정말 우울할 것이다.

There have to be reasons that you get up in the morning and you went to live, Why do you want to live? What's the. point? What inspires you? What do you love about the future? If the future does not include being out there among the stars and being a multi-planet species, I find that incredibly depressing.

0208 나는 보통 사람도 뛰어난 사람이 되는 것이 가능하다고 생각한다.

I think it is possible for ordinary people to choose to be extraordinary.

0209 나의 가장 큰 실책이라면 누군가의 재능에는 지나치게 비중을 두면서, 사람의 인격에는 큰 관심을 갖지 않은 것이다. 그 사람이 양심적인지는 중요한 문제이다.

My biggest mistake is probably weighing too much on someone's talent and not someone's personality. I think it matters whether someone has a good heart.

0210 첫 번째 단계는 무엇이 가능한지를 확실하게 하는 것이다. 그러면 가능성이 커진다.

The first step is to establish that something is possible; then probability will occur.

0211 재능은 매우 중요하다. 재능은 스포츠 팀과 비슷한데, 가장 뛰어난 개개인의 선수들을 보유한 팀은 승률이 높다. 여기에 더해 그런 선수들이 협력하면서 전략을 잘 짠다면 승률은 몇 배로 올라간다.

Talent is extremely important. It's like a sports team, the team that has the best individual player will often win, but then there's a multiplier from how those players work together and the strategy they employ.

0212 진심이 들어간 비판적인 조언이라면 관심을 기울여라. 특히, 나를 잘 아는 친구들에게는 간청해서라도 조언을 구해라. 아무에게나 해주지 않는 진심 어린 조언은 나에게 독이 아닌 약이 된다.

Really pay attention to negative feedback and solicit it, particularly from friends. Hardly anyone does that, and it's incredibly helpful.

0213 인간은 자신이 열정을 품은 일을 추구해야 한다. 겉으로만 그럴
싸한 일보다는 그런 일이 사람을 행복하게 한다.

People should pursue what they're passionate about. That will make them
happier than pretty much anything else.

0214 내가 겁이 없다고는 말하지 못하겠다. 두려움은 정신을 분산시키
고 신경계를 망가뜨려 버리기 때문에 일부러 신경을 쓰지 않는 것
이다.

I wouldn't say I have a lack of fear. In fact, I'd like my fear emotion to be
less because it's very distracting and fries my nervous system.

0215 다른 것이라 해서 다르게 행동해서는 안 된다. 그저 더 좋게 만
들도록 해야 하는 것이다.

You shouldn't do things differently just because they're different. They
need to be better.

0216 내가 한 질문에 부모님이 짜증을 낸다면, 난 부모님이 대답을 해
주더라도 믿지 않을 것이다. 나는 그 대답이 내가 아는 선에서
타당한지 판단하게 될 것이다.

I would just question things... It would infuriate my parents... That I
wouldn't just believe them when they said something 'cause I'd ask them
why. And then I'd consider whether that response made sense given
everything else I knew.

제6장

발견에는 항상 뜻밖의
행운이 있기 마련이다.

아마존 설립자
제프 베이조스 *Jeff Bezos*

아마존닷컴의 설립자이자 CEO, 제프 베이조스. 그는 초기 인터넷 상거래를 통해 책을 판매하였으며, 그 이후 다양한 상품을 판매해 아마존을 세계 최고의 기업 중 하나로 만들어냈다. 더불어 그는 2000년 블루오리진사를 설립하고 우주여행선 프로젝트를 진행하는 등 도전을 계속하고 있다. 2013년에는 〈워싱턴포스트〉를 인수하기도 하였다.

제프 베이조스를 가장 잘 나타내는 말은 '도전과 혁신'일 것이다. 아주 도전적인 성격을 지닌 그는 이런 말을 한 적이 있다. "덜 안전한 길을 택한다. 그런 선택이 자랑스럽다."라고 말이다. 1990년대 초, 투자은행에서 펀드매니저로 승승장구하던 그는 인터넷 이용자가 수십 배씩 급증할 것이라는 기사를 읽고 나서 다니던 회사를 떠나기로 했다. 그리고 번뜩이는 상상력을 가지고 새로운 도전을 시작했다.

인터넷 사용자를 대상으로 한 온라인 서점을 열겠다는 아이디어에서 지금의 아마존이 탄생한 것이다. 그는 어떠한 가치관과 생각을 가지고 아마존을 세계 최고의 기업으로 만들 수 있었을까?

제프 베이조스가 아마존을 세계 최고의 기업으로 만들 수 있었던 이유는 그의 타고난 리더십뿐만 아니라 그만의 경영철학이 있었기 때문이다.

"가장 중요한 것은 고객에게 집중하는 것이며, 고객이 무엇을 원하고 고객이 앞으로 무엇을 원하는지를 예측하는 것이 아마존의 존재 이유이다."

이처럼 아마존은 경쟁 회사를 보고 경영하는 것이 아니라, 고객의 요구에 집중하며 고객을 위해서 경영한다. 다음에서 그가 고객을 위해 어떠한 아이디어를 떠올렸는지 알아보자.

0217　비용 개선에 초점을 맞추면 제품을 낮은 가격에 제공할 수 있고, 이것은 다량 판매, 곧 성장으로 이어집니다. 성장은 고정 비용을 판매로 분산시켜, 단위당 비용을 절감할 수 있고, 이것은 가격 인하를 가능케 합니다. 고객들은 이를 좋아할 것이고, 주주들에게도 역시 이득이 됩니다. 이러한 우리의 선순환을 기대해도 좋습니다.

Focus on cost improvement makes it possible for us to afford lower prices, which drives growth. Growth spreads fixed costs across more sales, reducing cost per unit, which makes possible more price reductions. Customers like this, and it's good for shareholders. Please expect us to repeat this loop.

0218　우리는 고객을 우리가 개최한 파티의 손님이라고 생각한다. 고객 경험의 모든 중요 요소들을 매일매일 조금씩이라도 개선하는 것이 우리의 일이다.

We see our customers as invited guests to a party, and we are the hosts. It's our job every day to make every important aspect of the customer experience a little bit better.

0219 최고의 고객 서비스는 고객이 전화를 걸 필요가 없고, 대화할 필
요가 없는 경우이다. 그냥 흘러가는 것이다.

The best customer service is if the customer doesn't need to call you,
doesn't need to talk to you. It just works.

0220 고객 기반 서비스가 당신과 함께 노화된다면, 결국 도태될 것이
다. 젊은 고객을 유지하기를 원한다면, 당신은 새로운 고객이 누
구이고, 지금 무엇을 하고 있는지 끊임없이 알아내야 한다.

If your customer base is aging with you, then eventually you are going to
become obsolete or irrelevant. You need to be constantly figuring out who
are your new customers and what are you doing to stay forever young.

0221 수천 명의 투자자가 우리를 믿고 있다. 이 말은 우리는 수천 명의
직원으로 이루어진 팀이라는 의미이다. 서로 의지하고 있다. 참
재미있다.

We've got thousands of investors counting on us. And we're a team of
thousands of employees all counting on each other. That's fun.

0222 기업 문화란 좋든 나쁘든 지속적이고, 안정적이며, 변화하기 어렵
다. 이것은 장점일 수도, 단점일 수도 있다. 여러분의 기업 문화를
단순히 글로 적어낼 순 있다. 다만 이렇게 하는 순간 단순히 알고
만 있지 창조할 수 없다는 사실을 깨닫게 될 것이다. 문화가 시간
에 따라 그렇게 안정된 이유는 사람들이 스스로 그 길을 선택했

기 때문이다.

A word about corporate cultures: for better or worse, they are enduring, stable, hard to change. They can be a source of advantage or disadvantage. You can write down your corporate culture, but when you do so, you're discovering it, uncovering it—not creating it. The reason cultures are so stable in time is because people self-select.

0223 파트너와 더 좋은 선택을 만들어나가기 위해서는 커뮤니티를 구축하라. 이것이 세계에 장기적인 영향력을 미칠 수 있는 유일한 방법이다.

Seek to build a community to make better choices in the people with whom you partner. That's the only way to have greater long-term impact on the world.

0224 사람을 잘못 고용하는 것보다는 50명을 면접 보고도 아무도 고용하지 않는 게 낫다.

I'd rather interview 50 people and not hire anyone than hire the wrong person.

0225 앞으로 10년 후의 소비자들이 더 높은 가격, 적은 선택, 느린 배송을 원하지는 않을 것이다. 이런 당연한 믿음은 우리의 서비스를 강화하기 위해 더욱 투자하는 것에 대한 자신감을 심어준다.

It is difficult for us to imagine that ten years from now, customers will want higher prices, less selection, or slower delivery. Our belief in the durability of these pillars gives us the confidence required to invest in strengthening them.

0226   가장 중요한 한 가지는 집요할 정도로 고객에게 집중하는 것이
       다. 우리의 목표는 지구상에서 가장 고객중심적인 회사가 되는
       것이다.

The most important single thing is to focus obsessively on the customer.
Our goal is to be earth's most customer-centric company.

0227   고객의 요구에 따라 '한 발짝 뒤로 물러나는' 것은 기존의 기술
       과 역량을 활용하여 비즈니스 기회를 창출하는 '진보적인 접근
       법'과 대조될 수 있다. 진보적인 접근 방식은 다음과 같다. "우리
       는 X를 정말 잘합니다. X로 무엇을 더 할 수 있을까요?" 하지만
       이 방법만을 사용한다면, 결코 신선한 기술을 발견하진 못할 것
       이다. 결국, 기존의 기술들은 시대에 뒤떨어지게 된다.

'Working backwards' from customer needs can be contrasted with a
'skills-forward' approach where existing skills and competencies are
used to drive business opportunities. The skills-forward approach says,
'We are really good at X. What else can we do with X?'. However, if used
exclusively, the company employing it will never be driven to develop fresh
skills. Eventually the existing skills will become outmoded.

0228   고객중심 포커스의 한 가지 장점은 특정 유형의 사전 예방 활동
       을 지원한다는 것이다. 우리가 최선을 다하면, 외부의 목소리를
       기다릴 필요가 없다. 그러기 전에 내부적으로 서비스를 개선하고
       혜택과 기능을 추가하자는 동기가 부여될 것이다.

One advantage—perhaps a somewhat subtle one—of a customer-driven focus is that it aids a certain type of proactivity. When we're at our best, we don't wait for external pressures. We are internally driven to improve our services, adding benefits and features, before we have to.

0229   만약 당신이 현실에서 고객들을 만족시키지 못하면, 그들은 각각 6명의 친구에게 부성적인 입소문을 낼 것이다. 하지만 만약 당신이 인터넷상에서 고객들을 만족시키지 못하면, 그들은 각각 6,000명의 사람에게 이 사실을 퍼뜨릴 수 있다.

If you make customers unhappy in the physical world, they might each tell 6 friends. If you make customers unhappy on the internet, they can each tell 6,000 friends.

0230   당신의 브랜드란 당신이 없는 곳에서 사람들이 당신에 대해 하는 말과 같다.

Your brand is what other people say about you when you're not in the room.

0231   회사의 브랜드는 사람에 대한 평판과 같다. 당신은 어려운 일을 잘 해냈을 때 좋은 평판을 얻을 수 있다.

A brand for a company is like a reputation for a person. You earn reputation by trying to do hard things well.

0232   채용 미팅 중 결정을 내리기 전이라면 세 가지 질문을 고려해 볼 것을 권한다. 당신은 이 사람을 존경할 수 있는가? 이 사람이 자신이 속한 그룹의 효율성 수준을 높일 수 있는가? 이 사람이 어

떤 방면에서 대단한 사람이 될 수 있는가?

During our hiring meetings, we ask people to consider three questions before making a decision. Will you admire this person? Will this person raise the average level of effectiveness of the group they're entering? Along what dimension might this person be a superstar?

0233 비즈니스에서 방황하는 것은 효율적이지 않지만, 오히려 잠깐의 방황은 도움이 되기도 한다. 고객을 위한 보상이 충분하다는 확신을 바탕으로, 조금 어렵고 낯선 길일지라도 우리는 헤쳐나가면 된다. 방황은 효율성을 위한 필수적인 균형점이다. 모두 받아들여야 한다. 비선형적이고도 거대한 이 발견은 방황이 필요할 가능성이 높다.

Wandering in business is not efficient ... but it's also not random. It's guided ... and powered by a deep conviction that the prize for customers is big enough that it's worth being a little messy and tangential to find our way there. Wandering is an essential counter balance to efficiency. You need to employ both. The out sized discoveries—the 'non-linear' ones—are highly likely to require wandering.

0234 기업이 성장함에 따라 실패 경험을 포함한 모든 것의 규모가 커져야 한다. 만약 실패의 크기가 함께 커지지 않는다면, 가시적 성과를 내지 못할 것이다. 아마존이 가끔 수십억 달러의 손해를 내는 것은 그 규모의 회사에 알맞은 실험인 것이다.

As a company grows, everything needs to scale, including the size of your failed experiments. If the size of your failures isn't growing, you're not going to be inventing at a size that can actually move the needle. Amazon will be experimenting at the right scale for a company of our size if we occasionally have multibillion-dollar failures.

0235 주주들에게 좋은 소식은 단 한 번의 큰 성공적 투자가 많은 실패 비용의 그 이상을 충당할 수 있다는 것이다.

The good news for share owners is that a single big winning bet can more than cover the cost of many losers.

0236 나 역시 재정적인 수익을 거두고 싶다. 하지만 나에게는 세상을 긍정적인 방향으로 변화시킬 수 있는 창의력과 기술적 비전이라는 결실을 맺는 정신적인 보상이 있다.

I want to see good financial returns, but also to me there's the extra psychic return of having my creativity and technological vision bear fruit and change the world in a positive way.

아마존이 세계 최고의 기업으로 성장할 수 있었던 이유는 훌륭한 세일즈 덕분일 것이다. 그러나 제프 베이조스는 한 번도 상품을 팔아 돈을 번다고 생각하지 않았다고 한다. 그렇다면 무엇을 판매한다고 생각하였을까?

그는 고객에게 단순히 책, 상품을 판매하는 것이 아니라 '편리한 구매'라는 가치를 제공한다고 생각하였다. 기업의 수익성이 아닌 고객의 편리성에만 집중하였다. 그가 추구하는 가치가 무엇인지 살펴보자.

0237 우리는 아마존에서 18년 동안 고수해 온 세 가지 중요한 아이디어를 가지고 있다. 이것이 우리가 성공한 이유이다. 고객을 최우선으로 생각하라, 발명하라, 그리고 인내심을 가져라.

We've had three big ideas at Amazon that we've stuck with for 18 years, and they're the reason we're successful: Put the customer first. Invent. And be patient.

0238 아마존은 유사품을 제공하는 것을 잘하지 못한다. 소매점들을 살펴보면, 서비스가 매우 우수하고, 운영자들 또한 매우 능숙하다. 유사품을 출시하기 전에 항상 제기해야 할 질문은 다음과 같다. 무엇이 중요한가? 우리가 어떻게 하면 달라질까? 어떻게 하면 좋을까? 단지 할 수 있기 때문에 하는 일은 하고 싶지 않다. 즉, 불필요한 일은 하고 싶지 않다.

One of the things we don't do very well at Amazon is a me-too product offering. So when I look at physical retail stores, it's very well served, the people who operate physical retail stores are very good at it. The question we would always have before we would embark on such a thing is: What's the idea? What would we do that would be different? How would it be better? We don't want to just do things because we can do them. We don't want to be redundant.

0239 두 종류의 회사가 있다. 더 많이 청구하려고 노력하는 회사와 적게 청구하려고 노력하는 회사. 우리는 후자가 될 것이다.

There are two kinds of companies, those that work to try to charge more and those that work to charge less. We will be the second.

0240 만약 우리가 사람들이 구매 결정을 내리는 데 도움을 준다면 우리의 물건이 더 많이 팔릴 것이라는 것이 우리의 생각이다.

Our point of view is we will sell more if we help people make purchasing decisions.

0241 당신은 매일 사는 간단한 물건에 대해 흥정하고 싶지 않을 것이다. 나를 가장 불쾌하게 하는 것은 은행에 갈 때마다 보이는, 휴가를 갈 수 있도록 주택에 대한 2차 담보 대출을 받으라고 부추기는 광고이다. 그 접근은 아주 사악하다.

You don't want to negotiate the price of simple things you buy every day. The one thing that offends me the most is when I walk by a bank and see ads trying to convince people to take out second mortgages on their home so they can go on vacation. That's approaching evil.

0242 만약 여러분이 방향을 바꾸는 것을 잘한다면, 틀리는 것은 생각보다 대가가 크지 않을 것이다. 반면에 느린 것에는 반드시 대가가 따를 것이다.

If you're good at course correcting, being wrong may be less costly than you think. Whereas being slow is going to be expensive for sure.

0243 내 일과 삶 속에서 내가 내렸던 최고의 결정은 모두 분석을 따른 것이 아닌 내 마음, 직관, 용기를 따른 것들이다.

All of my best decisions in business and in life have been made with heart, intuition, guts … not analysis.

0244 우리는 완전히 새로운 무언가가 되고 싶다. 아마존의 성장에 있어서 롤모델은 없다.

What we want to be is something completely new. There is no physical analog for what Amazon.com is becoming.

0245 우리는 모든 일에 있어서 매출과 성과에 가져올 좋은 영향을 기대한다. 수익성은 사업에 있어서 아주 중요한 부분이다. 그렇지 않으면 우리는 지금 이 사업을 하고 있지 않을 것이다.

We expect all our businesses to have a positive impact on our top and bottom lines. Profitability is very important to us or we wouldn't be in this business.

0246 지난 6년 동안 IT 분야에서 타 기업보다 나은 성과를 거둘 수 있었던 이유는 우리가 '고객 만족'에 레이저처럼 정확히 초점을 맞추었기 때문이다. 이는 어떤 사업에서든 매우 중요한 일이며 특히 온라인상에서는 입소문이 무엇보다 강력하다.

If there's one reason we have done better than of our peers in the Internet space over the last six years, it is because we have focused like a laser on customer experience, and that really does matter, I think, in any business. It certainly matters online, where word-of-mouth is so very, very powerful.

0247 친구들은 분기별 실적 발표 후 나에게 "수고했어, 좋은 분기였다."라고 축하할 것이다. 하지만 그 분기는 3년 전에 만들어진 것이다.

Friends congratulate me after a quarterly-earnings announcement and say, 'Good job, great quarter.' And I'll say, 'Thank you, but that quarter was baked three years ago.'

0248   아마존은 커 보이지만 생각보다 큰 기업이 아니므로 언제든 실패할 수 있다. 고객이 아닌 기업의 이익에만 집중하면 실패의 날이 시작될 것이다.

Amazon is not too big to fail. If we start to focus on ourselves, instead of focusing on our customers, that will be the beginning of the end. We have to try and delay that day for as long as possible.

0249   우리 아마존은 5~7년이 걸리는 일을 좋아한다. 씨앗을 심어 그것을 자라게 할 것이고, 고집스럽게 이 일을 할 것이다. 우리는 우리 스스로의 비전에 대해 매우 고집스러우나 디테일에 유연히 대처하는 사람들이라고 칭한다.

At Amazon we like things to work in five to seven years. We're willing to plant seeds, let them grow and we're very stubborn. We say we're stubborn on vision and flexible on details.

0250   오늘날의 아마존은 아직 전 세계 소매업계에서는 작은 업체로 남아있다. 우리는 소매 시장의 한 자릿수 비율을 차지하고 있으며, 우리가 영업하는 모든 나라에는 훨씬 더 큰 소매상들이 있다. 이는 소매업의 거의 90%가 오프라인 가게들에 머물러 있기 때문이다.

Amazon today remains a small player in global retail. We represent a low single-digit percentage of the retail market, and there are much larger retailers in every country where we operate. And that's largely because nearly 90% of retail remains offline, in brick and mortar stores.

0251 　힘의 균형이 소비자에게 가까워지고 있고, 기업에게서 멀어지고 있다. 기업의 입장에서 이에 대응하는 올바른 방법은 기업의 에너지, 관심, 자금의 대부분을 훌륭한 제품이나 서비스를 만드는 데 쏟고, 광고나 마케팅에 드는 비용을 줄이는 것이다.

The balance of power is shifting toward consumers and away from companies. The right way to respond to this if you are a company is to put the vast majority of your energy, attention and dollars into building a great product or service and put a smaller amount into shouting about it, marketing it.

0252 　시장을 선도하는 것은 수익 증대, 수익성 향상, 자본 속도 향상, 이에 상응하는 투자 자본 수익률 향상으로 직결될 수 있다.

Market leadership can be translate directly to higher revenue, higher profitability, greater capital velocity, and correspondingly stronger returns on invested capital.

0253 　구시대에는 훌륭한 서비스를 만드는 데 30%의 시간을 할애했고, 그것을 알리는 데 70%를 투자했다. 새로운 세계에서는 반대가 될 것이다.

In the old world, you devoted 30% of your time to building a great service and 70% of your time to shouting about it. In the new world, that inverts.

0254 　회사는 반짝이는 것에 중독되어서는 안 된다. 반짝이는 것은 지

속되지 않기 때문이다.

A company shouldn't get addicted to being shiny, because shiny doesn't last.

제프 베이조스는 발명을 경영철학으로 삼았다. 그는 몰락해가던 종이 신문사인 〈워싱턴포스트〉를 인수하여 웹과 모바일 앱을 개편하여 IT 기업으로 변모시키는 '새로운 발명'을 해냈다. 물론 그도 실패할 때도 있었다. 그러나 "비판받기 싫으면 새로운 것을 안 하면 된다."라는 말을 남기며 자신만의 도전을 이어 나간다. 아마도 그가 성공할 수 있었던 이유는 도전 정신과 더불어 발명하는 능력이 있었기 때문일 것이다.

이렇듯 그가 아마존을 세계 최고의 기업으로 만들고 세계 최고의 부자 중 한 명이 될 수 있었던 이유는 바로 여기 있다. 그가 어떠한 생각을 가지고 성공을 일구어낼 수 있었는지 살펴보자.

0255   궁지에 몰린 상태에서 빠져나올 수 있는 유일한 방법 중 하나는 출구를 발명하는 것이다.

One of the only ways to get out of a tight box is to invent your way out.

0256   우리가 해야 할 일은 항상 미래에 기대는 것이다. 여러분 주위의 세상이 여러분에게 불리하게 변해갈 때, 즉 순풍이었던 것이 역풍이 되었을 때, 여러분은 이것에 기대어 어떻게 해결할지 고민해야 한다. 왜냐하면, 불평하는 것은 전략이 아니기 때문이다.

What we need to do is always lean into the future; when the world changes around you and when it changes against you—what used to be a tail wind is now a head wind—you have to lean into that and figure out what to do because complaining isn't a strategy.

0257 상대의 여유는 나의 기회이다.

Your margin is my opportunity.

0258 만약 지금 하고 있는 모든 일이 3년이라는 범위 안에서 해결되어야 한다면, 당신은 많은 사람과 경쟁해야 한다. 하지만 7년이라는 시간을 투자할 의향이 있다면, 그중 일부만이 경쟁상대가 될 것이다. 왜냐하면, 그렇게 할 의향이 있는 기업은 많지 않기 때문이다.

If everything you do needs to work on a three-year time horizon, then you're competing against a lot of people. But if you're willing to invest on a seven-year time horizon, you're now competing against a fraction of those people, because very few companies are willing to do that.

0259 나에게는 우체국으로 직접 무거운 짐을 운반하며 언젠가는 지게차를 살 여유가 생겼으면 좋겠다고 생각하던 때가 엊그제 같다.

It's hard to remember for you guys, but for me it's like yesterday I was driving the packages to the post office myself, and hoping one day we could afford a forklift.

0260 나는 우리 회사를 작은 기업으로 취급하는 것을 좋아한다. 아마존은 대기업이지만 작은 회사의 마음과 정신을 가지고 싶다.

I like treating things as if they're small, you know Amazon even though it is a large company, I want it to have the heart and spirit of a small one.

0261   가전제품이 등장하게 된 계기는 전구였습니다. 즉, 전구가 세상을 배선했습니다. 그러나 처음에 전구가 개발될 당시에는 가전제품을 고려하지 않았습니다. 당시 전구 개발의 목적은 가정 내부에 조명을 제공하는 것이었습니다. 집 안으로 전기공급이 목적이었던 것이 아니라 불을 밝히기 위한 것이었습니다.

The killer app that got the world ready for appliances was the light bulb. So the light bulb is what wired the world. And they weren't thinking about appliances when they wired the world. They were really thinking about— they weren't putting electricity into the home. They were putting lighting into the home.

0262   사업에서 흔히 묻는 질문은 "왜?"이다. 좋은 질문이지만 똑같이 유효한 질문으로는 "왜 안 되죠?"가 있다.

The common question that gets asked in business is, 'why?' That's a good question, but an equally valid question is, 'why not?'

제7장

뜨거운 열정보다 더 중요한 것은
열정의 지속성이다.

페이스북 창립자
마크 저커버그 *Mark Zuckerberg*

전 세계 인구의 절반 이상이 한 번쯤 다운로드했을 애플리케이션 중 하나가 페이스북일 것이다. 페이스북의 창립자이자 CEO 마크 저커버그. 하버드대학에 재학하던 시절, 그는 초기 '더 페이스북 닷컴'으로 서비스를 시작하였다. 이 서비스를 통해 하버드대학 학생들이 자신의 정보를 업로드하기 시작했으며 불과 2주 만에 전체 학생의 절반이 가입했다고 한다. 그 후 마크 저커버그의 룸메이트인 더스틴 모스코비츠와 크리스 휴스가 여러 기능을 추가·보완하여 미국 전역의 다른 학교 학생들도 이용할 수 있는 사이트로 만들었다.

이후 페이스북은 순식간에 전 세계적인 명성을 얻었다. 마크 저커버그는 뜨거운 열정도 중요하지만 이보다 더 중요한 것은 열정의 지속성이라고 하였다. 또한, 그는 뜨거운 열정을 가진 사람을 계속해서 찾았다.

페이스북은 전 세계 27억 명이 가입한 SNS 플랫폼이다. 또한, 2022년 기준 다양한 사업 분야를 전개하고 있는 페이스북의 기업 가치는 1조 80억 달러, 한화 약 1,141조 원으로 평가받았다. 이로 인해 마크 저커버그는 젊은 나이임에도 세계에서 손꼽는 부자가 되었다.

마크 저커버그는 어떻게 페이스북을 세계 최고의 플랫폼으로 만들 수 있었을까? 그가 남긴 말 중의 하나는 "모두가 원하지만 아무도 하지 않은 일에 도전하라."이다. 그 당시 실리콘밸리에는 사람과 사람을 연결하는 요구가 높아지고 있었다. 이때 마크 저커버그는 이러한 요구를 인식하고 기회를 잡았다.

모두가 사람과 사람 사이의 연결을 원하고 있던 시기에, 기존의 서비스와는 다르게 실명과 이메일 주소를 이용하여 '신뢰할 수 있는 관계'의 사람들을 연결한다는 차이점을 강조했다. 그리고 이와 같은 차별화 전략은 페이스북을 성공적으로 이끌었다. 그의 명언을 통해 마크 저커버그가 혁신적으로 페이스북을 이끌 수 있었던 원동력을 찾아보자.

0263   쉬운 것들을 먼저 해둔다면 더 많은 발전을 이룰 수 있다는 것이 내가 생각한 사업의 기본적인 규칙이다.

I think a simple rule of business is, if you do the things that are easier first, then you can actually make a lot of progress.

0264   모든 사람에게 모든 것을 공유할 수 있는 힘을 주어라.

Give everyone the power to share anything with anyone.

0265   가장 큰 위험은 어떤 위험도 감수하지 않는 것이다. 빠르게 변화하는 세상에서 실패를 보장하는 유일한 전략은 위험을 감수하지 않는 것이다.

The biggest risk is not taking any risk. In a world that is changing really quickly, the only strategy that is guaranteed to fail is not taking risks.

0266 사람들은 똑똑해질 수 있고, 활용 가능한 기술을 바로 배울 수 있다. 그러나 만약 '할 수 있다.'라는 믿음 없이 배운다면 그렇게까지 열심히는 못 할 것이다.

People can be really smart or have skills that are directly applicable, but if they don't really believe in it, then they are not going to really work hard.

0267 나는 구글을 보고 그들이 좋은 학습 문화를 가지고 있다고 생각했다. 이것은 복잡한 문제에 대한 명쾌한 해결책이다.

I look at Google and think they have a strong academic culture. Elegant solutions to complex problems.

0268 벽을 쌓는 대신에, 우리는 다리를 건설하는 것을 도울 수 있다.

Instead of building walls, we can help build bridges.

0269 광고는 사람들이 이미 하려 한 것, 고객이 원하는 니즈와 일치할 때 비로소 가장 효과적으로 작용한다.

Advertising works most effectively when it's in line with what people are already trying to do.

0270 무엇을 만들던 정성스럽게 만들어라. 무언가 대단한 것을 만든 사람은 정성을 들여서 만들었을 것이다.

Whatever you build, build with care. Anyone who has built something big, has done it with care.

0271 문제는 "우리는 사람들에 대해 무엇을 알고 싶은가?"가 아니다.

"사람들이 자신에 대해 무엇을 말하고 싶어 할까?"이다.

The question isn't, 'What do we want to know about people?' It's, 'What do people want to tell about themselves.'

0272 우리는 그저 열정적인 사람들을 찾는다. 즉, 여러분이 어떤 것에 열정적인지는 사실 크게 중요하지 않다.

We look for people who are passionate about something. In a way, it almost doesn't matter what you're passionate about.

0273 15년 안에 우리는 프로그래밍을 마치 글자를 가르치듯 가르칠 것이고, 왜 우리가 더 빨리 이렇게 하지 않았는지 의문을 갖게 될 것이다.

In fifteen years we'll be teaching programming just like reading and writing, and wondering why we didn't do it sooner.

0274 일을 하고, 사람으로서 성장할 때, 더 많은 사람의 의견을 얻으면 얻을수록 더욱 성장할 것이다. 나는 회사의 사명대로 인생을 살고, 인생의 다른 모든 것을 지극히 단순하게 유지하려고 노력한다.

In terms of doing work and in terms of learning and evolving as a person, you just grow more when you get more people's perspectives, I really try and live the mission of the company and keep everything else in my life extremely simple.

0275 나의 목표는 단순히 회사를 세우는 것이 결코 아니었다. 나의 목표는 세상에 큰 변화를 일으키는 무언가를 만드는 것이었다.

My goal was never to just create a company. It was to build something that actually makes a really big change in the world.

0276 10억 명의 사람들이 연결될 수 있게 돕는 것은 놀랍고 겸허하며, 내 인생에서 가장 자랑스러운 일이다.

Helping a billion people connect is amazing, humbling and by far the thing I am most proud of in my life.

0277 우리는 몰입형, 가상형, 증강형 현실이 사람들 일상생활의 일부가 될 것이라고 장기적인 예상을 하고 있다.

We're making a long-term bet that immersive, virtual and augmented reality will become a part of people's daily life.

페이스북의 설립자 마크 저커버그의 신념은 "인터넷상에서라도 차별을 없애자."라는 것이다. 그를 향해 일각에서는 환상에 사로잡힌 경영자라고 불리기도 하고, 겉으로는 이상을 추구하는 것처럼 보이기도 한다. 한편에서는 개인의 사생활을 들춰내는 '관음증 환자'라는 비판도 있다. 그러나 이러한 비판에도 불구하고 마크 저커버그는 소통을 통한 평등한 세상이야말로 페이스북의 경영철학이라고 말한다.

마크 저커버그는 인터뷰에서 이렇게 말한 적이 있다. "처음에는 호기심에서 시작되었지만 하면 할수록 '우리가 뭔가 할 수 있겠구나.'라는 생각이 든다." 이처럼 돈이 아닌 가치를 추구하는 마크 저커버그는 자신만의 확고한 신념을 토대로 기회를 포착하고 도전하였다. 이 외에도 마크 저커버그가 남긴 성공 명언을 통해 그의 생각을 알아보자.

0278   생각하기보다는 빨리 실행하라. 무언가를 부수고 있지 않다면 충분히 빠르지 않다는 뜻이다.

Move fast and break things. Unless you are breaking stuff you are not moving fast enough.

0279   사람들은 당신의 말보다 당신이 창조해 낸 것에 관심을 둔다.

People don't care about what you say, they care about what you build.

0280   믿을 수 있는 친구의 추천만큼 사람들에게 영향을 주는 것은 없다.

Nothing influences people more than a recommendation from a trusted friend.

0281   사람들에게 공유할 수 있는 힘을 줌으로써 우리는 세상을 더 투명하게 만들고 있다.

By giving people the power to share, we're making the world more transparent.

0282   어떤 사람은 성공을 꿈꾸기만 하지만, 어떤 사람은 그 꿈을 위해 일어나 열심히 일한다.

Some people dream of success, while others wake up and work hard at it.

0283   세상의 모든 사람을 연결하고, 모든 사람에게 목소리를 주고, 미래를 위한 사회를 변화시키는 데 도움을 줄 수 있는 엄청난 필요성과 기회가 있다. 전례 없이 많은 기술과 인프라가 구축되어야 하며, 우리는 이것이 우리가 집중해야 하는 가장 중요한 문제라

고 생각한다.

There is a huge need and a huge opportunity to get everyone in the world connected, to give everyone a voice and to help transform society for the future. The scale of the technology and infrastructure that must be built is unprecedented, and we believe this is the most important problem we can focus on.

0284   더 많은 정보의 흐름, 더 많은 사람과 연결될 수 있는 능력이 사람을 더 사람답게 해준다. 그리고 이건 사회적으로도 사실이다. 삶을 더 흥미롭게 해주지 않는가? 많은 사람과 더 많이 연결되어 있을 때, 당신은 더 풍요로운 삶을 살 수 있다.

I think that more flow of information, the ability to stay connected to more people makes people more effective as people. And I mean, that's true socially. It makes you have more fun, right. It feels better to be more connected to all these people. You have a richer life.

0285   많은 기업이 실수하는 모습을 보이는 것에 대해 걱정한다. 그러나 회사는 사람들이 서로의 실패를 판단할 수밖에 없도록 설립되었다.

So many businesses get worried about looking like they might make a mistake, they become afraid to take any risk. Companies are set up so that people judge each other on failure.

0286   간단히 말해서, 우리는 돈을 벌기 위해 서비스를 만드는 것이 아니라 더 나은 서비스를 만들기 위해 돈을 번다.

Simply put: we don't build services to make money; we make money to build better services.

0287 사람들은 단지 좋은 아이디어를 가지고 있는 것이 혁신이라고 생각하지만, 진정한 혁신의 대부분은 빠르게 움직이고 많은 것을 시도하고 있다.

People think innovation is just having a good idea but a lot of it is just moving quickly and trying a lot of things.

0288 미션을 정하는 것과 사업을 시작하는 것은 동시에 진행된다.

Building a mission and building a business go hand-in-hand.

0289 아무것도 하지 않는 것보다 무언가를 시도하는 것이 낫다. 비록 아무것도 얻지 못해도, 그것으로부터 배우는 것이 더 낫다.

You are better off trying something and having it not work and learning from that than not doing anything at all.

0290 우리의 철학은 우리가 먼저 사람을 배려한다는 것이다.

Our philosophy is that we care about people first.

0291 회사를 설립하는 것은 어렵다. 대부분 쉽지 않다. 가끔은 매우 어려운 결정을 내려야 할 것이다. 몇 명의 직원을 해고해야 할 때도 있다. 그러므로, 만약 여러분이 사명을 믿지 않는다면 포기하기 쉽다. 그리고 대부분의 설립자는 포기한다. 하지만 최고의 창업자들은 포기하지 않는다.

Founding a company is hard. Most of it isn't smooth. You'll have to make very hard decisions. You have to fire a few people. Therefore, if you don't believe in your mission, giving up is easy. The majority of founders give up. But the best founders don't give up.

0292 당신은 사람들이 당신을 단념하게 놔두지 않는군요. 그래요, 바로 그렇게 하는 겁니다.

You don't let people deter you. That's how you do it.

마크 저커버그는 어린 나이임에도 불구하고 페이스북을 세계 최고의 기업으로 성장시키는 혁신을 이루어 냈다. 그는 자신이 젊은 학생일 때 회사를 설립한 것이 페이스북의 중요한 성공 요인이라고 생각한다. 그는 "모두 나와 같은 대학생이다. 그러니 내게 재미있는 것은 그들에게도 재미있고 편리한 것이 아닐까 생각했다."라고 말했다. 그는 엄청난 금액을 제시받았음에도 페이스북을 팔지 않았다. 비즈니스가 되면 재미가 없어지기 때문이다.

냅스터의 공동 창업자 숀 파커는 마크 저커버그를 향해 그의 자질 중 하나는 나뭇가지가 뻗어 나가듯 머릿속에 항상 여러 선택지가 있어 계획이 어긋나더라도 즉시 대응할 수 있는 것이라고 하였다. 게다가 그는 만사를 끈질기고 집요하게 물고 늘어져 끝까지 이뤄내는 열정을 가지고 있었다. 이렇듯 마크 저커버그는 젊음과 열정을 중시하였기 때문에 성공할 수 있었다.

0293 만약 여러분이 좋아하는 일에 열정을 쏟는다면, 여러분은 일이 어떻게 진행될지에 대한 마스터플랜을 가질 필요가 없다.

If you just work on stuff that you like and you're passionate about, you don't have to have a master plan with how things will play out.

0294 우리 사회는 과학자, 연구원, 기술자 등의 많은 영웅을 필요로 한다. 병을 고치고, 인간에 대한 이해도를 넓히고, 인간의 삶을 개선하기 위해 노력하는 사람들을 대우하고 보상해야 한다.

Our society needs more heroes who are scientists, researchers, and engineers. We need to celebrate and reward the people who cure diseases, expand our understanding of humanity and work to improve people's lives.

0295 다른 사람이 당신 자신을 바꾸라고 말하지 못하게 하라.

Don't let anyone tell you to change who you are.

0296 책은 여러분이 어떤 주제를 완전히 탐구할 수 있게 해주고 오늘날 대부분의 미디어보다 더 깊이 있는 방법으로 몰입할 수 있게 해준다.

Books allow you to fully explore a topic and immerse yourself in a deeper way than most media today.

0297 두려움보다 희망을 택하려면 용기가 필요하다.

It takes courage to choose hope over fear.

0298 프로그래밍하는 법을 배워야 한다는 것이 제 조언 중에서 가장

중요합니다.

My number one piece of advice is: You should learn how to program.

0299 거의 매일같이 자신에게 묻는 말은 "내가 할 수 있는 가장 중요
한 일을 하고 있을까?"이다.

The question I ask myself like almost every day is, 'Am I doing the most important thing I could be doing?'

0300 비뚤어진 생각일지 모르지만, 개인적으로는 사람들이 우리를 과
소평가하는 것이 좋다. 우리가 실제로 성공을 거두었을 때 그들
은 더 놀랄 것이기 때문이다.

This is a perverse thing, personally, but I would rather be in the cycle where people are underestimating us. It gives us latitude to go out and make big bets that excite and amaze people.

0301 제 생각에 두 가지 일을 제대로 해낸다면 여러분은 꽤 잘 해낼
수 있을 것입니다. 즉, 여러분이 하고자 하는 일에 대한 명확한
방향을 잡고 그 일을 실행할 수 있는 훌륭한 사람들을 데려와야
합니다.

I think as a company, if you can get those two things right—having a clear direction on what you are trying to do and bringing in great people who can execute on the stuff—then you can do pretty well.

제8장

트위터는 세계이다.

트위터 창업자
잭 도시 *Jack Dorsey*

오늘날 전 세계 사람들이 즐겨 쓰는 SNS 중 하나는 단연코 트위터라고 말할 수 있다. 트위터는 짧은 문장을 간편하게 올릴 수 있어 꾸준하게 사랑받고 있을 뿐만 아니라, "트위터는 세계이다."라고 말한 트위터 창업자 잭 도시의 말처럼 트위터를 통해 세계 트렌드를 볼 수 있다고 해도 과언이 아니다.

잭 도시는 트위터의 공동 창업자로 모바일 결제 서비스를 제공하는 스퀘어의 최고경영자이다. 그는 2008년 MIT 기술 평가 전문지인 TR35에서 세계 최고의 발명가 35인 중 한 명으로 선정되기도 하였다. 이렇듯 능력 있는 프로그래머인 잭 도시이지만, 이전에는 여러 기업에 입사 지원을 할 때마다 수시로 낙방했다고 한다. 심지어 연설 장애가 있을 정도로 소심해서 기업가 체질이 전혀 아니었다.

그러나 백수 생활을 면치 못했던 그의 운명은 한순간에 180도 바뀌었다. 운 좋게 에반 윌리엄스의 눈에 띄어 ODEO의 프리랜서로 입사하게 되었기 때문이다. ODEO의 창업진은 잭 도시가 놀이터에서 쉬던 중 떠올렸던 아이디어를 구체화하여 지금의 트위터를 만들었다. 잭 도시가 남긴 명언을 통해 그의 생각을 파헤쳐보면 트위터의 성공 비밀을 알 수 있을 것이다.

트위터의 창립 일화 중에는 꽤 흥미로운 이야기가 있다. 잭 도시는 공동 창업자였던 에반 윌리엄스와 사이가 좋지 않았다고 한다. 거의 막장에 가까울 정도였다. 사이가 좋지 않았던 두 사람은 모두 최고경영자처럼 행동하여, 투자자들이 잭과 에반으로부터 각각 전화를 받을 때도 있었다.

초대 CEO는 잭 도시였지만 트위터가 큰 성공을 할 조짐을 보이자 에반 윌리엄스는 이사진과 함께 잭의 권한을 박탈시켜 트위터에서 쫓아냈다. 페이스북의 마크 저커버그는 잭 도시를 영업하려고 애썼지만, 그는 오로지 트위터를 다시 찾기 위해 노력하였다.

그는 실리콘밸리 안에서 여러 인맥을 쌓고 연설 장애를 극복하여 강단에 섰다. 강연할 때면 잭은 '에반과는 역할만 바꿨을 뿐'이라며 선전하고 다녔다고 한다. 그 결과 에반은 공식적으로 기술 개발에 전념하느라 CEO에서 내려온다고 발표했다. 소심한 뉴욕대 중퇴자에서 세계 최고의 SNS 회사의 CEO가 되기 위해 많은 노력을 했던 잭 도시. 이렇게 힘든 시기를 통해 트위터를 되찾은 그의 경영전략을 알아보자.

0302   트위터의 아이디어는 제가 택시나 소방차가 어디에 있고 무엇을 하는지 방송하는 곳에서 파견 근무를 하던 15살 때 시작되었습니다.

The idea of Twitter started with me working in dispatch since I was 15 years old, where taxi cabs or fire trucks would broadcast where they were and what they were doing.

0303   저는 트위터가 통신의 미래이고 스퀘어가 결제 네트워크가 될 것

이라고 생각합니다.

I think Twitter is the future of communications and Square will be the payment network.

0304   찰리 로즈, 제트 블루, 공인, 커피숍 등 여러분이 세상에 관심이 있는 것은 무엇이든 트위터에 찾아볼 수 있고, 그들에게 흥미로운 것을 보여주고 있습니다.

Anything you're interested in the world whether it be Charlie Rose or Jet Blue or a public figure or your local coffee shop, they're on Twitter and broadcasting what is interesting to them.

0305   인스턴트 메시징(IM)은 친구 목록을 살펴보면 한눈에 친구들이 무엇을 듣고 있고, 어떤 작업 중이며, 무엇을 하고 있는지 볼 수 있기 때문에 아주 흥미롭습니다. 그러나 문제는 이러한 것들이 컴퓨터 안에서만 묶여있다는 겁니다.

IM is interesting because you look at your buddy list and, at a glance, see what your friends are listening to, what they're working on, what they're doing. The problem was that you were bound to the computer keyboard.

0306   트위터는 실시간으로 세계에서 일어나는 일을 소통하고 시각화하는 것에 초점을 맞췄다.

Twitter was around communication and visualizing what was happening in the world in real-time.

0307   고객이 있는 곳에서 고객을 만나세요. 고객이 사용하는 도구를

더 가치 있게 만드는 방법에 대해 질문하세요.

Meet customers where they are; question how to make the tools customers use more valuable.

0308 트위터는 세계이다.

Twitter is the world.

0309 CEO로서 제 주요 업무는 편집장입니다.

As CEO, my main job is editor-in-chief.

0310 트위터는 여러 가지 면에서 제 일생의 업적이었습니다. 그것은 도시와 도시들이 어떻게 작동하는지, 그리고 그 안에서 지금 무슨 일이 일어나고 있는지에 대한 관심에서 시작되었습니다.

Twitter has been my life's work in many senses. It started with a fascination with cities and how they work, and what's going on in them right now.

0311 혁명은 사람들이 눈앞의 교차점을 보고 옳은 일을 할 수 있도록 장려한다.

Revolution looks at the intersection ahead and pushes people to do the right thing.

0312 모든 사람이 아이디어를 가지고 있지만, 진짜는 아이디어를 실행하고 다른 사람들이 아이디어에 도움을 줄 수 있도록 유도하는 것입니다.

Everyone has an idea, but it's really about executing the idea and attracting other people to help you with the idea.

0313 세상에서 보고 싶은 것을 만들어 보세요.

Build what you want to see in the world.

0314 우리는 다른 사람들이 해야 한다고 생각하는 것을 하기보다는 우리가 세상에서 보고 싶은 것을 디자인합니다.

We get to design what we want to see in the world rather than doing what other people think should be done.

0315 장벽은 우리가 언론에 접근하는 방법, 비즈니스 관계에 접근하는 방법, 모든 것을 하는 방법에 영감을 줍니다.

Constraints inspire us in how we approach the press, how we approach business relationships, how we do everything.

0316 모든 트윗에는 전 세계가 존재합니다. 그리고 모든 것은 그것이 어떻게 퍼질 것인가에 관한 한 내용에 달려 있습니다.

There's an entire universe in every single tweet, and it all really depends on the content as far as how it's going to spread.

0317 기술은 저에게 두 가지 의미를 가집니다. 기술은 소통의 속도를 증가시키고 참여 가능한 사람들의 수를 증가시킵니다. 그게 전부이죠. 실제로 우리 역사상 기술이 해 온 일도 그것뿐입니다.

Technology to me does two things: it increases the velocity of communi-

cation and increases the number of people. who can participate. That's it.
That's really all technology for our entire history has ever done.

트위터와 스퀘어, 두 회사를 창업한 잭 도시는 세계에서 크게 성공한 기업가이다. 그는 히피 CEO라고 불리기도 할 만큼 특이한 인물이라고 한다. 그는 고기나 생선 요리를 곁들인 채소 샐러드를 하루에 한 번 먹는다. 그리고 식사 시간조차 아껴서 전부 일하는 데 몰두한다.

얼핏 보면 여유조차 없어 보인다는 생각이 든다. 그러나 "성공은 결코 우연이 아니다."라고 말한 잭 도시는 엄청난 노력이 있었기 때문에 세계 최고의 기업가가 될 수 있었던 것이다. 그가 성공을 위해 어떠한 노력을 하였는지 알아보자.

0318   제 목표는 복잡성을 단순화하는 것입니다.
        My goal is to simplify complexity.

0319   사람들이 보길 원하는 것을 바탕으로 무언가 만들어내는 것은 놀랍다.
        Amazing what people make up based on what they choose to see.

0320   저는 제 시간의 90%를 업무에 대해 보고하지 않는 사람들과 함께 보냅니다. 그렇지만 저는 항상 사무실 안을 돌아다니기 때문에 우연히 그들을 마주치게 되죠. 이런 우연을 계획할 필요는 없습니다. 그런 일들은 그냥 일어나기 때문입니다.

I spend 90% of my time with people who don't report to me, which also allows for serendipity, since I'm walking around the office all the time. You don't have to schedule serendipity. It just happens.

0321 사회운동을 선택하고, 혁명을 선택하고, 거기에 참여하세요.

Pick a movement, pick a revolution and join it.

0322 제품의 관점에서 볼 때, 우리는 모든 터치 포인트들이 마법처럼 느껴지기를 원합니다. 이것이 신뢰를 불러옵니다.

From a product standpoint, we want every touch point to feel magical. It inspires trust.

0323 위대한 기업들에게는 창업의 순간이 한 번뿐만이 아닙니다. 그들에게는 많은 창업의 순간들이 있습니다.

Great companies don't just have one founding moment. They have many founding moments.

0324 저는 청바지에 매료되었습니다. 왜냐하면, 청바지를 보면 여러분의 삶을 짐작할 수 있기 때문입니다. 앉는 자세가 여러분의 청바지에 새겨져 있습니다.

I was fascinated with jeans, because you can impress your life upon the jeans you wear. The way you sit imprints on the jeans.

0325 간단한 것을 만드는 것은 정말 복잡합니다.

It's really complex to make something simple.

0326 단기간의 만족은 결코 시대를 초월한 것으로 이어지지 않을 것이다.

Short term satisfaction will never lead to something timeless.

0327 기업가로서 길러낼 수 있는 가장 강력한 것은 운에 의존하지 않고, 행운이 찾아왔을 때 그것을 인식할 수 있는 능력을 배양하는 것이다.

The strongest thing you can cultivate as an entrepreneur is to not rely on luck but cultivating an ability to recognize fortunate situations when they are occurring.

0328 성공은 결코 우연이 아니다.

Success is never accidental.

0329 창업자는 직업이라기보다 역할이나 태도입니다. 그리고 창업은 계속해서 일어나는 일입니다. 사실 그것은 계속해서 일어나야 합니다. 그렇지 않다면 우리는 앞으로 나아가지 못할 것입니다.

A founder is not a job, it's a role, an attitude. And it's something that can happen again and again and again, and in fact it has to happen again and again and again, otherwise we would not move forward.

0330 모든 세부 사항을 완벽하게 만들고, 세부 사항의 수를 완벽하게 제한하세요.

Make every detail perfect and limit the number of details to perfect.

0331　제가 이 모든 것에서 배운 가장 큰 교훈은 "시작해야 한다."라는 것입니다. '지금', '여기'에서 '단순'하게 생각하고 시작하세요.

The greatest lesson that I learned in all of this is that you have to start. Start now, start here, and start small. Keep it Simple.

0332　"어떻게 하라."라는 말보다 "먼저 가능한 것을 해결하라."라고 하는 말이 오히려 힘을 실어줍니다.

It's empowering to be asked to look at what's possible, not told how to do it.

0333　우리가 모든 사람으로부터 듣는 첫 번째 불평은 "이 바보 같고 쓸모없는 걸 쓰고 싶겠어? 내 동생이 점심으로 무엇을 먹고 있는지 알고 싶을까?"입니다. 하지만 이는 의도를 잘못 이해한 것입니다. 트위터는 근본적으로 사용자가 제어하는 것이기 때문입니다. 듣는 것도, 떠나는 것도, 여러분의 몫입니다. 하지만 당신이 무엇을 적고, 무엇을 공유할지도 선택하게 됩니다.

The first complaint we hear from everyone is: 'Why would I want to join this stupid useless thing and know what my brother's eating for lunch?' But that really misses the point because Twitter is fundamentally recipient-controlled—you choose to listen and you choose to leave. But you also choose what to put down and what to share.

0334　내 모든 날에는 테마가 있다. 월요일은 경영이다. 화요일은 제품, 엔지니어링, 디자인이다. 수요일은 마케팅, 성장, 커뮤니케이션이다. 목요일은 파트너십과 개발자들이며, 금요일은 회사와 문화이다. T로 시작하는 날에는 아침을 트위터로 시작해, 오후에 스퀘

어로 간다. 일요일은 전략을 위한 날이며, 토요일은 쉬는 날이다.

All my days are themed. Monday is management. Tuesday is product, engineering, and design. Wednesday is marketing, growth, and communications. Thursday is partnership and developers. Friday is company and culture. On the days beginning with T, I start at Twitterin the morning, then go to Square in the afternoon. Sundays are for strategy. Saturday is a day off.

세계 최고의 기업가라고 한다면 평범한 사람보다 훨씬 더 많은 스트레스를 받고 힘들어 할 것이다. 실리콘밸리의 천재들은 어떻게 스트레스를 관리할까?

잭 도시는 매주 토요일마다 하루를 통째로 비우고 새벽 5시 30분에 일어나 명상을 하고 6마일을 조깅한다. 우리와 똑같이 잠에 들지만 그가 하루를 시작하는 방법은 다르다.

그는 자신의 일상을 최대한 단순화함으로써 스트레스를 예방하고자 하였고 일상을 예측 가능하도록 통제하려고 노력하였다. 이 밖에도 그는 어떻게 일상을 꾸려나가는지 살펴보자.

0335 '행운'은 나의 주변 상황이 무언가 만들어내고 실행하라고 북돋아 줄 때 그것을 인지하는 것이다.

'Luck' is recognizing when the situation encourages build out and execution.

0336 저는 제가 아침으로 무엇을 먹는지, 점심으로 무엇을 먹는지, 저녁으로 무엇을 먹는지에 대해 트윗을 하는 사람입니다. 그리고 전 세계 99.99999%의 사람에게 그것은 쓸모없는 것입니다. 의미가 없어요. 하지만 저희 어머니는 아주 좋아하십니다.

I am someone who tweets about what I have for breakfast, what I have for lunch, what I have for dinner, and for 99.99999 percent of the world, it's useless. It's meaningless. But for my mother, she loves it.

0337 인생은 교차로에서 일어난다.

Life happens at intersections.

0338 저는 위대한 프로그래밍이 위대한 예술과 크게 다르지 않다고 생각합니다. 프로그래밍의 개념으로 생각하는 것은 마치 외국어를 배울 때나, 수학을 배울 때나, 독서를 배울 때처럼 당신을 더 나은 사람으로 만들어줄 것입니다.

I think that great programming is not all that dissimilar to great art. Once you start thinking in concepts of programming it makes you a better person ... as does learning a foreign language, as does learning math, as does learning how to read.

0339 트위터와 인플루언서의 흥미로운 점은, 예를 들어 샤킬 오닐과 같은 사람들과 똑같은 SNS에 접근하는 게 허용된다는 점입니다. 그리고 저는 이것이 그와 같은 사람과 실제로 어울릴 수 있다는 희망을 불러일으킨다고 생각합니다.

What's interesting about Twitter and the influencers that someone follows—like, say, Shaquille O'Neal—is that they see someone who is using the exact same tools that they have access to, and I think that inspires this hope to be able to really engage with someone like him.

0340 당신이 임원으로서 하는 일은 편집이지, 작성이 아닙니다. 가끔 작성하는 것은 괜찮지만, 자주 한다면 팀에 근본적인 문제가 있는 것입니다.

Your job as an executive is to edit, not write. It's OK to write once in a while but if you do it often there's a fundamental problem with the team.

0341 오늘날 인터넷에 나와 있는 새로운 제품들은 신기술을 개발하고 있는 것이 아니라, 기존의 기능을 결합하고 있습니다. 예를 들어, 인스타그램의 경우 사진 기능, 위치기반 기능, 필터 기능이 결합된 것이고, 포스퀘어의 경우 레스토랑 리뷰 기능, 체크인 기능, 위치기반 기능이 결합된 제품입니다.

The interesting products out on the Internet today are not building new technologies. They're combining technologies. Instagram, for instance: Photos plus geolocation plus filters. Foursquare: restaurant reviews plus check-ins plus geo.

제9장

우리가 새로운 것을 만들 때마다
우리는 0에서 1로 간다.

페이팔 공동 창업자
피터 틸 *Peter Thiel*

"기업가 정신이란, 결론을 모르는 상태에서 계속 실험해 보는 것."

페이팔의 창업자 피터 틸이 한 말이다. 과연 피터 틸은 누구일까?

세상을 바꾼 실리콘밸리의 거인, 피터 틸. 그는 일론 머스크와 함께 핀테크 시대를 성공적으로 개척한 세계 최초의 전자결제업체인 페이팔을 창업하였을 뿐만 아니라 창조적인 스타트업을 위한 베스트셀러 〈ZERO to ONE〉의 저자이다.

또한, 페이스북 초창기에 투자한 것으로도 유명하다. 페이스북의 가치를 알아본 외부투자자로, 3,400배의 투자수익률을 거둔 투자의 귀재라고 불린다. 페이스북의 창업을 다룬 영화인 《소셜 네트워크》에서도 이 과정을 다루었을 정도이다. 그는 에어비앤비, 스포티파이 등 유명한 벤처기업에 초기 투자해 억만장자가 된 손꼽는 벤처캐피털 투자자이다.

더불어 그는 테러와 범죄를 예측하는 빅데이터 분석업체인 팰런티어를 설립하여 미국의 연방수사국과 중앙정보국 등을 고객으로 하여 범죄자 검거, 금융리스크 예방, 기업 생산성 향상 등과 관련된 다양한 용도의 빅데이터 솔루션을 제공하고 있다.

이렇듯 피터 틸은 여러 시도를 통해 세상을 바꾸는 주역으로 자리 잡고 있다.

스타트업은 할리우드 영화제작보다 실패가 많을 정도로 살아남기 힘들다. 그런데 피터 틸은 다음과 같은 성공한 스타트업의 10가지 규칙을 제시하면서, 더욱 쉽게 살아남는 방법을 이야기하였다.

1. 당신 인생의 창업가는 당신임을 기억하라.
2. 한 가지만큼은 다른 사람이 따라오지 못할 정도로 잘해야 한다.
3. 당신 인생과 회사의 적재적소에 당신과 친밀한 사람을 배치하고, 서로 보완해줄 수 있는 사람과 팀을 꾸려라.
4. 독점을 목표로, 경쟁에서는 재빨리 발을 빼서 다른 회사와의 싸움을 피하라.
5. 진짜 기업가가 돼라. 기업을 하는 이유가 부자이거나 유명세를 위한 거라면 그만두는 편이 좋다.
6. 지위나 명성만으로 평가하지 마라. 지위에 혹해서 내린 결정은 오래가지 않으며 가치도 없다.
7. 경쟁은 패자가 하는 것이다. 주위 사람들을 쓰러뜨리는 데만 집중하면 시야가 좁아져 보다 가치 있는 일을 놓치고 만다. 창업이나 투자 시에는 최대한 경쟁을 피하며 세상에 없는 비즈니스 모델에 주목해야 한다.
8. '트렌드'는 과대평가되기 쉽다. 최신 트렌드에 뛰어들지 마라.
9. 과거의 실패를 곱씹지 마라. 왜 실패했는지 신속하게 분석한 후 앞으로 나아가면서 방향을 수정해라.
10. 성공으로 통하는 비밀의 길을 찾아라. 많은 사람이 하는 일을 따라 하지 마라.

현재 창업을 준비하고 있거나 스타트업에 종사하고 있다면, 여기 피터 틸의 말에 귀를 기울여보라.

0342 실체가 아닌, 브랜드 자체로 시작하는 것은 위험하다.

Beginning with brand rather than substance is dangerous.

0343 새로운 사업을 시작할 때는 거대 시장을 공략하지 않는 것이 좋다. 먼저 소규모 시장을 공략하여 빠르게 시장을 장악해야 한다.

When you are starting a new business you don't want to go after giant markets. You want to go after small markets and take over those markets quickly.

0344 아무도 시작하지 않은 가치 있는 회사는 무엇일까?

What valuable company is nobody building?

0345 경쟁은 과대평가되었다. 실제로 경쟁이란 상당히 파괴적이므로 피할 수 있다면 피해야 한다. 기존 시장에 남아있는 것을 긁어모으기 위해 싸우는 것보다는 새로운 시장을 개척하는 것이 훨씬 좋다.

Competition is overrated. In practice it is quite destructive and should be avoided wherever possible. Much better than fighting for scraps in existing markets is to create and own new ones.

0346 세상에는 딱 두 종류의 사업이 있습니다. 극심한 경쟁 속에 놓인 사업과 유일무이한 사업입니다.

There are only two kinds of businesses in this world: Businesses in crazy competition, and businesses that are one of a kind.

0347 채용은 어떤 회사든 핵심 역량입니다. 절대로 아웃소싱해서는 안 됩니다.

Recruiting is a core competency for any company. It should never be outsourced.

0348 성공한 기업은 모두 다릅니다. 그들은 새로운 문제를 해결함으로써 시장 독점권을 차지합니다. 실패한 기업은 모두 같습니다. 그들은 경쟁에서 탈출하는 데 실패했습니다.

All happy companies are different: each one earns a monopoly by solving a unique problem. All failed companies are the same: they failed to escape competition.

0349 독점은 모든 성공적인 사업의 조건입니다.

Monopoly is the condition of every successful business.

0350 어떤 회사도 문화를 가지고 있지 않습니다. 회사 하나하나 그 자체가 문화입니다.

No company has a culture; every company is a culture.

0351 영업 능력이라는 것은 매우 다양합니다. 초보자와 전문가, 마스터 간에 여러 가지 등급이 있습니다. 심지어 영업의 그랜드 마스터도 있습니다. 만약 여러분 주변에서 이런 사람을 본 적이 없다면, 그들을 마주치지 못한 것이 아니라, 그들의 영업이라는 '예술'이 평범한 시각에 가려져 있기 때문일 것입니다.

There's a wide range of sales ability: there are many gradations between novices, experts, and masters. There are even sales grandmasters. If you don't know any grandmasters, it's not because you haven't encountered them, but rather because their art is hidden in plain sight.

0352 정장을 입은 기술 CEO에게 절대 투자하지 마십시오.

Never invest in a tech CEO that wears a suit.

0353 페이스북을 시작한 사람들이 하버드에 남기로 결정했다면, 그들은 회사를 세울 수 없었을 것입니다. 그리고 그들이 졸업할 때쯤인 2006년, 그 기회는 다시 돌아오지 않았을 것입니다.

Had the people who started Facebook decided to stay at Harvard, they would not have been able to build the company, and by the time they graduated in 2006, that window probably would have come and gone.

0354 고객들은 기술이 특정 문제를 훌륭하게 해결해주지 않는다면 관심을 주지 않을 것입니다. 그리고 만약 당신이 작은 시장 안의 독특한 솔루션을 독점하지 못한다면 극심한 경쟁상황에 놓이고 말 것입니다.

Customers won't care about any particular technology unless it solves a particular problem in a superior way. And if you can't monopolize a unique solution for a small market, you'll be stuck with vicious competition.

0355 기업인들조차 매출의 중요성을 과소평가하는 가장 근본적인 이유는 매출에 의해 움직이는 세계의 시스템을 감추려 하는 각계각층의 치밀한 계획 때문입니다.

The most fundamental reason that even business people underestimate the importance of sales is the systematic effort to hide it at every level of every field in a world secretly driven by it.

0356 경력에 상관없이 영업능력은 승자와 패자를 구분 지어줍니다.

Whatever the career, sales ability distinguishes superstars from also-rans.

0357 사업이나 인생을 시작하기 위해 딱 맞는 타이밍은 없을 것입니다. 하지만 때로는 어떤 순간은 다른 순간보다 더 중요하게 느껴집니다. 지금이 바로 그 순간입니다. 우리가 책임지고 미래를 이끌지 않는다면, 다른 누구도 그렇게 하지 않을 것입니다.

There is perhaps no specific time that is necessarily right to start your company or start your life. But sometimes and some moments seem more auspicious than others. Now is such a moment. If we don't take charge and usher in the future—if you don't take charge of your life—there is the sense that no one else will.

0358 연기와 마찬가지로 영업도 숨겨졌을 때 효과가 가장 좋습니다. 따라서 영업, 마케팅, 광고 등 유통 관련 업무를 하는 거의 모든 사람이 자신의 업무와 무관한 직책을 갖고 있는 것입니다. 광고를 파는 사람들은 '광고 운영진'이라고 불립니다. 고객을 판매하는 사람들은 '비즈니스 개발'에서 일합니다. 회사를 파는 사람들은 '투자 은행가'입니다. 그리고 자신을 파는 사람들은 '정치인'이라고 불립니다.

Like acting, sales work best when hidden. This explains why almost everyone whose job involves distribution—whether they're in sales, marketing, or advertising—has a job title that has nothing to do with those things. People who sell advertising are called 'account executives.' People who sell customers work in 'business development.' People who sell companies are 'investment bankers.' And people who sell themselves are called 'politicians.'

0359   실질적으로, 독점 기술이 실제 독점적 우위를 점하기 위해서는 어떤 점에서 대체 기술보다 적어도 10배는 더 우수해야 합니다. 그렇지 않다면 미미한 개선으로 인식될 것이며, 특히 이미 붐비는 시장에서는 판매하기가 더욱 어려울 것입니다.

As a good rule of thumb, proprietary technology must be at least 10 times better than its closest substitute in some important dimension to lead to a real monopolistic advantage. Anything less than an order of magnitude better will probably be perceived as a marginal improvement and will be hard to sell, especially in an already crowded market.

0360   경쟁은 패배자를 위한 것입니다.

Competition is for losers.

0361   제가 주목한 가장 강력한 패턴은 성공한 사람들이 예상치 못한 곳에서 가치를 발견한다는 것입니다.

The single most powerful pattern I have noticed is that successful people find value in unexpected places.

피터 틸은 많은 스타트업이 실패하는 이유 다섯 가지를 꼽았다. 먼저 함께 일하는 사람을 잘못 골랐을 때, 아이디어가 좋지 않았을 때, 타이밍이 좋지 않았을 때, 독점 가능성이 없었을 때, 제품이 계획대로 작동하지 않았을 때이다.

그는 "작게 시작해서 독점하라."라고 제안한다. 기업들은 먼저 독자적인 기술을 보유하고 있으면 압도적 우위에 있어 시장을 넓고 깊게 장악한다. 페이팔이 이베이에서 물건을 사고파는 방법을 10배 편하게 만들었고, 아마존이 처음으로 10배의 개선을 이룬 것처럼 말이다.

또한, 사용자의 증가를 통해서 매출이 늘어나는 네트워크 효과를 누려야 한다. 더 많은 사람이 사용할 수 있도록 해당 제품을 더 유용하게 만들어준다고 한다. 더욱 자세한 내용은 그의 저서 〈ZERO to ONE〉을 읽어보길 추천하며, 그의 명언을 통해 터닝 포인트를 맞이하기를 바란다.

0362 기발한 사고는 드물지만, 천재보다 드문 것은 바로 용기 있는 사람입니다.

Brilliant thinking is rare, but courage is in even shorter supply than genius.

0363 제 목표가 실현 불가능하다고 생각하는 사람들이 꽤 많습니다. 하지만 오히려 좋은 일이네요. 우리는 이 사람들에 대해 별로 걱정할 필요가 없습니다. 왜냐하면, 그들은 우리가 실현 불가능하다고 생각하기 때문에 우리의 일을 심각하게 받아들이지 않을 것입니다. 그래서 그들은 한참 시간이 지나도 우리를 막으려 하지 않고 우리와 경쟁할 상대가 되지 않을 것입니다.

There are quite a lot of people who think my aspirations are not possible. That's a good thing. We don't need to really worry about these people very much, because since they don't think it's possible they won't take us very seriously—and they will not actually try to stop us until it's too late.

0364 오늘날의 '최선의 선택'은 막다른 길이 될지도 모릅니다. 최상의 길은 새롭고 시도되지 않은 것이기 때문입니다.

Today's 'best practices' lead to dead ends; the best paths are new and untried.

0365 사업의 모든 순간은 단 한 번만 일어난다. 제2의 빌 게이츠는 운영체제를 구축하지 않을 것이다. 제2의 래리 페이지나 세르게이 브린은 검색엔진을 만들지 않을 것이다. 그리고 제2의 마크 저커버그는 소셜 네트워크를 다시는 만들지 않을 것이다. 만약 여러분이 이 사람들을 똑같이 따라 한다면, 여러분은 그들에게서 배운 것이 아니다.

Every moment in business happens only once. The next Bill Gates will not build an operating system. The next Larry Page or Sergey Brin won't make a search engine. And the next Mark Zuckerberg won't create a social network. If you are copying these guys, you aren't learning from them.

0366 최고의 기업가들은 모두 이것을 알고 있습니다. 모든 위대한 사업은 외부에 알려지지 않은 기밀사항을 중심으로 이루어집니다. 위대한 회사는 세상을 바꾸려는 계획을 합니다. 여러분이 누군가에게 그 비밀을 공유하면, 그 사람은 계획의 동료가 됩니다.

The best entrepreneurs know this: every great business is built around a secret that's hidden from the outside. A great company is a conspiracy to change the world; when you share your secret, the recipient becomes a fellow conspirator.

0367 아이폰은 아폴로호 임무 당시 사용했던 만큼의 강력한 컴퓨팅 능력을 갖추고 있습니다. 하지만 그것은 무엇에 쓰이는 걸까요? 돼지에게 화난 새(앵그리버드)를 던지는 데 사용되고 있고, 지구 반 바퀴를 돌아 고양이 사진을 전송하는 데 사용되고 있습니다. 또한, 19세기부터 존재했던 지하철을 타면서, 가상현실의 어딘가에 접속하는 데 사용되고 있습니다.

You have as much computing power in your iPhone as was available at the time of the Apollo missions. But what is it being used for? It's being used to throw angry birds at pigs; it's being used to send pictures of your cat to people halfway around the world; it's being used to check in as the virtual mayor of a virtual nowhere while you're riding a subway from the nineteenth century.

0368 모든 사업은 정확히 남들이 할 수 없을 만큼의 성공을 거둔다.

Every business is successful exactly to the extent that it does something others cannot.

0369 우리가 새로운 것을 만들 때마다 우리는 0에서 1로 갑니다.

Every time we create something new we go from zero to one.

0370 제품 차별화가 부족하더라도, 우수한 영업과 유통을 통해 시장 독점을 이루어 낼 수 있습니다. 하지만 그 반대는 불가합니다. 소비자들의 기존 행동심리에 들어맞고, 사용해본 사람들은 모두 좋아할 만큼 강력한 제품에도 좋은 유통 계획은 반드시 필요합니다.

Superior sales and distribution by itself can create a monopoly, even with no product differentiation. The converse is not true. No matter how strong your product—even if it easily fits into already established habits and anybody who tries it likes it immediately—you must still support it with a strong distribution plan.

0371 직원, 창업자, 투자자에 관계 없이 누구에게나 판매할만한 제품이 있습니다. 회사가 여러분과 컴퓨터만으로 구성되어 있다고 해도 충분히 가능합니다. 둘러봤을 때, 주변에서 영업사원을 찾을 수 없다면, 당신이 영업사원이 되면 됩니다.

Everybody has a product to sell—no matter whether you're an employee, a founder, or an investor. It's true even if your company consists of just you and your computer. Look around. If you don't see any sales people, you're the salesperson.

0372 사회는 비밀리의 판매에 의해 움직입니다.

Society is secretly driven by sales.

0373 여러분의 사명에 대해 잘 설명할 수 있다면 필요한 직원들을 끌어모을 수 있을 것입니다. 즉, 단순히 왜 중요한지가 아니라 다른

사람이라면 아무도 못 할 것 같은 이 일을 당신이 어떻게 해낼 것인지 설명하는 것입니다.

You'll attract the employees you need if you can explain why your mission is compelling: not why it's important in general, but why you're doing something important that no one else is going to get done.

0374 대부분의 사람은 평범합니다. 하지만, 설립자는 그렇지 않습니다. 설립자들의 성격은 마치 '역 정규분포' 같습니다.

Most people are average. Founders are not. Founders' traits seem to have an inverse normal distribution to them.

0375 사람들이 기술에 대해 매우 긍정적인 태도를 보인다면, 미래를 비관할 필요가 없습니다.

If people were super-optimistic about technology, there would be no reason to be pessimistic about the future.

0376 현금보다 회사의 지분을 받는 것을 선호하는 사람은 장기적인 우호적 관계와 앞으로의 회사 가치를 높이는 데 대한 헌신을 암시한다고 볼 수 있습니다.

Anyone who prefers owning part of your company to being paid in cash reveals a preference for the long term and a commitment to increasing your company's value in the future.

0377 투자자이자 기업가로서, 저는 항상 사람들의 반대편에서 군중과 맞서 보고, 사람들이 보지 않는 곳에 있는 기회를 찾아내려 노력

합니다.

As an investor-entrepreneur, I've always tried to be contrarian, to go against the crowd, to identify opportunities in places where people are not looking.

이이시 그는 독점기업은 규모가 커질수록 더욱 강해지며, 판매량이 많을수록 제품을 만드는 데 들어가는 고정비가 분산되기 때문에 비용의 분산으로 자금이 더욱 빠르게 확대됨을 역설하고 있다. 그리고 튼튼한 브랜드 파워를 강조하였는데 이는 독점기업이 될 수 있는 강력한 수단이라고 주장한다.

그는 성공하는 스타트업의 비결과 그의 생각을 정리하였으며, 천재성과 더불어 일어나는 일들을 꿰뚫어 볼 수 있는 수정구슬인 '팰랜티어(Palantir)' 정신을 통해 세상을 바꾸고 있다. 그의 명언을 통해 그의 혁신적 생각을 알아보자.

0378 가장 대조적인 것은 군중을 반대하는 것이 아니라 스스로 생각하는 것입니다.

The most contrarian thing of all is not to oppose the crowd but to think for yourself.

0379 장기적인 계획은 종종 우리의 단기적 계획에 의해 저평가될 때가 많습니다.

Long-term planning is often undervalued by our indefinite short-term world.

0380 스타트업은 무한한 지배력을 가질 수 있는 가장 큰 시도입니다. 여러분의 삶 전반뿐만 아니라 삶 속의 아주 작은 부분들까지 주권을 행사할 수 있습니다. 단순히 기회를 기다리는 것을 멈추는 것부터 시작합시다. 당신은 복권이 아니에요.

A startup is the largest endeavor over which you can have definite mastery. You can have agency not just over your own life, but over a small and important part of the world. It begins by rejecting the unjust tyranny of Chance. You are not a lottery ticket.

0381 '교육'에 대해 다시 생각할 필요가 있습니다. 교육은 단지 대학에서만 이루어지는 것이 아니라, 사람들이 사회 전체에 이바지할 수 있도록 하는 기술을 개발하는 데도 필요합니다.

Education needs to be rethought. Education does not just happen in college, but it also happens in developing skills which will enable people to contribute to our society as a whole.

0382 대학생들은 자신들이 하고 있는 일에 대해 열심히 생각해야 합니다. 회사에 대한 좋은 아이디어를 가지고 있다면, 좋은 타이밍이 따로 있는 것이 아니라, 지금 당장 시작하는 것이 좋습니다.

The college kids should think hard about what they're doing. If you have a great idea for a company, there's no right time to start it, and it's often better to start it sooner rather than later.

0383 대학은 사람들에게 배움을 주고 다음 세대에 빚을 지게 함으로써 미래의 기회를 빼앗습니다.

College gives people learning and also takes away future opportunities by loading the next generation down with debt.

0384 즉 대학교육은 고등학교 때 큰 꿈을 가지고 있던 사람들을 경영 컨설팅이나 투자은행 같은 전통적인 직업을 놓고 비슷한 사람들끼리 경쟁하게끔 만듭니다. 순응주의자가 되는 특권을 위해 학생들과 가족들은 계속해서 인플레이션을 능가하는 치솟는 등록금으로 수십만 달러를 지급합니다. 왜 우리 자신에게 이러는 걸까요?

Higher education is the place where people who had big plans in high school get stuck in fierce rivalries with equally smart peers over conventional careers like management consulting and investment banking. For the privilege of being turned into conformists, students (or their families) pay hundreds of thousands of dollars in skyrocketing tuition that continues to outpace inflation. Why are we doing this to ourselves?

0385 인간의 지식에는 아직도 많은 공백이 있습니다. 당신은 이것을 밝혀낼 수 있습니다. 그러니 이 공백을 채워 넣으세요. 모든 순간이 새로운 영역으로 가는 기회입니다.

There are still many large white spaces on the map of human knowledge. You can go discover them. So do it. Get out there and fill in the blank spaces. Every single moment is a possibility to go to these new places and explore them.

0386 사람들은 항상 오늘이 마지막 날인 것처럼 살아야 한다고 말합니다. 저는 여러분의 인생이 영원히 지속될 것처럼 살아야 한다고 생각해요. 매일 매일이 너무 좋아서 끝나기를 원하지 않을 정도로요.

People always say you should live your life as if it were your last day. I think you should live your life as though it will go on for ever; that every day is so good that you don't want it to end.

0387 당신이 가지고 있는 비즈니스 아이디어가 따라 하기 쉬운 편이라면, 이것은 종종 문제가 될 수 있습니다.

If you have a business idea that's extremely easy to copy, that can often become something of a challenge or problem.

PART 2

실리콘밸리의
미래 설계자들의
통찰

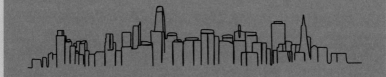

제10장

내일이 보장되지 않으니
네가 가진 모든 것을 다 바쳐라.

애플 CEO

팀 쿡 *Tim Cook*

팀 쿡은 스티브 잡스의 뒤를 이은 애플의 CEO이다. 1960년 앨라배마주 노동자 계층으로 태어나 오번대학에서 산업공학을 전공했다고 한다. 그는 IBM에 입사하고 승승장구하였지만 돌연 스티브 잡스에게 입사 권유를 받고 애플과 함께하게 되었다. 모두가 팀 쿡을 말렸지만 그는 이렇게 말했다. "언제 이런 잡스 같은 창의적인 천재와 일할 수 있을까."

애플로 이직한 팀 쿡은 IBM 등을 거치며 쌓은 최고의 재고관리 기술을 적극적으로 활용했다. 그는 7개월 만에 애플을 생산에 필요한 재고를 한 달씩 쌓아두던 기업에서 단 6일 치만으로 운영할 수 있는 효율적인 조직으로 만들었다.

이러한 공로를 인정받아 팀 쿡은 애플의 2인자 자리에 올랐다. 그리고 스티브 잡스가 암 수술을 받을 즈음에 임시 CEO를 맡게 되었다. 다시 잡스는 죽음을 앞두었던 2011년 8월 11일에 애플의 CEO 자리를 팀 쿡에게 맡겼다고 한다.

이렇게 팀 쿡이 이끄는 애플의 역사가 시작되었다. 세간에서는 팀 쿡을 "조용한 천재"라고 부른다.

팀 쿡은 여러 면모에서 스티브 잡스와는 달랐다. 그중 한 가지는 팀 쿡이 2012년 1월 CEO가 되면서 발표한 애플의 자선기부활동이다. 스티브 잡스는 기부나 사회적 활동에 무관심했었지만, 팀 쿡은 기업이 사회적 책임을 져야 한다고 생각했고 많은 자원을 할애해서라도 애플의 이미지를 바꿔 나가고자 했다.

또한, 폭스콘에서 노동환경 문제가 발생하자 적극적으로 공급망에서 벌어지는 노동조건 개선을 약속하고, 애플 제품에서 발생하는 환경 문제를 해결하기 위해 친환경 정책으로 획기적으로 변화시켰다고 한다. 더불어 직원 임용에서도 다양성을 확대하여 여성 직원을 30% 이상 늘리고 사회적 소수자들도 애플에서 고용하는 정책을 취하였다.

팀 쿡이 이러한 정책을 끈기 있게 추진할 수 있었던 이유는 그 자신이 동성애자이고 신의 축복으로 다양성과 배려에 대해 많은 배움을 얻었기 때문이라고 한다. 이 외에도 그가 어떤 방식으로 애플을 이끌었는지 알아보자.

0388 　나는 아이폰이 역사상 최고의 소비자 제품이라고 생각한다. 이제는 우리 삶을 관장하는 가장 필수적인 물건이 되어 아이폰 없이 집을 나서는 것은 상상도 하지 못할 것이다.

I think the iPhone is the best consumer product ever. And it's become so integrated and integral to our lives, you wouldn't think about leaving home without it.

0389 　애플에서 우리는 매우 단순한 사람들이다. 우리는 세계 최고의 제품을 만들고 사람들의 삶을 풍요롭게 하는 데 초점을 맞춘다.

We're very simple people at Apple. We focus on making the world's best products and enriching people's lives.

0390 우리의 목표는 최고의 것을 만드는 것이었던 적이 없다. 항상 최선을 다해 만드는 것이었다.

Our goal has never been to make the most. It's always been to make the best.

0391 증강현실에 대한 기대가 크다. 왜냐하면, 증강현실은 외부세계와 단절되는 가상현실과 달리 AR이 개인과 현실을 이어주고, 현실이 더 나아질 수 있게 도와주기 때문이다.

I'm excited about Augmented Reality because unlike Virtual Reality, which closes the world out, AR allows individuals to be present in the world but hopefully allows an improvement on what's happening presently.

0392 만약 여러분이 우리와 마찬가지로, 다양성이 더 나은 제품을 만들고, 우리 모두 사람들의 삶을 풍요롭게 하는 제품을 만들어야 한다고 믿는다면, 여러분은 다양성이라는 주제에 많은 에너지를 쏟을 수 있게 될 것입니다.

If you believe, as we believe, that diversity leads to better products, and we're all about making products that enrich people's lives, then you obviously put a ton of energy behind diversity the same way you would put a ton of energy behind anything else that is truly important.

0393 애플은 하드웨어, 소프트웨어 및 서비스를 통합하여 고객이 무

룧을 '탁' 치게 할만한 경험을 만들어내는 유일한 회사이다. 그것을 가지고 현재 우리가 시도하지 않은 새로운 시장의 문을 두드리면 된다.

Apple is the only company that can take hardware, software, and services and integrate those into an experience that's an 'aha' for the customer. You can take that and apply to markets that we're not in today.

0394 혼란에 빠진 기업들은 그들의 목표가 매출이나 주가 같은 것이라고 생각한다. 그게 아니라, 그런 것들을 끌어내는 요소에 집중해야 한다.

Companies that get confused, that think their goal is revenue or stock price or something. You have to focus on the things that lead to those.

0395 사람들이 행복과 생산성을 중요시한다면, 그들로부터 최고의 창의성을 끌어내야 한다. 그리고 그들에게 선택권이 주어졌을 때 "아이폰이 필요하다." 또는 "맥이 필요하다."라고 말하게 만들어야 한다. 우리가 이 정도 수준에 도달했을 때 많은 선택지가 열릴 것이라고 생각한다.

When you care about people's happiness and productivity, you give them what brings out the best in them and their creativity. And if you give them a choice, they'll say, 'I want an iPhone,' or 'I want a Mac.' We think we can win a lot of corporate decisions at that level.

0396 우리가 어떠한 제품을 출시할 때는 이미 다음 제품까지 준비되어 있다. 다음 제품을 넘어 이후 출시할 제품들까지 이미 개발되

어 있는지도 모른다.

When we launch a product, we're already working on the next one. And possibly even the next, next one.

0397 음악은 항상 애플의 핵심이었다. 음악은 우리 DNA 깊숙한 곳에 있다. 초창기부터 우리는 음악가들에게 맥을 팔았다.

Music's always been at the heart of Apple. It's deep in our DNA. We've sold Macs to musicians since the beginning of Macs.

0398 애플은 매우 독특하고 특별한 뛰어난 문화를 가지고 있다. 나는 애플의 문화가 바뀌는 것을 좌시하거나 허락하지 않을 것이다.

Apple has a culture of excellence that is, I think, so unique and so special. I'm not going to witness or permit the change of it.

0399 우리는 하나의 프로젝트를 완수하기 위해 팀으로서 함께 일한 다. 왜냐하면, 우리는 수직적이 아니라 수평적으로 일하기 때문 이다. 제품은 수평이다. 좋은 제품을 만들기 위해서는 하드웨어, 소프트웨어, 그리고 서비스까지 모든 것이 필요하다.

We collectively, to get things done, work together as a team. Because the work really happens horizontally in our company, not vertically. Products are horizontal. It takes hardware plus software plus services to make a killer product.

0400 만약 내가 애플의 '게이 CEO'라고 불리는 것이 누군가가 자아정 체성을 찾는 것을 돕거나, 외로운 사람에게 위안을 주거나, 사람

들이 평등을 주장하도록 영감을 줄 수 있다면 내 사생활과 맞바꿀 가치가 있다고 생각한다.

If hearing that the CEO of Apple is gay can help someone struggling to come to terms with who he or she is, or bring comfort to anyone who feels alone, or inspire people to insist on their equality, then it's worth the trade-off with my own privacy.

0401 사람들은 가치관을 가져야 하고, 따라서 기업 역시 그래야 한다. 그리고 그렇게 하기 위해서는 사람들에게 돌려주어야 한다. 어떻게 돌려주는가? 우리는 재생 에너지로 회사를 운영하며 환경에 이바지할 수 있다. 또한, 일자리 창출로 사회에 이바지할 수도 있다.

People should have values, so by extension, a company should. And one of the things you do is give back. So how do you give back? We give back through our work in the environment, in running the company on renewable energy. We give back in job creation.

0402 현실은, 우리는 경쟁을 즐긴다는 것이다. 경쟁이 우리를 더 성장시킨다고 생각한다. 그러나 우리는 모든 사람이 각자의 무언가를 만들어냈으면 좋겠다고도 생각한다.

The reality is, is that we love competition, at Apple. We think it makes us all better. But we want people to invent their own stuff.

0403 가격이 1순위인 경우는 거의 없다. 값싼 물건은 어느 정도 팔릴 수는 있다. 그 물건을 산 누군가는 결제하는 순간에는 행복할 수 있지만, 막상 집에 가서 그 물건을 사용하고 나서는 그 기쁨이

사라질 것이다.

Price is rarely the most important thing. A cheap product might sell some units. Somebody gets it home and they feel great when they pay the money, but then they get it home and use it and the joy is gone.

0404 기존의 CEO가 소비자로부터 멀어지고 있다고 생각한다. 수많은 기업의 CEO는 소비자와 실질적으로 소통하고 있지 않다.

I think of a traditional CEO as being divorced from customers. A lot of consumer company CEOs—they're not really interacting with consumers.

0405 애플이 어떤 시장에 진입할지 고려할 때, 우리는 이런 질문들을 먼저 던진다. 이것의 기반이 되는 기술은 무엇인가? 여기에서 우리는 어떤 것을 활용할 수 있는가? 우리가 이를 통해 사회에 크게 이바지할 수 있는가? 그렇게 할 수 없다면, 그리고 핵심 기술을 우리가 소유할 수 없다면, 우리는 시작하지 않는다.

When Apple looks at what categories to enter, we ask these kinds of questions: What are the primary technologies behind this? What do we bring? Can we make a significant contribution to society with this? If we can't, and if we can't own the key technologies, we don't do it.

팀 쿡의 업무 스타일에 관련한 흥미로운 일화가 있다.

그는 항상 직원들에게 업무에 대해 10가지 질문을 하였다. 만약 직원들이 제대로 답을 하였다면 1년 후에는 9가지 질문으로 줄였다. 하지만 한 가지라도 제대로 대답하지 못한다면 답변을 들을 때까지 20개고, 30

개고 질문을 던져서 직원들을 경악시키고는 하였다. 업무적인 세밀함을 직원들에게 엄청나게 요구한 것이다.

더불어 그는 항상 직원들에게 적극적으로 대응하고 세부 사항에 주의를 기울이라고 강조하였다. 완벽주의자적인 면모를 가지고 있던 팀 쿡의 헌신 덕분에, 잡스는 경영에 신경을 빼앗기지 않고 디자인 팀을 이끄는 조너선 아이브와 제품에만 매달릴 수 있었다.

이처럼 팀 쿡이 애플을 성공적으로 이끄는 CEO가 될 수 있었던 방법을 살펴보자.

0406 여러분의 능력이 무한하다는 사실을 받아들이면, 자신만의 우주에 흔적을 남길 수 있습니다. 즉, 세상을 바꿀 수 있습니다.

If you embrace that the things that you can do are limitless, you can put your ding in the universe. You can change the world.

0407 당신이 열정을 가진 일에 대해 생각해보라. 나는 젊은 시절에 무언가를 충분히 배우지 못했다. 과거로 돌아갈 수 있다면, 젊은 시절의 나 자신에게 일을 사랑하는 것과 사랑하는 일을 하는 것에는 큰 차이가 있다는 것을 알려주고 싶다.

Think about what you're passionate about. I did not learn something early enough: if I could go back, I'd tell the younger me that there's a big difference between loving to work and loving the work.

0408 초점을 어디에 맞추는지가 핵심이라는 사실을 깨달았다. 회사를 운영할 때만이 아니라 일상생활 속에서도 마찬가지이다.

I learned that focus is key. Not just in your running a company, but in your personal life as well.

0409 만약 여러분이 CEO라면 개인적으로 가장 중요하다고 생각하는 것은, 당신과 다른 성향의 사람들이 함께하며 당신의 부족한 점을 채우는 것이다. 회사는 단순히 똑같은 블록을 높이 쌓는 것이 아니라, 퍼즐처럼 맞춰나가야 하는 곳이다. 그래서 나는 다양성의 힘을 굳게 믿는다.

I think each person, if you're a CEO, the most important thing is to have— to me, is to pick people around you that aren't like you, that complement you. Because you want to build a puzzle, you don't want to stack Chiclets up and have everyone be the same. And so I believe in diversity with a capital D.

0410 가장 중요한 것은 당신이 틀렸다는 것을 인정하고, 변화할 용기가 있느냐는 것이다. 나에게 CEO로서 가장 중요한 것은 용기를 가지는 것이다.

The most important thing is, Do you have the courage to admit that you're wrong. And do you change? The most important thing to me as a CEO is that we keep the courage.

0411 좋은 방향으로 가고 있다고 느낄 때 일은 새로운 의미를 가지게 될 것이다. 그렇지 않다면 그것은 그냥 '일'일 뿐이고, 그렇기에 인생은 너무 짧다.

Work takes on new meaning when you feel you are pointed in the right direction. Otherwise, it's just a job, and life is too short for that.

0412 우리에게, 우리가 할 수 있는 가장 중요한 것은 사람들을 돕는 것이다. 즉 그들에게 능력을 주거나, 무언가를 창조할 수 있도록 돕는 것이다. 이렇게 우리는 사람들에게 창조를 위한 도구를 제공하고, 힘을 줄 수 있다.

For us, the most important thing we can do is raise people up—that is, by giving the ability to do things they could not otherwise do, allow them to create things they couldn't otherwise create. It's about giving them tools; it is about empowering people.

0413 여러분은 무언가 열정적으로 할 수 있는 일과 사람들을 도울 수 있는 일의 교집합을 찾아야 한다. 그리고 만약 그런 일을 찾지 못한다면, 장담하건대 행복하진 않을 것이다.

You have to find the intersection of doing something you're passionate about and that, at the same time, is in the service of other people. I would argue if you don't find that intersection, you're not going to be very happy.

0414 편집은 정말 힘들고, 집중하는 것 또한 정말 힘들다. 하지만 우리는 집중해야만 최고의 일을 해낼 수 있음을 알고 있다. 그래서 우리가 내린 가장 어려운 결정은 사실 필요 없는 일을 하지 않는 것이다.

It's hard to edit. It's hard to stay focused. And yet, we know we'll only do our best work if we stay focused. And so, you know, the hardest decisions we made are all the things not to work on, frankly.

0415 앱스토어 이전에는 젊은 창업자가 짧은 시간 안에 회사를 차려서 게임과 같은 산업의 글로벌 리더가 되는 일은 쉽게 일어나지 않았다. 이제는 그런 성공신화가 곳곳에서 터져 나오고 있다.

Prior to the App Store, the chances of that happening, of somebody really young forming a company and in a period of no time really becoming a global provider of a game or something else, it really didn't happen. Now there are these success stories popping up everywhere.

0416 우리는 일반적으로 제품을 출시하기 직전까지는 그것에 대해 이야기하지 않습니다. 이는 AI뿐만 아니라 다른 모든 것에 적용됩니다. 주로 우리는 다른 사람들이 이야기하는 것과 실제로 미래 언젠가 일어날 일에 대해서 우리의 물건을 비교하곤 합니다. 많은 사람은 미래를 팔고, 이것이 그들이 미래에 대해 생각하는 방법인 것 같습니다.

We typically don't talk about something until we are about to ship. Not just for AI, but for anything: the comparison is generally what we are shipping compared to what someone else is talking about that is going to happen sometime in the future. A lot of people sell futures, I guess, is the way to think about it.

0417 우리가 모두를 위해 해야 할 일은 AI가 인류에게 좋은 방향으로 이용되도록 하는 것이다.

What all of us have to do is to make sure we are using AI in a way that is for the benefit of humanity, not to the detriment of humanity.

0418 우리는 우리가 완벽하다고 생각하지 않는다. 단지 우리는 완벽을 추구하지만 가끔씩 실패할 때도 있다.

We have never said that we're perfect. We've said that we seek that. But we sometimes fall short.

0419 기술에 인간성을 접목하면서, 기술이 좋은 방향으로 활용되는지 확인하는 동시에, 악용될 수 있는 방향을 예측하고 그것을 제거하려고 노력하고 있다.

While infusing technology with humanity, we are trying to make sure it's used for good and also trying to foresee some of the ways it can be used in a bad way and eliminate those.

"준비한다면 언젠가 내게 기회가 올 것이다."

팀 쿡이 오번대학 졸업식 연설에서 인용한 에이브러햄 링컨의 1982년 연설이다. 스티브 잡스가 스탠퍼드대학에서 한 연설만큼 사람들에게 회자되지는 않았지만, 우리에게 "예측가능한 인생을 계획할 수 없다."라는 중요한 메시지를 전하고 있다.

더불어 그는 "지금까지 제가 인생에서 발견한 가장 중요한 것 중 하나는 애플에 합류하기로 한 결정의 결과였습니다. 애플에서 일하는 것은 내가 계획한 계획의 일부가 아니었지만, 내가 한 최고의 결정은 의심의 여지가 없습니다."라고 말하기도 하였다.

1998년 3월, 스티브 잡스가 돌아온 지 불과 6개월 만에 애플에 합류했던 팀 쿡은 회사가 몹시 어려운 재난을 겪고 있었다고 회상하였다. 그러나 팀 쿡과 스티브 잡스는 애플을 심연에서 끌어올렸다.

위기에서 회사를 구해낸 그는 어떠한 인생관을 가진 인물일까? 그의 인생 명언을 통해 깨달음을 얻어보자.

0420   당신의 기쁨이 먼 목표가 아니라 당신의 여정에 있게 하라.

Let your joy be in your journey not in some distant goal.

0421   인생은 부서지기 쉽다. 우리의 내일은 보장되지 않으므로 오늘 당신이 가진 모든 것을 바쳐라.

Life is fragile. We're not guaranteed a tomorrow so give it everything you've got.

0422   여러분은 변화를 위한 파동을 일으키는 연못의 조약돌이 되어야 한다.

You want to be the pebble in the pond that creates the ripple for change.

0423   장애물에 초점을 맞춰도 되고, 그 벽을 확장하거나 문제를 재정의하는 데 초점을 맞춰도 된다.

You can focus on things that are barriers or you can focus on scaling the wall or redefining the problem.

0424   우리의 역할은 당신도 몰랐던 당신의 욕구를 충족시킬 무언가를 제공하는 것입니다. 그리고 그것을 한번 경험하고 나면, 더 이상

그 물건 없이는 살아갈 수 없게 될 것입니다. 애플은 이렇게 할 수 있다고 믿으셔도 됩니다.

Our whole role in life is to give you something you didn't know you wanted. And then once you get it, you can't imagine your life without it. And you can count on Apple doing that.

0425 엔지니어가 되면 많은 것을 분석하고자 합니다. 하지만 가장 중요한 데이터 포인트가 '사람'이라고 믿는다면, 비교적 빨리 결정을 내려야 합니다. 왜냐하면, 잘하고 있는 사람들을 적극적으로 밀어주어야 하기 때문입니다. 최악의 상황에는 엉뚱한 사람을 발전시키고 있을 수도 있고 다른 곳에서 그들을 필요로 할지도 모릅니다.

When you're an engineer, you want to analyze things a lot. But if you believe that the most important data points are people, then you have to make conclusions in relatively short order. Because you want to push the people who are doing great. And you want to either develop the people who are not or, in a worst case, they need to be somewhere else.

0426 우리는 할 수 없는 것에만 집착해서는 안 됩니다. 한 걸음 물러서서 지금도 가능한 일들을 살펴보아야 합니다. 그 속에 우리에게 필요한 정보가 있을지도 모릅니다.

We shouldn't all be fixated just on what's not available. We should take a step back and look at the total that's available, because there's a mountain of information about us.

제11장

더 많은 것에
찬성하라.

구글 전 CEO
에릭 슈미트 *Eric Schmidt*

　스타트업이었던 구글이 거대 기업으로 성장할 수 있도록 만든 에릭 슈미트. 그는 프린스턴대학을 졸업하고 캘리포니아대학 버클리캠퍼스에서 컴퓨터 공학 석사와 박사 학위를 받았다. 이후, 제록스 PARC(Xerox PaloAlto Research Center)의 컴퓨터 과학 연구소, 벨 연구소, 질록 등을 거쳐 1983년 선마이크로시스템스에서 최고 기술 책임자로서 플랫폼 자바의 개발을 주도한 인물이다. 애플 이사회에 참여하고 프린스턴대학 이사회에서 활동하기도 하였으며, 노벨 CEO를 거쳐 2011년 구글로 영입되었을 뿐만 아니라 2006년 미국 공학학회원으로 선출되기도 하였다.

　슈미트는 초창기 구글에 많은 영향을 끼쳤다. 신생 벤처였던 구글이 세계 최고 기업으로 성장하는 밑거름 역할을 했기 때문이다. 슈미트는 구글에서 어떤 역할을 했을까? 이러한 실리콘밸리 천재의 경영철학은 무엇인지 자세히 알아보자.

0427　예전에 제가 우리는 10개의 IP주소를 몸에 지니게 될 것이라고 말했었는데, 의료모니터링으로 인해 실제로 그렇게 될 것 같군요.

　　　I used to say that you'll have 10 IP address on your body, and it looks like that's going to happen through medical monitoring.

0428 기업이 빠르게 성장하면서 많은 영향력을 행사할 때, 당신은 스스로의 커리어를 꾸려나가야 합니다. 로켓선의 자리를 제안받았다면 어떤 자리인지 묻지 말고 그냥 타세요.

When companies are growing quickly and they are having a lot of impact, careers take care of themselves. If you're offered a seat on a rocket ship, don't ask what seat. Just get on.

0429 인터넷 홍보가 시작되었을 때, 사람들이 세상을 바라보는 방식에 무한한 변화가 있었다는 점에서 저는 세계가 우리가 생각했던 것과 얼마나 달랐는지 충격을 받았던 기억이 납니다.

When the Internet publicity began, I remember being struck by how much the world was not the way we thought it was, that there was infinite variation in how people viewed the world.

0430 문명의 시작부터 2003년까지 5엑사바이트의 정보가 생성되었지만, 지금은 이틀에 한 번씩 그만큼의 정보가 생성되고 있습니다.

There were 5 Exabytes of information created between the dawn of civilization through 2003, but that much information is now created every 2 days.

0431 저는 구글맵과 구글어스의 교육적 활용에 대한 폭발적인 가능성을 목격했다는 것을 강조하고 싶습니다. 지구는 아주 특별한 곳입니다. 이곳은 우리의 고향이고, 우리가 이곳에 사는 이유이기

도 합니다. 그리고 이 지구에서 좋은 일이든 나쁜 일이든 무슨 일이 일어나고 있는지 알 수 있다는 것은 경이로운 일입니다.

I do want to emphasize that we've seen an explosion in the use of Google Maps and Google Earth for education. The earth is a special place. It is our home and it's why we're all here. And the ability to see what's really going on the earth, the good stuff and the bad stuff, at the level that you can, is phenomenal.

0432   저는 사실 대부분의 사람이 구글이 그들의 질문에 대답하는 것을 원하지 않는다고 생각합니다. 그들은 구글이 다음에 무엇을 해야 하는지 알려주기를 원합니다.

I actually think most people don't want Google to answer their questions. They want Google to tell them what they should be doing next.

0433   당신이 게시한 무언가가, 컴퓨터에는 영원히 남아있다는 사실을 기억하세요.

Just remember when you post something, the computers remember forever.

0434   모바일이 PC를 이기고 있는 추세입니다. 이제 이겼습니다.

The trend has been mobile was winning. It's now won.

0435   이는 사용자가 생성한 정보에 대한 근본적인 변화 때문입니다. 사람들은 기존의 리소스보다 다른 사람의 의견을 더 많이 들을 것입니다.

It's because of this fundamental shift towards user-generated information that people will listen more to other people than to traditional resources.

0436 인터넷은 인류가 만든 것 중에서 처음으로 인류가 이해하지 못하는 것입니다. 우리가 무정부상태에서 해 본 가장 큰 실험이라고 할 수 있습니다.

The Internet is the first thing that humanity has built that humanity doesn't understand, the largest experiment in anarchy that we have ever had.

0437 구글 매출의 절반은 검색 결과치를 따르며, 검색 주제와 관련된 텍스트 기반 광고를 판매함으로써 얻습니다. 매출의 또 다른 절반은 야후와 같은 회사에 검색 기술을 허가하는 것에서 나옵니다.

Half of Google's revenue comes from selling text-based ads that are placed near search results and are related to the topic of the search. Another half of its revenues come from licensing its search technology to companies like Yahoo.

0438 정부가 인터넷을 지배하기는 쉽지 않습니다. 통제하기가 어렵기 때문입니다. 사람들은 자유로워지고 싶어 합니다. 사람들은 여러 목소리를 듣고 싶어 합니다. 그들은 그들 스스로 결정을 내리기를 원합니다. 그리고 무언가를 목격한 사람들은 신고를 하기도 할 것입니다.

It's very difficult for governments to dominate the Internet because it's so difficult to control. People want to be free. People want to hear multiple voices. They want to make their own decisions. And people who see things will report things.

0439 혁신적인 사람들은 무엇을 하라는 말을 들을 필요가 없습니다. 그들은 그것을 하도록 허용되어야 합니다.

Innovative people do not need to be told to do it, they need to be allowed to do it.

0440 혁신하기 위해서는 실패를 잘하는 법을 배워야 합니다. 실수로부터 배우세요.

To innovate, you must learn to fail well. Learn from your mistakes.

구글의 검색엔진은 대단했다. 2001년 당시 구글은 닷컴버블 속에서 생존한 후 매섭게 성장하고 있었다. 투자자들은 래리 페이지와 세르게이 브린의 실력을 인정했다. 문제는 구글이 이렇게 기업이 급격히 성장함에 따라 발생하는 문제점에 시달리고 있었다는 점이다. 화려한 외관과 달리 내적 시스템은 부실하기 짝이 없어 덩치만 큰 스타트업이었다.

구글의 창업자인 래리 페이지와 세르게이 브린은 이러한 구글의 내적 시스템을 정비하고 기업 공개를 성공적으로 완수할 인물이 필요했다. 처음 둘이 영입하고자 했던 인물은 애플의 최고경영자 스티브 잡스였지만, 잡스가 자신이 세운 애플을 두고 구글로 올 리 없는 상황이었다. 그때 투자자의 추천으로 만난 것이 슈미트였다.

에릭 슈미트는 2001년 3월 이사회 회장으로 구글에 합류하고, 5개월 뒤인 그해 8월 구글 CEO에 취임하였다. 그는 든든한 한 축으로서 구글을 안정적으로 성장시켰다. 특히 2004년 단행한 기업 공개는 에릭 슈미트가 없었다면 쉽지 않았을 것이란 평가를 받기도 한다. 이후 유튜브 인수를 비롯해 모바일 운영체제 개발 작업 등을 성공적으로 해냈으며, CEO로 재직하던 10년 동안 구글을 눈부시게 성장시켰다.

슈미트가 구글의 최고경영자로서 가장 중요시한 작업은 '급격히 성장하는 구글이 시장에서 자리를 잡을 수 있도록 서비스와 제품 개발에 들어가는 시간을 최소화하면서 품질을 유지하는 데 필요한 기업 내 인프라를 구축하는 것'이었다. 이렇듯 에릭 슈미트가 구글을 세계 최고의 거대 기업으로 만들 수 있었던 이유는 시스템에 있다. 그의 성공 명언을 통해 시스템이 얼마나 중요한지 자세히 알아보자.

0441 저는 세계가 곧 그들에게 닥칠 기술혁명에 준비되어 있지 않다고 생각합니다.

I spend most of my time assuming the world is not ready for the technology revolution that will be happening to them soon.

0442 코치는 당신처럼 스포츠를 잘할 필요가 없습니다. 그들은 당신을 지켜보며 당신이 최고가 되도록 만들어야 합니다.

The coach doesn't have to play the sport as well as you do. They have to watch you and get you to be your best.

0443 정부 감시에 대한 해결책은 모든 것을 암호화하는 것입니다.

The solution to government surveillance is to encrypt everything.

0444 우리는 답이 아닌 질문으로 회사를 경영합니다.

We run the company by questions, not by answers.

0445 모바일 사용은 구글의 모든 내부 예측보다 빠르게 증가하고 있습니다.

Mobile use is growing faster than all of Google's internal predictions.

0446 우리는 당신이 찾는 모든 것이, 모든 순간에 구글에 100% 존재하도록 만들고 싶습니다.

We want to make sure the thing you're looking for is on Google 100 percent of the time.

0447 성공은 정말로 여러분 앞에 닥친 좋은 기회에 대비하는 것입니다. 여러분이 하려는 모든 것에 대한 세부적인 계획을 세우는 것은 아닙니다. 혁신이나 영감을 계획할 수는 없지만, 여러분은 그것을 준비하고, 여러분이 그것을 볼 때, 그것에 뛰어들 수 있습니다.

Success is really about being ready for the good opportunities that come before you. It's not to have a detailed plan of everything that you're going to do. You can't plan innovation or inspiration, but you can be ready for it, and when you see it, you can jump on it.

0448 비즈니스 전문 지식을 습득할 수 있지만, 무엇보다 중요한 것은 운영 경험입니다. 여기 구글에 있는 사람들은 젊습니다. 매일 새로운 도전이 많이 있습니다. 저는 집중을 합니다. 제가 매일 하는 연설은 다음과 같습니다. "이것이 우리가 하는 일입니다. 당신이

하고 있는 일이 그것과 일치합니까? 그리고 그것이 세상을 바꾸나요?"

I'm able to bring business expertise but, more importantly, operating experience. The people here at Google are young. Every day there are lots of new challenges. I keep things focused. The speech I give everyday is: 'This is what we do. Is what you are doing consistent with that, and does it change the world?'

0449 만약 당신이 20세에 취직했는데 더 이상 변화가 없을 것이라고 생각했다면 당신은 잘못 생각한 겁니다. 호기심이 생기도록 자신을 다시 단련하세요.

If you thought when you got your job at 20 that it would never change you were misinformed. Retrain yourself to be curious.

0450 비록 불안해지더라도 여러분의 편안한 영역에서 약간 벗어나서, "그렇다."라고 말하는 것은 여러분이 새로운 것을 하고, 새로운 누군가를 만나고, 여러분의 삶에 변화를 일으키리라는 것을 의미하며, 다른 사람들의 삶에서도 마찬가지일 가능성이 큽니다. 네, 우리 모두를 젊게 만드는 것입니다. 그것은 큰일을 할 수 있는 작은 단어입니다. 자주 말하세요.

Even if it's a bit edgy, a bit out of your comfort zone, saying yes means that you will do something new, meet someone new and make a difference in your—and likely in others' lives as well. Yes, is what keeps us all young. It's a tiny word that can do big things. Say it often.

0451 사람들은 직관과 일상을 살아가는 데 능합니다. 그러면 컴퓨터
는 무엇을 잘할까요? 바로 기억입니다.

People are good at intuition, living our lives. What are computers good at?
Memory.

0452 우린 당신이 어디 있는지 알아요. 우리는 안다고요. 우리는 당신
이 무슨 생각을 하는지 어느 정도 예측할 수 있어요.

We know where you are. We know where you've been. We can more or less
know what you're thinking about.

구글은 독특한 기업 문화로 유명하다. 에릭 슈미트는 자신의 저서인
〈구글은 어떻게 일하는가〉에서 이제 비즈니스의 패러다임이 변했다고 밝
혔다. 기업은 직원의 권한과 속도를 더욱 늘리고, 소수의 사람(임원)이 의
사결정을 해서는 안 되며, 직원 개인과 소규모 팀이 진행한 혁신이 기업
전체에 막대한 영향을 미칠 수 있다고 하였다.

이렇듯 에릭 슈미트는 기업 문화를 중시한 인물이며, 가치를 추구하
는 활동을 많이 했다. 그의 인생 명언을 통해 그가 추구하는 가치를 계
속해서 알아보자.

0453 제가 만난 모든 사람은 더 안전한 세상, 더 나은 의료체계, 아이
들을 위한 더 나은 교육과 이웃들과의 평화를 원했습니다. 저는
그렇지 않은 사람들은 만나지 않습니다. 제가 여기저기 돌아다
니면서 마주하게 된 사실은, 인간의 본질은 낙천적이라는 것입니

다. 이 세상의 그 어떤 곳에서도요.

I've never met a person who does not want a safer world, better medical care and education for their children, and peace with their neighbours. I just don't meet those people. What I meet, over and over again, as I travel around, is that the essential human condition is optimistic—in every one of these places.

0454   미국에서 기술 교육을 받고, 그들을 다른 나라로 보내 그곳에서 미국과 경쟁하는 회사를 만드는 미국의 정책은 모든 미국 정부 정책 중에서 가장 어리석은 정책일 수밖에 없다.

The policy of America to deny visas to technically trained people in the U.S. and shipped to other countries, where they create companies that compete with America, has to be the stupidest policy of all the U.S. government policies.

0455   제가 생각하기에 여러분이 원하는 것은 가상 세계와 물리적 세계 사이에서 이런 일이 일어나도록 하는 방법을 찾는 것입니다. 궁극적으로, 저는 사회가 거기에 도달할 것이라고 생각합니다. 힘들겠지만 우리는 언젠가 이루어낼 것입니다.

To me, what you want to do is find a way to let this play out between the virtual world and the physical world. Ultimately, I think society will get there. It will be messy, but we'll get there.

0456   모든 사람은 세계의 모든 정보에 접근할 기회를 가지고 있습니다. 이전에는 불가능했던 일입니다. 이 '유비쿼터스 정보'라는 것이

왜 그렇게 대단할까요? 바로, 이것이 평등을 만들기 때문입니다. 정보는 그 자체로 권력이 됩니다.

We have an opportunity for everyone in the world to have access to all the world's information. This has never before been possible. Why is ubiquitous information so profound? It's a tremendous equalizer. Information is power.

0457 사람들은 스스로가 바보라고 생각하는 사람들이 많다는 사실을 알면 무척 놀랍니다.

People are surprised to find out that an awful lot of people think that they're idiots.

0458 인터넷을 믿지 않거나, 어쨌든 이러한 변화가 단지 세대교체라고 생각하는 사람들은 인터넷이 최종 사용자의 권력 재배치의 기능을 한다는 근본적인 사실을 놓치고 있는 것입니다. 인터넷은 최종 사용자에게 엄청난 기능을 제공하며, 결국 그 최종 사용자가 권력을 사용할 것입니다.

People who bet against the Internet, who think that somehow this change is just a generational shift, miss that it is a fundamental reorganizing of the power of the end user. The Internet brings tremendous tools to the end user, and that end user is going to use them.

제12장

우리는 인간의 능력과 경험을
증진시키는 지능을 쌓고 싶다.

마이크로소프트 CEO
사티아 나델라 *Satya Nadella*

많은 사람이 마이크로소프트하면 빌 게이츠를 떠올린다. 하지만 마이크로소프트에 새 영혼을 불어넣었다고 평가받는 사티아 나델라에게 주목할 필요가 있다. 빌 게이츠가 마이크로소프트를 떠난 이후, 마이크로소프트는 한동안 애플과 구글 등에 밀려서 큰 어려움을 겪었다. 윈도우 판매에만 의존하다가 모바일 시장에 적응하지 못했기 때문이다. 이때 등장한 사티아 나델라는 마이크로소프트를 다시 부흥시킨 인물이다.

스티브 발머에 이어 마이크로소프트의 3번째 CEO가 된 사티아 나델라. 그는 1992년 입사하여 컴퓨팅 플랫폼, 개발자 도구, 그리고 클라우드 서비스에 대한 업무를 주로 맡았으며 클라우드/엔터프라이즈 그룹을 이끌었다. 2014년에 스티브 발머가 경영 부진 악화로 일선에서 물러나며 최고경영자로 임명된 이후, 그는 OS에 의존했던 사업모델에서 모바일 클라우드 기업으로 성공적인 체질 개선에 성공했다는 평가를 받는다. 이후 마이크로소프트는 3년 만에 구글의 모기업인 알파벳의 시가총액을 뛰어넘으며 세계를 놀라게 하였다. 그 중심에는 바로 사티아 나델라가 있었다.

사티아 나델라는 1967년 인도 하이데라바드에서 태어나 크리켓 선수가 되길 꿈꾸던 소년이었다. 하지만 15세가 되던 해, 부모님이 사준 컴퓨터를 조립하면서 컴퓨터에 대한 꿈을 가지기 시작했다. 이후 인도의 마니팔 공과대학에서 전기공학을 전공한 뒤, 미국 위스콘신-밀워키대학으로 유학을 떠나 시카고대학에서 MBA까지 이수하고 사회에 나오게 되었다.

자바를 개발한 선마이크로시스템스에서 사회생활을 시작하였고, 1992년에 본격적으로 마이크로소프트에 합류하여 엔지니어에서 경영자로 나아가게 되었다. 그는 어떻게 마이크로소프트를 성장시켰을까? 그의 명언을 통해 알아보자.

0459   우리가 만드는 제품의 핵심은 '사람 중심'의 생산성이라고 생각하고 싶다.

At the core of the products we build, I want to think about productivity centered around people.

0460   저는 최소한의 의사결정자를 원합니다. 사람들이 더 많은 일을 할 수 있도록 힘을 실어주고, 관습에 의문을 제기할 수 있도록 지지해주고 싶습니다.

I want the least number of decision makers. We want to empower people to get more things done and also give permission to question orthodoxy.

0461   우리의 핵심인 마이크로소프트는 모바일 퍼스트와 클라우드 퍼스트 세상을 위한 생산성 및 플랫폼 기업입니다.

At our core, Microsoft is the productivity and platform company for the mobile-first and cloud-first world.

0462 마이크로소프트는 기술을 통해 세계를 진정으로 혁신한 드문 기업 중 하나이며, 이 회사를 이끌기 위해 선발된 것은 무한한 영광이라고 생각합니다.

Microsoft is one of those rare companies to have truly revolutionized the world through technology, and I couldn't be more honored to have been chosen to lead the company.

0463 특히 기술 비즈니스의 핵심은 경계를 넓힐 수 있어야 한다는 것입니다.

One of the key things in the tech business, in particular, is that you need to be able to push boundaries.

0464 우리는 인터넷 서비스처럼 고객들에게 더 많은 서비스를 제공할 수 있기를 원합니다. 우리의 목표는 사람들이 매일 윈도우를 사용할 수 있을 만큼 거대한 인터넷 서비스를 운영하는 것입니다.

We want to be able to service our customers more, like an Internet service. Our goal is to run one of the largest Internet services that enables people to use Windows on an everyday basis.

0465 우리 업계는 전통이 아닌 혁신만을 존중합니다.

Our industry does not respect tradition—it only respects innovation.

0466 전체 소비자뿐만 아니라 학생들에게 요구되는 PC 시장까지 고려하여, 우리는 오픈 프라이스 포인트에서 경쟁할 수 있기를 원한다.

When we think about even the PC market and what is required in the student as well as in the consumer market, we want to be able to compete in the opening price point.

0467 저는 Xbox라는 프랜차이즈를 갖게 되어 매우 기쁩니다. 특히 게임이 디지털 세계와 모바일 세계에서 점점 더 중요해지고 있는 시기에 말입니다.

I'm so glad to have Xbox as a franchise, especially at a time when gaming is becoming even more important—as a digital life category and in the mobile world.

0468 우리는 하드웨어를 위해 하드웨어에 있는 것이 아니다. NAT (Network Address Translation; 네트워크 주소 변환)는 모든 플랫폼 및 생산성 소프트웨어를 고유한 방식으로 표현하기 위해 하드웨어를 가지고 있는 것이다.

We're not in hardware for hardware's sake. We're in hardware to be able to express all our platform and productivity software in a way that's unique.

0469 저는 마이크로소프트에서는 훌륭한 일에 반드시 보상이 따른다는 것을 믿습니다. 그러한 사례를 여기에서 정말 많이 목격했습니다.

I do believe that at Microsoft in general good work is rewarded, and I have seen it many times here.

0470 마이크로소프트에 대한 기회는 무궁무진하지만 이를 포착하기 위해서는 분명 집중해야 하고, 더 빠르게 움직여야 하며, 계속해

서 혁신해야 합니다.

The opportunity ahead for Microsoft is vast, but to seize it, we must focus clearly, move faster, and continue to transform.

0471   제 데이터, 요구 사항, 업무를 보다 쉽게 이해할 수 있도록 하는 것이 오피스(Office)의 미래입니다.

Making more sense out of my data, my needs, my tasks—to me, that's the future of Office.

사티아 나델라는 기업 서버와 클라우드 사업부 부사장을 맡으면서 마이크로소프트에서 두각을 나타냈다. 클라우드 서비스의 영향력을 일찍 내다본 그의 안목은 정확했다. 워드, 엑셀, 파워포인트 등 MS오피스 문서를 언제, 어디서든 접속해서 편집할 수 있는 클라우드 서비스 '오피스 365'는 공전의 히트를 쳤다.

그는 곧바로 아마존웹서비스(AWS), 구글클라우드플랫폼(GCP)과 경쟁하기 위해 자사 윈도우 전용 클라우드였던 윈도 애저(Windows Azure)를 모든 운영체제 기반의 퍼블릭 클라우드인 애저(Azure)로 전환시켰다. 퍼블릭 클라우드 서비스를 도입한 그의 결단은 마이크로소프트가 애플과 구글, 아마존에 밀리던 상황에서 매출을 크게 늘려 역전시켰다. 지속적으로 새로운 시도를 거듭하며 마이크로소프트를 더욱 나은 방향으로 이끄는 그의 비전을 들여다보자.

0472   궁극적으로, 이것은 인간 대 기계에 관한 것이 아닙니다. 기계를

가진 인간에 대한 이야기가 될 것입니다.

Ultimately, it's not going to be about man versus machine. It is going to be about man with machines.

0473　경쟁이 치열한 사회에서 일과 삶의 조화를 이루는 것은 최우선의 주제입니다.

The notion of having work-life harmony in a highly competitive economy is a first-class topic.

0474　고객에게 보다 신속하게 혁신적인 제품을 제공할 수 있는 능력을 키우는 것이 제 일의 상당 부분입니다.

A big part of my job is to accelerate our ability to bring innovative products to our customers more quickly.

0475　저는 최전방에 있는 사람들이 자신들이 하는 일에 자부심을 느끼고 그들이 자랑스러워할 수 있는 방식으로 일을 완성할 수 있으면 좋겠다고 생각합니다.

I want people on the front line to be proud of what they're doing and give themselves permission to finish things in ways that they can be proud of.

0476　문화적으로, 저는 우리가 공식을 완전히 이해한 것처럼 운영해왔다고 생각합니다. 그리고 다양한 구성 요소에서 이해한 공식을 최적화하는 것이 전부였지만, 이제는 새로운 공식을 발견하는 것에 집중해야 합니다.

Culturally, I think we have operated as if we had the formula figured out, and it was all about optimizing, in its various constituent parts, the formula. Now it is about discovering the new formula.

0477 꼭 우리 사업과 관련된 이야기가 아니더라도 영국에서 일어나는 일, 세계에서 일어나는 일은 우리 핵심 사업에 있어 매우 중요한 요소입니다.

What happens in Britain, what happens in the world, matters a lot to us in our core business.

0478 저는 AI가 인간의 역량과 능력을 증가시킨다는 생각에 빠져있습니다.

I definitely fall into the camp of thinking of AI as augmenting human capability and capacity.

0479 나는 부러움이나 경쟁심이 아닌 우리가 하는 일에 대한 목적의식과 자부심으로 접근합니다.

My approach is to lead with a sense of purpose and pride in what we do, not envy or combativeness.

0480 결론적으로, 당사는 Xbox를 통해 지속적으로 혁신하고 팬층을 성장시키는 동시에 마이크로소프트를 위한 부가적인 비즈니스 가치를 창출할 것입니다.

Bottom line, we will continue to innovate and grow our fan base with Xbox while also creating additive business value for Microsoft.

0481 문화의 변화는 우리가 다르게 행동하리라는 것을 의미합니다.

Culture change means we will do things differently.

0482 경청은 내가 성취한 가장 중요한 일이었습니다. 왜냐하면, 그것이 앞으로 몇 년 동안 리더십의 토대를 구축할 것이기 때문입니다.

Listening was the most important thing I accomplished each day because it would build the foundation of leadership for years to come.

0483 엔터프라이즈 시장은 절대 승자독식 시장이 아닙니다.

The enterprise market is never winner-take-all.

0484 저는 마이크로소프트에 있는 모든 사람이 책임을 지기를 원합니다. 이것은 최고의 성장에 관한 것이나, 순익 성장에 관한 것이 아닙니다. 우리 개개인이 성장 마인드를 갖는 것에 관한 것입니다.

I want everyone inside of Microsoft to take that responsibility. This is not about top-line growth. This is not about bottom-line growth. This is about us individually having a growth mind set.

0485 우리 모두는 기업의 사망률이 인간보다 낮다는 것을 알고 있습니다.

We all know the mortality of companies is less than human beings.

0486 우리는 큰 성공을 거두었지만, 우리의 미래는 과거의 성공에 관한 것이 아닙니다. 그것은 우리가 우리의 미래를 진정으로 이끌어갈 것들을 발명할 것인가에 관한 것입니다.

We've had great successes, but our future is not about our past success. It's going to be about whether we will invent things that are really going to drive our future.

사티아 나델라가 처음 CEO 자리를 제안받았을 때, 그것은 큰 모험에 가까웠다. CEO로 취임한 2014년 마이크로소프트의 상황은 나빠질 대로 나빠진 상태였기 때문이다.

시대는 이미 PC에서 모바일로 넘어갔는데 마이크로소프트는 모바일에서 설 자리가 없었고, 스마트폰 시장(하드웨어)은 애플이 석권했으며, 안드로이드 시장(소프트웨어)은 구글이 장악했다. 그나마 강세였던 태블릿에서도 애플과 삼성에 밀려난 상태였다. 스티브 발머가 그만두고 마이크로소프트가 후임 CEO를 찾고 있을 때 블룸버그는 공개적으로 "아무도 마이크로소프트의 CEO가 되고 싶어 하지 않는다."라고 비꼬기도 한 상황이었다.

마이크로소프트가 갑자기 사티아 나델라를 CEO로 임명하자 외부인을 기용해야 한다고 주장했던 미국 언론들은 후퇴(fall back)라는 표현을 써가면서 혹평하기도 하였다. 이에 사티아 나델라는 "저는 외부인이 아니라 내부인입니다. 나는 자랑스러운 마이크로소프트의 일원입니다. 어쩌라고요?"라며 대응하기도 했는데, 모두의 우려와 혹평 속에서 CEO에 취임한 그가 가져온 결과는 정말 놀라운 것이었다.

다음 그의 명언을 통해 그의 생각을 파악해보자.

0487   아마도 제가 여기 와서 공부하고, 일하며, 삶을 꾸려나갈 수 있었던 것은 이 나라의 변화된 이민 정책의 훌륭한 본보기가 될 것입니다.

One of the things I think a lot about, I am perhaps a great example of the enlightened immigration policy of this country where I was able to come here to study and then stay back and work and build a life.

0488   의심할 여지 없이, 저는 마이크로소프트와 업계에서 더 많은 여성을 기술 분야에 참여시키고, 임금 격차를 해소하는 프로그램을 만드는 것을 진심으로 지지합니다.

Without a doubt, I wholeheartedly support programs at Microsoft and in the industry that bring more women into technology and close the pay gap.

0489   저는 남성과 여성이 동등한 일에 대해 동등한 임금을 받아야 한다고 생각합니다.

I believe men and women should get equal pay for equal work.

0490   단순히 임금 인상을 요구하는 것이 아니라, 여러분이 앞으로 나아갈 때, 이 사회의 시스템이 적합한 임금을 제공할 것이라는 믿음을 가지는 것입니다.

It's not about asking for the raise but knowing and having faith that the system will actually give you the right raises as you go along.

0491   저를 정의하는 단 한 가지는 제가 배우는 것을 좋아한다는 것입니다. 저는 새로운 것에 대해 흥분해요. 사놓은 책을 다 읽기도

전에 더 구입하곤 합니다.

The one thing that I would say that defines me is I love to learn. I get excited about new things. I buy more books than I read or finish.

0492 제가 일반적으로 매료되는 것 중 하나는 문명에서부터 가족, 기업에 이르기까지 모든 것이 흥망성쇠하는 것입니다.

One of the things that I'm fascinated about generally is the rise and fall of everything, from civilizations to families to companies.

0493 대부분의 사람은 매우 강한 조직 소유 의식을 가지고 있습니다. 그러나 내 생각에는 사람들이 소유해야 할 것은 혁신적인 계획이며, 구체화하는 과정에서는 모든 것이 공유되어야 합니다.

Most people have a very strong sense of organizational ownership, but I think what people have to own is an innovation agenda, and everything is shared in terms of the implementation.

0494 오래된 것과 싸우고 싶지 않아요. 저는 새로운 것들과 싸우고 싶습니다.

I don't want to fight old battles. I want to fight new ones.

0495 우리는 인간의 능력과 경험을 증진시키는 지능을 쌓고 싶습니다.

We want to build intelligence that augments human abilities and experiences.

제13장

나한테 쓸모없는 물건이라도
남에게는 가치 있는 물건일 수 있다.

이베이 창업자
피에르 오미디야르 *Pierre Omidyar*

피에르 오미디야르는 〈포브스〉가 매년 선정하는 "400대 부자"의 세계 부자 순위 83위, 2022년 9월 기준 보유자산 총 25조 원, 3억 명이 넘는 회원과 매일 200만 개가 넘는 품목이 등록되어 거래되는 세계 최대의 온라인 경매업체인 이베이(eBay) 창업자이다.

오미디야르는 프랑스로 이주한 이란 출신 부모 밑에서 태어나 6세 때 미국으로 건너왔다. 대학에서 컴퓨터 프로그래머가 되기 위한 교육을 받고 프로그래밍 분야에서 두각을 발휘하며 활동했다. 그러다 현재 아내가 된 팸 오미디야르를 만났다.

팸과의 대화 속에서 사람들이 온라인상으로 자유롭게 경매·거래를 할 수 있는 서비스에 대한 아이디어를 떠올렸고, 1995년에 'Auction Web'을 창업하기에 이른다. 1997년에 '이베이(eBay)'로 사명을 변경한 이후 오미디야르의 회사는 1998년 9월 뉴욕거래소(NYSE) 상장, 2002년 유럽의 경매 웹사이트인 아이바자(IBazar)와 온라인 결제 시스템 업체인 페이팔(Paypal)을 인수하는 등 성공 가도를 달려왔다.

오미디야르가 밝힌 것처럼 이베이는 사람들이 선하다는 믿음에 근거하여 각자 목표하는 바를 이룰 수 있기를 바란다. 이에 정보와 기회, 도구들에 대한 광범위하고 평등한 접근을 구현함으로써 탄생할 수 있었다. 즉, 단순히 경매 거래의 연결에서 수수료를 챙기는 서비스가 아니라는 것이다. 이베이는 관심의 공유를 통해 다른 사람들과 소통하고 공개적인 피드백을 주고받으며, 건설적인 커뮤니케이션 등에서 오는 인센티브를 제공하는 하나의 시장 혹은 사회를 만들어냈다.

이베이를 통해 자기 생각을 실현한 오미디야르는 그간 사회공헌 활동을 꾸준히 해왔다. 오미디야르는 1998년 이베이의 상장 전에 자사주 출연을 통해 이베이재단을 설립했다. 이베이재단은 이베이가 막대한 성공을 거두기 이전부터 오미디야르의 사회공헌에 대한 가치와 생각을 실행하는 조직체였다.

덧붙이자면, 이는 비상장 기업이 자사주 출연하는 방법으로 공익재단을 설립한 최초의 사례였다. 그는 어떤 가치관을 갖고 생각을 실행했을까? 그의 명언을 통해 알아보자.

0496   우리는 사업이 사회적 이익을 위한 도구가 될 수 있다고 믿는다.
        We believe that business can be a tool for social good.

0497   내가 이베이를 시작한 것은 단순한 호기심이었다. 사람들이 효율적인 시장에 접근하는 수단으로 인터넷을 사용할 수 있는지 확인하기 위한 일종의 실험이었다. 사실 나는 이베이를 사회적 영향의 관점으로 생각하고 있지는 않았다. 정말 사람들이 사업을 할 수 있도록 관심 영역 주변에서 연결되도록 돕는 것에 관한 것이었다.
        When I started eBay, it was a hobby, an experiment to see if people could

use the Internet to be empowered through access to an efficient market. I actually wasn't thinking about it in terms of a social impact. It was really about helping people connect around a sphere of interest so they could do business.

0498   이베이의 사업은 누군가 다른 사람과 사업을 할 수 있게 하는 것에 기반을 두고 있으며, 그리기 위해서는 먼저 상내방이나 시스템에 대한 어느 정도의 신뢰를 개발해야 한다.

eBay's business is based on enabling someone to do business with another person, and to do that, they first have to develop some measure of trust, either in the other person or the system.

0499   나는 언젠가 회사를 차리고 정말 성공할 것이라는 생각은 해 본 적이 없다. 나는 단지 흥미로운 기술을 연구하면서 동기가 부여되었던 것뿐이다.

I never had it in mind that I would start a company one day and it would really be successful. I have just been motivated by working on interesting technology.

0500   무엇이 이베이를 성공하게 만드는가? 이베이의 진정한 가치와 진정한 힘은 커뮤니티이다. 이베이는 구매자와 판매자가 함께 모여 시장을 형성하는 곳이다.

What makes eBay successful, the real value and the real power at eBay is the community. It's the buyers and sellers coming together and forming a market place.

0501 정직하고 개방적인 환경은 사람들의 최고를 끌어낼 수 있다.

An honest, open environment can bring out the best in people.

0502 사람들에게 옳은 일을 할 기회를 준다면, 만족스러운 결과를 보게 될 것이다.

If you give people the opportunity to do the right thing, you'll rarely be disappointed.

0503 장기적이고 지속 가능한 변화는 사람들이 스스로의 힘을 발견할 때 일어난다.

Long-term sustainable change happens if people discover their own power.

0504 초기의 이베이를 보면서, 나는 처음으로 사람들의 선함에 대해 믿게 되었다.

In the early days of eBay, I articulated for the very first time this belief that people are basically good.

0505 당신은 기업에 투자하고, 회사를 성장시키고, 벤처 투자자가 될 수 있으며, 동시에 자선가가 될 수 있다.

You can invest in companies, you can help grow companies, you can be a venture capitalist and be a philanthropist at the same time.

0506 무엇을 기대해야 할지 모른다면, 예상치 못한 상황을 대비하라.

When you don't know what to expect, prepare for the unexpected.

0507 나의 초점은 공유된 관심사를 가진 사람들을 연결하여 함께 좋은 일을 이루는 데 맞춰져 있다. 나는 사람들이 서로 간의 연결을 통해서 개인으로서의 힘을 발견하도록 돕는 데 더 집중하고 있다.

What I'm really focused on is connecting people around shared interests, so together they can make good stuff happen. I'm more focused on helping people discover their power as individuals, but through those connections with one another.

0508 자선가로서 나는 사람들이 소유권을 가질 수 있도록 도우려고 노력한다. 내가 한 모든 일은 모든 인간은 동등하게 태어날 수 있다는 개념에 뿌리를 둔다. 사람들에게 부족한 것은 동등한 기회이다.

As a philanthropist, I try to help people take ownership. Everything I've done is rooted in the notion that every human being is born equally capable. What people lack is equal opportunity.

0509 회사로서의 이베이의 성공은 판매자 커뮤니티의 성공에 달려있다.

eBay's success as a company depends on the success of the community of sellers.

0510 나는 태생적인 기술학자이지만, 자선활동에 집중하고 있다.

I'm a technologist by origin and by training, but I'm focused on philanthropy.

오미디야르가 추구하는 '시장 기반의 투자 모델'은 과연 무엇을 의미하는 것일까? 사회적 임팩트를 창출하는 조직은 반(反) 기업의 기부금 및 프로보노 활동이나 정부 기관의 보조금 및 사업비 지원과 같은 비시장적 방법을 통해 성장했다. 한국의 경우에도 2007년 제정된 「사회적기업 육성법」에 따라 정부 주도로 사회적기업에 대한 인증과 인건비 지원이 이루어지며 사회적기업 분야가 태동할 수 있었다.

이러한 접근이 초기 사회적기업, 소셜벤처 분야의 성장과 진흥에 큰 역할을 해 온 것은 부인할 수 없지만, 이는 사회적기업이 일반적인 시장 제도의 외부에 존재하고 규모와 성장 단계의 면에서 자선적 지원을 받지 않으면 생존하기 어려운 한계점 또한 내포하고 있다.

오미디야르는 이와 같은 문제의식을 갖고 '오미디야르 네트워크'를 설립하였다. 지난 2004년, 오미디야르는 이베이의 이사회 의장직을 제외한 모든 직위에서 내려왔다. 그리고 그의 아내와 함께 사회적기업, 소셜벤처, 비영리조직 등을 아울러 사회적 가치를 창출하는 일명 '임팩트 비즈니스' 분야의 성장을 위해 자본 투자를 집행하는, 새로운 형태의 벤처캐피털을 설립했다. 이 회사가 바로 오미디야르 네트워크이다.

0511　사람들은 이미 인터넷과 게시판을 통해 서로 사업을 하고 있었다. 하지만 웹에서는 상호작용을 할 수 있고, 경매도 할 수 있고, 실제 시장도 만들 수도 있다. 그리고 이것이 바로 나의 상상력을 자극했다.

People were doing business with one another through the Internet already, through bulletin boards. But on the Web, we could make it interactive, we could create an auction, we could create a real marketplace. And that's really what triggered my imagination, if you will, and that's what I did.

0512 재미있다고 생각한다면 그것은 진짜 일이 아니다.

It is not really work if you are having fun.

0513 플랫폼을 구축해서 예상치 못했던 상황에 대비하라. 당신이 구축한 플랫폼이 의외의 곳에서 역할을 할 때, 당신이 성공했다는 것을 깨닫게 될 것이다.

Build a platform—prepare for the unexpected ... you'll know you're successful when the platform you've built serves you in unexpected ways.

0514 나는 새로운 방식으로 할 수 있다고 생각되는 문제 해결에 열정적이다. 그리고 그것은 아마 아무도 전에 그것을 해 본 적이 없다는 점에서 도움이 될 것이다. 마침내 인류 역사상 처음으로, 많은 사람과 정말로 돈독한 관계를 유지할 수 있는 기술을 갖게 되었다.

I've got a passion for solving a problem that I think I can solve in a new way. And that maybe it helps that nobody has done it before as well. We have technology, finally, that for the first time in human history allows people to really maintain rich connections with much larger numbers of people.

0515 사람들이 낯선 사람에 대해 갖고 있는 이러한 초기 불신을 극복할 수 있다면, 여러분은 놀라운 일들을 할 수 있다.

If you can get over this initial distrust that people have of strangers, you can do remarkable things.

0516   모든 사람은 각자 동등하다 할만한 능력을 가지고 태어났어도 동등한 기회가 없다.

Everyone is born equally capable but lacks equal opportunity.

0517   당신이 사업에서 계속 혁신하려는 것과 비슷하게 자선사업에 대해서도 생각해보라. 페이스북은 훌륭한 지속적인 발전의 사례이다.

In the same way that you're driven in your business to keep innovating. Facebook is a wonderful example of constant innovation—think about doing that in philanthropy.

0518   나는 올바른 이유로 사람들이 '기업가'이기를 바란다. 왜냐하면, 그들은 자신들이 세상을 바꿀 수 있다고 생각하는 사람들이기 때문이고, 그들이 세상에 줄 가치가 있다고 생각하는 사람들이기 때문이다. 그들이 돈을 많이 벌 수 있다고 생각하기 때문이 아니다.

I want people to be entrepreneurs, but I want them to do it for the right reasons, because they think they can change the world, because they think they have got something of value to give to the world. Not because they think they can make a lot of money.

0519   나는 항상 시장에 관심이 있었다. 특히 금융시장에서는 모든 사람이 동일한 정보에 접근할 때만 상품이 공정가치로 거래될 것이라는 이론이 흥미롭다.

I had always been interested in markets—specifically, the theory that in financial markets, goods will trade at a fair value only when everyone has access to the same information.

0520 한동안 존재해 온 뉴스 기관들은 여러 가지 전통과 방법을 가지고 있지만, 디지털 시대에서는 유연성이 떨어진다고 할 수 있다. 기업가로서는 새로운 것을 시작하는 것이 이치에 맞다.

News organisations that have been around a while have a lot of traditions and ways of doing things that may have served them for many years but perhaps make them less flexible in the digital era. As an entrepreneur, it just makes more sense to start something new.

0521 기술자들은 시스템이 특정한 방식으로 작동하고 있다는 관점에 문제를 제기한다. 내가 이 시스템에 참여하고 실제로 시스템의 규칙을 변경하면 다른 방식으로 작동할 수 있다.

Technologists come at a problem from the point of view that the system is working a certain way, and if I engage in that system and actually change the rules of the system, I can make it work a different way.

0522 나는 이제 우리가 어느 정도의 부를 축적하여, 원한다면 비싼 차 한 대가 아니라 모든 것을 살 수 있다는 것을 알게 되었다. 그것들을 모두 살 수 있다는 것을 깨닫는 순간, 그 어떤 것도 특별히 흥미롭거나 만족스럽지 않다.

I had the notion that, OK, so now we have all of this wealth, we could buy not only one expensive car, we could buy all of them. As soon as you realize that you could buy all of them, then none of them are particularly interesting or satisfying.

0523 나는 공공의 이익을 위해 독립 언론인들의 작업을 최대한 발전시키는 것에 관심을 갖게 되었다.

I developed an interest in supporting independent journalists in a way that leverages their work to the greatest extent possible, all in support of the public interest.

0524 나는 사람들의 시선을 피해 다니고 싶다. 내가 시내를 돌아다닐 때, 스타벅스의 종업원들만 나를 알아보고 나의 이름을 불러주었으면 좋겠다.

I do like to fly under the radar. When I walk around town, the only people I want to recognise me and call me by my name are the folks at Starbucks.

0525 한 사람이 큰 차이를 만들 수 있다고 믿는다. 그리고 그 믿음은 나의 부모님으로부터 배웠다.

In terms of my belief that one individual can make a difference—that belief comes from my parents.

0526 아버지는 의사였다. 어렸을 때, 아버지가 주말에 병원에서 회진하고 환자들과 이야기할 수 있도록 드라이브를 다녔던 것을 기억한다. 우리는 차에서 환자들에게 무슨 일이 있고, 어떤 이야기가 있는지 대화를 나누며 시간을 보냈다.

My dad was a physician. As a kid, I remember driving around with him on weekends so he could do his rounds at the hospital and talk to patients. We'd spend time in the car talking about what was going on with them, their stories.

오미디야르 네트워크의 지원이 여타의 것들과 차별화되는 점은 지원의 내용이나 방향이 피투자 조직의 주도로 결정됨에도 불구하고 매우 실제적이라는 사실이다.

즉, 지원 조직이 자신의 필요에 따라 피투자 조직 경영의 방향에 대해 간섭하거나, 실효성이 떨어지는 강의식 교육 혹은 형식적인 네트워킹 행사(개회사, 축사, 감사 트리오) 등을 강제하는 방식의 일반적인 지원과는 다른 접근 방법이다.

오미디야르 네트워크는 '자신의 조직에 대해서는 그 멤버들이 가장 잘 안다.'라는 생각에 기반하여, 피투자 조직이 원하는 유형의 지원이나 행사, 네트워킹 등을 자율적이고 맞춤화된 방식으로 제공하고 있다.

오미디야르 네트워크는 이러한 피투자자 중심의 접근과 자율성을 보장하는 대신에 피투자 조직의 마땅한 의무에 엄격한 기준과 책임을 요구한다. 이를테면 사회 및 경제적 임팩트의 확장을 위한 비즈니스 모델의 개선, 피투자자가 투자자에 대해 갖는 정보 공유의 책임, 투자 금액의 사용내역, 사회적 임팩트 보고 등의 핵심 사항에 관한 것 말이다.

0527 어떤 일에서는 실패를 경험할 것을 압니다. 그것은 여러분이 다음 경험으로 나아가기 위해 필요한 학습 경험입니다. 이러한 과제와 실패를 통해 배운 것으로 다음 문제를 극복할 수 있게 됩니다.

You'll fail at some things—that's a learning experience that you need so that you can take that on to the next experience. What you learn from those challenges and those failures are what will get you past the next ones.

0528 나는 그저 내가 즐겼던 것을 추구하고 있었다. 내 말은, 난 내 열정을 추구하고 있었다.

I was just pursuing what I enjoyed doing. I mean, I was pursuing my passion.

0529 열정을 추구해야 한다. 뭔가에 열정적이고 열심히 하면 성공할 수 있을 것이다. 그러나 돈을 잘 벌 수 있을 것이라는 생각으로 사업을 시작하는 경우에는, 아마도 성공하지 못할 것이다. 왜냐하면 그것은 사업을 시작하기에는 잘못된 이유이기 때문이다. 여러분은 여러분이 하고 있는 일을 진정으로 믿어야 하고, 그 일에 대해 충분히 열정적이어야 한다. 그러면 실제로 성공하기 위해 필요한 시간과 노력을 기꺼이 들일 수 있게 될 것이다.

You should pursue your passion. If you're passionate about something and you work hard, then I think you'll be successful. If you start a business because you think you're going to make a lot of money at it, then you probably won't be successful, because that's the wrong reason to start a business. You have to really believe in what you're doing, be passionate enough about it so that you will put in the hours and hard work that it takes to actually succeed there, and then you'll be successful.

0530 나는 원하는 것은 무엇이든 할 수 있다는 생각을 가지고 자랐다. 그래서 난 항상 무언가를 앞서 시도하는 종류의 사람이었다.

I was raised with the notion that you can do pretty much do anything you want. I always kind of just went a head and tried things.

0531 　예상치 못한 상황에 진정으로 대비하려면 여러 가지 선택지에 가능성을 열어 두어야 한다. 그러면 기회의 문이 열렸을 때, 그 상황을 헤쳐나갈 수 있을 정도로 충분히 기회에 가까워져 있을 것이다.

To truly prepare for the unexpected, you've got to position yourself to keep a couple of options open so when the door of opportunity opens, you're close enough to squeeze through.

0532 　어떤 미래를 생각하든지 모든 걸 계획에 넣으려 하지 마라.

Whatever future you're building, don't try to program everything.

제14장

자신 있게 행동해라,
비록 그렇지 못하더라도.

오라클 창업자
래리 엘리슨 *Larry Ellison*

거만함, 뻔뻔스러움, 비정함, 공격성. 래리 엘리슨을 평하는 말에 감초처럼 등장하는 단어이다. 래리 엘리슨은 오라클의 창업자이자 CEO이며, 2022년 〈포브스〉 기준 세계 6위의 부자이다. 사치스러운 생활과 기행으로 잘 알려져 있다.

그는 자신의 최대 경쟁자인 마이크로소프트 회장 빌 게이츠 등 극소수를 제외하고는 모든 사람이 "멍청하다."라며 몰아붙인다. 게다가 성공을 위해서라면 물불을 가리지 않는 사람으로 악명이 높다. 그의 인사 정책은 기본적으로 '이용한 뒤 버리기'이다. 미국판 '토사구팽'인 셈이다. 오라클에서는 용도 폐기된 직원이 스톡옵션을 받기도 전에 해고되는 일이 종종 벌어졌다.

경쟁자를 누르기 위해서 그는 상대방을 비방하는 것을 주저하지 않고, 제품을 원가 이하로 덤핑 판매하는 것도 서슴지 않았다. 심지어 합법과 불법의 경계를 넘나드는 '곡예'를 한 적도 있었다.

지난해 오라클의 최대 경쟁자인 마이크로소프트가 반독점법을 위반하고 있다는 증거를 찾아내기 위해 사설탐정을 고용해 마이크로소프트와 협력 관계를 맺고 있는 단체의 쓰레기통까지 뒤졌다. 그러나 이런 아슬아슬한 줄타기 같은 기행으로 그는 사업에 있어서 큰 성공을 이뤘다.

래리 엘리슨의 성격을 드러내는 대표적인 일화를 알아보자. '사요나라' 라는 이름이 붙은 4백만 달러짜리 요트와 이탈리아 공군 전투기를 가진 그는, 한 요트 대회에서 우승하고 나자 곧바로 전투기를 몰고 와 '패배자' 인 다른 요트들 위를 비웃듯이 날아다녔다.

1980년대 오라클의 마케팅 방식은 아직 개발되지도 않은 제품이 마치 곧 출시될 것인 양 선전한 뒤, 개발자를 독촉해 제품을 만들어내는 것이었다. 1988년 '오라클 6'가 나오기 전까지 오라클은 베이퍼웨어를 판다는 말이 나돌 정도였다. 베이퍼웨어(vapoware)는 수증기를 뜻하는 'vapor'와 소프트웨어(software)를 합성한 말이다. 아직 존재하지도 않는 제품을 뜻한다. 그는 경쟁자 원색 비방·덤핑 판매도 불사했다.

엘리슨 특유의 공격적인 경영 방식은 오라클을 세계 최대 데이터베이스 업체로 키워낸 원동력이지만, 한때 오라클을 좌초 위기에 빠뜨리기도 했다.

1990년 오라클은 매출액을 과대하게 부풀렸다는 이유로 매출액을 조정하다가 주가가 폭락하고 자금 압박을 겪는 수난을 겪었다. 게다가 이듬해인 1991년 그는 여자 친구와 하와이에서 휴가를 보내면서 생전 처음 파도타기에 도전했다가 목이 부러지는 사고를 당했다.

하지만 그는 곧 재기했다. 이후 회사 크리스마스 파티까지 취소하는 등 약 2년간 가혹한 구조 조정으로 오라클은 해마다 40~50% 고성장을 이루는 기업으로 되살아났다. 이렇듯 이전까지 나온 인물들과 정반대의 행보를 걸은 래리 엘리슨은 어떤 생각을 가졌는지 알아보자.

0533 기업의 주된 목표는 돈을 버는 것이다. 정부의 주된 역할은 그 돈의 큰 부분을 가져다가 다른 사람들에게 주는 것이다.

A corporation's primary goal is to make money. Government's primary role is to take a big chunk of that money and give to others.

0534 혁신적인 소프트웨어가 출시되면 마이크로소프트는 이를 복사하여 윈도우의 일부로 만든다. 이것은 혁신이 아니라, 혁신의 종말이다.

If an innovative piece of software comes a long, Microsoft copies it and makes it part of Windows. This is not innovation; this is the end of innovation.

0535 마이크로소프트와 인류 간의 경쟁에서 마이크로소프트가 근소한 차이로 앞서고 있습니다.

It's Microsoft versus man kind, with Microsoft having only a slight lead.

0536 내 성공을 결정하는 데 있어 내 성격의 가장 중요한 측면은 통념에 의문을 제기하고, 전문가에 대해 의심하고, 권위에 대해 의문을 제기하는 것이었다. 부모님, 선생님과의 관계에서는 고통스러울 수 있지만, 인생에서는 매우 유용하다.

The most important aspect of my personality as far as determining my success goes; has been my questioning conventional wisdom, doubting experts and questioning authority. While that can be painful in your relationships with your parents and teachers, it's enormously useful in life.

0537 　우리는 여전히 엄청나게 수익성이 높고 단연코 가장 수익성이 높은 엔터프라이즈 소프트웨어 회사가 될 것이다.

We will still be enormously profitable and by far the most profitable enterprise software company.

0538 　무언가에 대해 걱정하거나, 주식시장의 하락을 보면서 겁을 먹고 전조등을 마주친 사슴처럼 얼어붙어서는 안 된다. 할 수 있다고 믿는 것은 당신이 할 수 있는 것의 전부이다.

You can't worry about it, you can't panic when you look at the stock market's decline or you get frozen like a deer in the headlights. All you can do is all you can do.

0539 　소프트웨어는 규모와 관련이 있기 때문에 규모가 커질수록 수익성이 높아진다. 2배 더 많은 소프트웨어를 판매한다고 해서 그것을 만드는 데 2배 더 많은 비용이 들지 않는다. 따라서 고객이 많을수록 더 많은 확장이 가능하다. 규모가 커질수록 수익성이 높아진다.

Because software is all about scale. The larger you are, the more profitable you are. If we sell twice as much as software, it doesn't cost us twice as much to build that software. So the more customers you have, the more scale you have. The larger you are, the more profitable you are.

0540 　마이크로소프트는 이미 지구상에서 가장 강력한 회사이지만 당신은 아직 아무것도 보지 못했다.

Microsoft is already the most powerful company on earth but you ain't seen nothing yet.

0541 제가 기업 인수에 대해 격렬하게 반대했던 적이 있습니다. 하지만 지금은 모든 것을 사고 싶어 합니다. 그러나 우리는 그보다 더 전략적입니다. 그래도 모든 것이 세일 중이었기 때문입니다.

I was vehemently against acquisitions. Now let's buy everything in sight. We are a little more strategic than that. But everything was on sale.

0542 이러한 속도로 성장하려면 몇 번의 인수 작업이 진행되어야 한다. 문제는 이 속도로 성장하는 동시에 40%의 영업 마진을 유지하는 것이다.

In order to grow at this pace, there will have to be a couple of acquisitions along the way. The tricky thing is to grow at this rate and maintain a 40 percent operating margin.

0543 우리의 목표는 단순히 e-비즈니스를 위한 데스크톱이 되는 것입니다.

Our goal is simply to become the desktop for e-businesses.

0544 여러분이 남들과 다른 방식으로 삶을 살 때, 주변 사람을 불편하게 만들 수 있다. 하지만 그러거나 말거나 신경 쓰지 말고 처리하라. 어차피 그들은 당신이 무슨 일을 하는지 모른다.

When you live your life in different ways, it makes people around you become uncomfortable. So deal with it. They don't know what you are going to do.

0545 인생은 짧고 연약하다는 것은 생각보다 빨리 깨닫게 된다. 그리고 인생의 벽을 마주할 때, 인생의 길이도 변할 수 있고 상황이 얼마나 빨리 변할 수 있는지를 이해하게 된다.

You realize that life is short and fragile; and when you are facing walls of water, you understand your own mortality can change and how quickly things could change.

0546 당신이 유일하게 다른 사람들과 다른 의견을 가졌다면, 당신이 맞고 다른 사람들이 틀린 것이다.

When you're the first whose beliefs are different you're saying, I'm right and everyone else is wrong.

0547 자신감 있게 행동하라, 그렇지 않을 때도.

Act confident, even when you're not.

래리 엘리슨의 기행 중 대표적인 일화는 지난 1995년 느닷없이 오라클의 모든 소프트웨어를 인터넷 기반으로 바꾸도록 지시한 것이다. 당시는 미국 기업들조차 인터넷에 대한 확신이 없던 시기였지만, 남들보다 앞서 인터넷화를 밀어붙였고 이후 인터넷의 급속한 확산으로 그의 전략은 대성공을 거두었다.

엘리슨 회장은 오프라인 기업들에 "e-비즈니스를 수행할 때 필요한 솔루션이 있다면 100% 완벽하지 않더라도 바로 이용하는 것이 이익이 될 것이다."라고 했다. 경쟁사보다 우위에 서기 위해 비즈니스를 온라인으로 이전하고 그 혜택을 최대한 누려야 한다는 것이다.

엘리슨은 선마이크로시스템스 회장 스콧 맥닐리와 함께 PC를 대체할 네트워크 컴퓨터(NC: Network Computer)를 보급하는 '전도사'로 잘 알려져 있다. NC란 네트워크에 접속해 소프트웨어를 사용하고 정보를 보관하는 '단말기'형 컴퓨터이다. 네트워크에 모든 것을 저장하기 때문에 보조저장장치는 더 이상 필요하지 않다. NC는 가격도 저렴할 뿐만 아니라 PC에 비해 유지·보수 비용도 적게 들어 '이제 PC 시대는 끝났다'는 것이 그의 주장이다. 이렇듯 그의 명언을 통해 시대를 예측할 수 있었던 생각을 알아보자.

0548　오라클을 구축하는 것은 어려웠을 때 수학 퍼즐을 맞추는 것과 같다.

Building Oracle is like doing math puzzles as a kid.

0549　나는 성공에 필요한 모든 불이익을 경험했다.

I have had all the disadvantages required for success.

0550　얼마 후에, 내가 가진 거의 모든 것을 자선단체에 기부할 겁니다. 그걸로 뭘 할 수 있겠어요? 쓰려고 해도 모두 쓸 수 없을 것인데요.

I think after a certain amount, I'm going to give almost everything I have to charity. What else can you do with it? You can't spend it, even if you try.

0551　나는 오라클에서 첫날부터 엔지니어링을 운영해왔으며, 지금도 엔지니어링을 운영하고 있다. 매주 데이터베이스 팀, 미들웨어 팀, 애플리케이션 팀과 미팅한다. 나는 엔지니어링을 경영하고 이사회가 나를 거기서 내쫓을 때까지 그것을 할 것이다.

I have run engineering since day one at Oracle, and I still run engineering. I hold meetings every week with the database team, the middle ware team, the applications team. I run engineering and I will do that until the board throws me out of there.

0552 나는 내가 매우 목표 지향적이라고 생각한다. 아메리카컵에서 우승하고 싶고, 오라클이 세계 최고의 소프트웨어 회사가 되었으면 한다. 나는 여전히 마이크로소프트를 이길 수 있다고 생각한다.

I think I am very goal oriented. I'd like to win the America's cup. I'd like Oracle to be the No 1 software company in the world. I still think it is possible to beat Microsoft.

0553 사업에 있어 남들이 하는 것을 따라 하다가는 손해를 보기 쉽다. 우리가 앞서 나갈 수 있는 유일한 방법은 '남들과 다르게 하는 것'이다.

If you do everything that everyone else does in business, you're going to lose. The only way to really be ahead, is to 'be different.'

0554 원하는 것을 얻기 위해서는 자신이 하는 일을 믿어야 한다.

You have to believe in what you do in order to get what you want.

0555 우리는 성장해야 하지만 회사의 고위인사들이 성장하지 않았기 때문에 비즈니스를 성장시킬 다른 방법을 찾아야 했다. 우리는 비전통적인 방법으로 사업을 재편성하고 지분을 획득해야 했다. 하지만 대부분 기술의 선도자는 비즈니스 배경을 잘 파악하지

못한다. 그들은 정말로 편협한 관점을 가지고 있다. 그들이 아는 것은 실리콘밸리의 전성기뿐이다. 그것이 그들이 자란 환경이다.

I saw that we needed to grow but our top line wasn't growing, so we had to find other ways to grow the business. We had to reshape our business and acquire share in a non conventional way. But most tech leaders don't come out of a business background. They really have a parochial point of view. All they know are the go-go years of Silicon Valley. That's the environment in which they were raised.

0556   스티브 잡스를 본떠서 자신의 모델로 삼는다는 것은, "나는 피카소처럼 그림을 그리고 싶은데, 어떻게 해야 할까? 빨간색을 더 사용해야 하나?"라는 말과 같다.

To model yourself after Steve Jobs is like, 'I'd like to paint like Picasso, what should I do? Should I use more red?'

0557   나는 항상 일에 대해 생각한다. 엄밀히 말하자면 항상은 아니지만. 웨이크보드를 탈 때는 일 생각을 하지 않는다. 하지만 휴가 중이거나 배를 타고 있을 때도 나는 매일 이메일을 보고 있다. 나는 항상 인터넷을 확인하며 경쟁자들이 무엇을 하는지 보고 있다.

I think about the business all the time. Well I shouldn't say all the time. I don't think about it when I am wake-boarding. But even when I am on vacation, or on my boat; I am on email everyday. I am always prowling around the internet looking at what our competitors are doing.

0558 나는 사람들이 처칠에 대해 생각하길 바라고, 그가 어떻게 나치에 압도당하지 않았는지를 생각해보면 좋겠다. 한 나라의 사기가 한 사람의 어깨에 달려있다는 것이 놀랍다. 비범한 사람들이 한 나라를 가장 암울한 시기 동안 어떻게든 이끌어갔다는 사실은 나에게 큰 영감을 주었다. 그게 나의 길인 것 같다. 그것이 전기(傳記)든 영화든, 허구든 사실이든, 나는 위대한 일을 하는 사람들에게 영감을 받는다.

I'd prefer people read about Churchill and how he wasn't overwhelmed by Nazi Germany. Amazing; that the morale of a country rested on one person's shoulders. Extraordinary people carried that country through its darkest hours; truly inspirational. I suppose that's my theme. Whether it's a biography or a movie; whether it's fictional or true, I'm inspired by people doing great things.

0559 위대한 성취자는 성공의 추구가 아니라 실패에 대한 두려움에 의해 움직인다.

Great achievers are driven, not so much by the pursuit of success but by the fear of failure.

0560 모방만으로는 혁신을 이룰 수 없다.

You cannot innovate by copying.

엘리슨의 어린 시절은 그다지 행복하지 못했다. 1944년 뉴욕에서 태어났을 당시 그의 모친은 19세의 미혼모였다. 그는 생후 9개월 때 먼 친척 집에 입양됐다. 일리노이대학을 중퇴한 엘리슨은 1970년대 중반 암펙스라는 데이터베이스 회사에 입사했다. 이곳에서 그는 훗날 창업 동지가 된 에드오츠와 로버트 마이너를 만났다.

1977년 엘리슨은 이들과 함께 1,200달러로 오라클의 전신인 '시스템 개발연구소(SDL)'를 창업했다가 다음 해 회사 이름을 '관계형 소프트웨어(RSI)'로 바꿨다. 당시 미국 국방부에서 발주받은 첫 프로젝트는 '오라클(Oracle)'이었다. 신의 계시란 뜻이다.

엘리슨의 사업은 성공적이었다. 기세를 이어 1983년에는 오라클3와 4를 내놓은 뒤 회사 이름을 아예 오라클로 변경했다. 그 후, 오라클은 승승장구해 기업용 데이터베이스 분야에서 독보적인 위치를 굳히며 세계적인 소프트웨어 기업으로 자리매김했다. 그는 실리콘밸리의 악동이라 불리지만 그가 성공한 이유가 있다. 그 이유를 그의 인생 명언을 통해 알아보자.

0561   인생은 여행이다. 한계를 발견하는 여정이다.

Life's a journey. It's a journey about discovering limits.

0562   완전히 잘못되고도 아주 멋진 속담이 있다. "왜 산에 올랐니?" "내가 산을 오른 이유는 단지 거기 있었기 때문이다." 말도 안 되는 소리다. 당신은 당신의 한계가 궁금하기 때문에 산에 올랐다. 그곳이 어떤 곳인지 궁금해했기 때문에 오른 것이다.

There's a wonderful saying that's dead wrong. 'Why did you climb the mountain?' 'I climbed the mountain because it was there.' That's utter nonsense. You climbed the mountain because you were here and you were curious if you could do it. You wondered what it would be like.

0563   나의 모든 행동은 모두 자기 발견을 위한 것이다. 나는 내 자신의 한계를 알고 싶다.

When I do something, it is all about self-discovery. I want to learn and discover my own limits.

0564   당신은 행동해야 하고, 지금 당장 실천해야 한다.

You have to act and act now.

0565   1등이 되는 것이 나에게 더 중요하다. 난 돈이 너무 많다. 지금 나에게 돈은 단순히 점수를 매기는 방법일 뿐이다. 그러니까 내 말은, 나에겐 돈이 더 필요 없다.

Being first is more important tome. I have so much money. Whatever money is, it's just a method of keeping score now. I mean, I certainly don't need more money.

0566   나는 항해하는 것을 좋아한다. 이기고 있을 때면 특히 더 좋다.

I love sailing. I like it more when I am winning.

0567   어떤 면에서 회사에서 벗어나 성찰할 시간을 갖는 것은 전략의 오류를 발견할 수 있게 해준다. 많은 것에 대해 다시 생각해볼 기회가 된다. 종종 내가 저지른 실수나 다른 누군가가 저지를 뻔한 실수를 바로 잡는 데 도움을 준다.

In some ways, getting away from the headquarters and having a little time to reflect allows you to find errors in your strategy. You get to rethink things. Often, that helps me correct a mistake that I made or someone else is about to make.

0568 무엇이 나를 행복하게 하는가? 나는 내 집을 지어서 정말 행복했다. 바로 그거다. 물건을 만드는 것, 그게 전부다. 소프트웨어의 문제는 멀리 플로리다에 사는 이모에게 당신이 한 업적을 보여주는 것이 매우 어렵다는 것이다.

So what makes me happy? I was really happy to build this house. That's it; building things. The trouble with software is that it's very hard to show your aunt in Florida what you've done.

0569 우리는 정반대의 일을 해 왔다. 사람들이 우리에게 말하는 것들은 처음부터 효과가 없을 것이다. 사실, 성공하는 유일한 방법은 통념에서 오류를 찾는 것이다.

We have been doing things that are contrary; the things that people tell us won't work from the beginning. In fact, the only way to get ahead is to find errors in conventional wisdom.

제15장   인공지능은 모든 사람이 필요한 것을
가질 수 있도록 충분한 부를 창출할 것이다.

챗GPT(OpenAI) 설립자
샘 알트만 *Sam Altman*

    샘 알트만은 2015년 〈포브스〉가 선정한 30세 미만 최고의 투자자로 선정된 인물이었다. 또한, 2008년 〈비즈니스위크〉가 선정한 '최고의 젊은 혁신 기술 기업가이자 가장 흥미로운 스타트업 창업자 5인 중 한 명이었다. 그런 그가 현재는 챗GPT(ChatGPT)의 OpenAI 최고경영자가 되어 전 세계의 주목을 받고 있다. 과연 샘 알트만은 어떤 사람일까?

    스탠퍼드대학 중퇴생인 그는 20억 달러의 순자산을 보유한 기업가이며, 프로그래머, 투자자이면서 블로거다. 하지만 샘 알트만이 전 세계의 주목을 받는 것은 20억 달러의 순자산보다 더 대단한 기술들을 개발해냈기 때문이다.

    그는 GPS 기능과 구글맵을 매시업(Mashup)해서 주변 친구들과 의사소통하는 위치기반 서비스 기술을 개발한 회사인 루프트와 스타트업 기업이 자금 조달을 통하여 대량 생산 기술을 돕는 와이콤비네이터를 창업했다.

    특히 와이콤이라고도 부르는 와이콤비네이터는 오늘날 수많은 혁신 기업을 키워낸 회사이기도 하다. 이 회사는 무려 4,000개 이상의 기업이 창립되어 몸집을 키워나가는 데 핵심 역할을 하였는데, 대표적인 혁신

기업으로는 에어비앤비, 드롭박스, 쿼라, 레딧, 트위치 등이 있다.

이렇게 모인 4천여 회사의 핵심 역량을 기반으로 탄생한 새로운 시대의 혁신 기술이 바로 'OpenAI'다. OpenAI는 인류 전체에 이익이 되는 방식으로 인공지능(AI)을 개발하고 지시하는 것을 목표로 하는 비영리 연구 회사로, 현재 이 회사는 그동안 투자한 회사들의 모든 핵심 역량을 합친 챗GPT를 선보이며 '인공지능의 시대가 도래하는 것 아니냐'라는 긴장감을 이끌어내는 중이다. 이러한 인공지능의 도발을 만들어낸 회사의 최고경영자이며 와이콤비네이터 설립자 겸 회장인 샘 알트만의 사고방식은 어땠을까?

0570 가장 위험한 것은 현재의 편한 상황에 안주하고, 위험을 감수하기를 멈추는 것입니다.

The most dangerous thing is to become comfortable with your current situation and stop taking risks.

0571 여러분을 행복하게 하지 않는 일을 하지 마세요. (내가 원하는 일이 아닌 타인이 원하는 일을 할 때 불행이 일어납니다.) 여러분이 좋아하지 않는 사람들과 관계를 유지하기 위해 시간을 보내지 말고, 여러분의 삶에서 부정적인 사람들을 잘라내세요. 부정성은 정말 안 좋아요. 하고 싶은 일을 하지 않았다고 변명하지 마세요.

Don't do stuff that doesn't make you happy (this happens most often when other people want you to do something). Don't spend time trying to maintain relationships with people you don't like and cut negative people out of your life. Negativity is really bad. Don't let yourself make excuses for not doing the things you want to do.

0572　인생은 예행연습이 아니에요. 아마도요. 시간을 카운트 해보세요. 시간은 극도로 제한되어 있고 빠르게 지나갑니다. 행복하고 만족스러운 일을 하세요. 어쨌든 죽은 지 수백 년이 지난 후에 기억되는 사람은 거의 없어요.

Life is not a dress rehearsal—this is probably it. Make it count. Time is extremely limited and goes by fast. Do what makes you happy and fulfilled—few people get remembered hundreds of years after they die anyway.

0573　가장 중요한 것은 장기적인 문제에 집중하는 것입니다. 단기적인 것들에 너무 집착하지 마세요.

The most important thing is to focus on the long term. Don't get too caught up in the short term.

0574　성공적인 스타트업을 만들려면 생각보다 시간이 오래 걸릴 것입니다. 당신이 성공적인 스타트업을 탄생시키려면 밤새하는 등의 노력으로는 해낼 수 없습니다. 여러분은 잘 먹고, 잘 자고, 체력을 길러야 합니다. 또한, 사랑하는 사람들과 시간을 보내야 합니다. 그러면서 실제 열정적인 분야에서 일하며 열정을 쏟아야 합니다. 그렇지 않으면 어떤 것도 10년 넘는 기간 동안 여러분을 지탱할 수 없습니다.

A successful startup takes a very long time—certainly much longer than most founders think at the outset. You cannot treat it as an all-nighter. You have to eat well, sleep well, and exercise. You have to spend time with your family and friends. You also need to work in an area you're actually passionate about—nothing else will sustain you for ten years.

0575 그러므로 여러분에게 필요한 것은 훌륭한 아이디어, 훌륭한 팀, 훌륭한 제품, 그리고 훌륭한 실행력입니다. 너무 쉬워요!

So all you need is a great idea, a great team, a great product, and great execution. So easy!

0576 훌륭한 아이디어를 훌륭한 회사로 만들기 위해 필요한 일을 기꺼이 하는 사람들보다 좋은 아이디어를 가진 사람들이 적어도 천 배는 더 많습니다.

There are at least a thousand times more people that have good ideas than people who are willing to do the kind of work it takes to turn a great idea into a great company.

0577 대화하기 어려운 설립자들은 거의 항상 나빠요.

Founders that are hard to talk to are almost always bad.

0578 무엇이 위대한 창시자를 만드나요? 가장 중요한 특징은 막을 수 없는 것, 결단력, 민첩성, 지략성과 같은 것들입니다. 지능과 열정 또한 매우 높은 순위를 차지합니다. 이것들은 모두 경험보다 훨씬 더 중요하며 확실히 "X 언어와 Y 프레임워크에 대한 전문 지식"입니다.

What makes a great founder? The most important characteristics are ones like unstoppability, determination, formidability, and resourcefulness. Intelligence and passion also rank very highly. These are all much more important than experience and certainly "expertise with language X and framework Y."

0579 아무리 성공해도 악플러들은 사라지지 않을 거예요.

No matter how successful you are, the haters will never go away.

0580 만약 여러분이 어떤 종류의 일을 좋아하는지 알 수 없다면, 집중하기 쉬운 것과 에너지를 주는 것과 반대로 여러분을 멍하게 하고 피곤하게 만드는 것에 주의를 기울이세요.

If you can't figure out what kind of work you like, pay attention to what's easy to concentrate on and gives you energy vs. what makes you tune out and feel tired.

0581 개인적으로 가장 효과적인 것은 매일 최대 3개의 주요 작업과 30개의 사소한 작업이 포함된 펜과 종이 목록, 그리고 연간 전체 목표 목록입니다.

What I've found works best for me personally is a pen-and-paper list for each day with ~3 major tasks and ~30 minor ones, and an annual to-do list of overall goals.

0582 CEO는 1) 회사의 비전과 전략을 설정해야 하고, 2) 회사를 모두에게 전도해야 하며, 3) 팀을 고용하고 관리해야 하며, 특히 자신

이 부족한 분야에서, 4) 자금을 조달하고 회사가 자금이 고갈되지 않도록 해야 하며, 5) 실행 품질 기준을 설정해야 합니다.

A CEO has to 1) set the vision and strategy for the company, 2) evangelize the company to everyone, 3) hire and manage the team, especially in areas where you yourself have gaps, 4) raise money and make sure the company does not run out of money, and 5) set the execution quality bar.

0583 CEO가 되는 것은 외롭습니다. 모든 것이 무너져내릴 때 부를 수 있는 다른 CEO들과 관계를 맺는 것이 중요합니다.

Being a CEO is lonely. It's important to have relationships with other CEOs you can call when everything is melting down.

0584 다른 사람들을 위해 현실을 왜곡하는 것은 중요하지만, 자신을 위해서는 그렇지 않습니다.

It's important that you distort reality for others but not yourself.

0585 여러분은 여러분의 회사가 10년 중 가장 중요한 스타트업이 될 준비가 되어 있다는 것을 다른 사람들에게 확신시켜야 합니다. 하지만 여러분 자신은 잘못될 수 있는 모든 것에 대해 편집증적이어야 합니다.

You have to convince other people that your company is primed to be the most important startup of the decade, but you yourself should be paranoid about everything that could go wrong.

0586 CEO들이 흔히 저지르는 한 가지 실수는 새로운 제품과 솔루션

을 혁신하는 대신 어려움이 많은 비즈니스 영역에서 혁신하는 것입니다. 예를 들어 많은 창업자는 인사, 마케팅, 영업, 금융, 홍보 등을 할 수 있는 새로운 방법을 찾는 데 시간을 보내야 한다고 생각합니다. 이것은 거의 항상 좋지 않습니다.

One mistake that CEOs often make is to innovate in well-trodden areas of business instead of innovating in new products and solutions. For example, many founders think that they should spend their time discovering new ways to do HR, marketing, sales, financing, PR, etc. This is nearly always bad.

0587 잘 구축된 영역에서 작동하는 작업을 수행하고, 구축 중인 제품 또는 서비스에 창의적인 에너지를 집중하세요.

Do what works in the well-established areas and focus your creative energies on the product or service you're building.

비영리 연구 회사인 OpenAI는 "인공지능은 조심해야 하며, 인류에게 봉사해야 한다. 해를 끼치면 안 된다."라는 신념 아래에 설립되었다. 샘 알트만은 인류에게 이익이 될 가능성이 가장 큰 방식으로 인공지능을 발전시키는 것을 목표로 하였기 때문이다.

샘 알트만의 원대한 목표는 그 혼자만이 아니라 여러 사람의 도움과 협력이 있었기에 이루어낼 수 있었다. 회사를 공동 설립한 그렉 블록먼 외에도 일론 머스크, 제시카 리빙스턴, 실리콘의 대부 피터 틸, 이미지 인식과 딥러닝 분야에서 가장 유력한 개발자 일리야 수츠케버, 아마존웹개발 팀, 세계 최대 인맥 관리 사이트인 링크드인의 레이드 호프만, 거대 IT

서비스 회사 인포시스 및 와이시 연구소가 2015년 회사가 출범했을 때 총 10억 달러를 투자했다. 마이크로소프트 역시 2019년에 10억 달러를 투자하면서 인공지능 개발의 물결에 합류하였다. 이어서 2023년에는 무려 100억 달러를 투자하였는데, 투자 조건으로는 투자를 회수할 때까지 마이크로소프트가 OpenAI 수익의 75%를 가져가는 조항도 포함돼 있다.

0588 OpenAI가 원하는 것과 마이크로소프트가 원하는 것은 호환 가능하고 겹치지 않습니다. 그로 인해 우리는 기술적 진보와 비즈니스 발전을 이루었습니다. 또한, 이러한 매우 강력한 시스템의 책임 있는 배포와 세계적인 공유 이익을 위해 노력하는 것에 대해서도 함께 밀어나가고 있습니다.

The things that OpenAI wants and the things that Microsoft wants are compatible and not very overlapping. That's led to where I think we're crushing the game together jointly on technological progress, soon and increasingly so on business progress, and in terms of pushing for what we want about responsible deployment of these very powerful systems and massive shared benefit to the world.

0589 저는 우리 기업이 지속해서 스스로 학습하는 모델을 만들 수 있다고 생각합니다. 당장에는 GPT를 어떻게 쓰든지 훈련 시간이 고정적이며 더 많이 사용한다고 해서 좋아지지는 않습니다. 그러나 우리가 그걸 바꿀 것입니다.

I think we will have models that continuously learn. So right now, if you use GPT whatever, it's stuck in the time that it was trained. And the more you use it, it doesn't get any better and all of that. I think we'll get that changed.

0590   불행한 일 중 하나는 AI가 엄청난 유행어가 되었다는 것입니다. 이는 일반적으로 정말 나쁜 징조입니다. 그 분야가 무너질 것을 의미하지 않기를 바랍니다.

So one of the unfortunate things that's happened is AI has become the mega buzzword, which is usually a really bad sign. I hope it doesn't mean the field is about to fall apart.

0591   저는 AI가 모든 곳에 스며들 것으로 생각합니다. 다음 10년에 대한 저의 기본 모델은 지능의 한계 비용과 에너지의 한계 비용이 놀라울 정도로 빠르게 0에 다가갈 것입니다.

I think AI is going to just seep in everywhere. My basic model of the next decade is that the marginal cost of intelligence and the marginal cost of energy are going to trend rapidly towards zero, surprisingly far.

0592   저는 모든 생물학적인 것들이 AI에 의해 바뀔 거로 생각하지 않습니다. 저는 여전히 우리는 다른 사람들과 상호작용을 중요시할 거로 생각합니다.

I don't think all the deep biological things will be changed by AI. I think we will still really care about interaction with other people.

0593   저는 우리가 5년 후에도 여전히 신속한 엔지니어링을 할 것으로

생각하지 않습니다. 그리고 이것은 모든 곳에 통합될 것입니다. 텍스트나 음성 중 하나를 사용하면 문맥에 따라 언어로 인터페이스하고 컴퓨터가 원하는 모든 작업을 수행하도록 할 수 있습니다.

I don't think we'll still be doing prompt engineering in five years. And this'll be integrated everywhere. Either with text or voice, depending on the context, you will just interface in language and get the computer to do whatever you want.

0594   저는 이것에 대해 많은 타당한 정의가 있다고 생각합니다. 하지만 저에게 인공지능은 기본적으로 여러분이 동료로 고용할 수 있는 중간 정도의 인간과 같습니다.

I think there's a lot of valid definitions to this, but for me, AGI (Artificial General Intelligence) is basically the equivalent of a median human that you could hire as a coworker.

0595   챗GPT는 믿을 수 없을 정도로 제한적이지만, 위대하다는 오해를 불러일으킬 정도로 어떤 것들에는 충분히 능숙합니다.

ChatGPT is incredibly limited, but good enough at some things to create a misleading impression of greatness.

0596   인공지능은 세상을 바꿀 것이지만, GPT-3는 아주 초기 단계에 불과합니다. 우리는 아직 해결해야 할 것이 많습니다.

AI is going to change the world, but GPT-3 is just a very early glimpse. We have a lot still to figure out.

0597   제 말은 챗GPT가 '검색을 대체'한다고 생각하지 않습니다. 하지만 언젠가는 AI 시스템이 가능할 것이라고 생각합니다.

I mean, I don't think ChatGPT does 'replace rearch.' But I think someday, an AI system could.

0598   저는 교과서를 읽는 것보다는 챗GPT가 나에게 무언가를 가르쳐 주었으면 합니다.

I would much rather have ChatGPT teach me something than go read a textbook.

샘 알트만은 기술 회사에 투자하고 협력하는 회장님은 물론 적극적인 자선가이자 젊은 기업가의 멘토로도 활동한다. 또한, 그는 신생 기업의 강력한 옹호자이며 실리콘밸리의 기술 산업을 형성하는 데 도움을 주었다. 그는 강의를 다니며 원대한 포부를 지닌 기업가들에게 영감을 주고 자신의 사업을 시작하려는 사람들에게 조언을 제공하는 동시에 멘토링을 통해 기술 세계의 혁신을 계속 주도하고 있다.

이러한 그의 경험은 기업가 커뮤니티에서 자주 언급되면서 사회에 긍정적인 영향력을 전파한다. 다양한 배경을 가진 사람들에게 기회를 제공하려는 특징이 담겼기 때문이다. 그는 여성 및 소수 민족과 같이 기술 산업에서 소외된 그룹의 사람들에게 초기 단계 스타트업 자금을 제공하는 프로그램을 운영한다. 또한, 이민 개혁의 지지자이며 다양성과 포용에 대한 공평하고 접근 가능한 작업 환경을 만들기 위해 헌신한다. 샘 알트만 역시 사회적으로는 스타트업 창업자의 우상이자 부유한 기업 대표이지만, 개인적으로는 마이너리티에 가깝기 때문이다. 그는 어릴 적부터 채식주의자였으며 10대 시절 커밍아웃을 한 동성애자다.

챗GPT를 선보인 OpenAI 최고경영자, 샘 알트만. 그는 〈모든 것에 대한 무어의 법칙〉이라는 자신의 최근 에세이에서 "이 인공지능 혁명은 우리 사회가 책임감 있게 관리한다면 모든 사람이 필요한 것을 가질 수 있도록 충분한 부를 창출할 것입니다."라고 쓰며, 그의 사업에서 가장 중요한 것은 '인공지능'이 아닌 '사람'임을 명확히 밝혔다.

0599 제 생각에 우리가 하는 가장 중요한 일은 이런 것들을 세상에 알리는 것입니다. 그래서 세상은 앞으로 일어날 일들을 이해하기 시작할 수 있습니다.

I think the most important thing we do is to put these things out there so the world can start to understand what's coming.

0600 제가 OpenAI에 대해 자랑스럽게 생각하는 모든 것 중 가장 큰 것은 인공지능에 대한 오버톤 윈도우를 제가 생각하기에 건강하고 중요한 방식으로 추진할 수 있었다는 것입니다.

Of all the things I'm proud of OpenAI for one of the biggest is that we have been able to push the Overton Window on AGI in a way that I think is healthy and important.

0601 저는 우리가 목표한 업무를 완수하기 위하여 모든 거래를 신중하게 처리했습니다.

I would say we have carefully constructed any deals we've done with them to make sure we can still fulfill our mission.

0602 저는 그 어떤 것도 참을 수 없을 정도로 까다로운 사람으로 알려져 있습니다. 제가 받아들이기 싫은 것은 어떤 거래도 하지 않을 것입니다.

I'm sort of well known for not putting up with anything I don't want to put up with. I wouldn't do a deal if I thought that.

0603 우리는 사람들이 성공할 수 있게 해주고 싶습니다. 그들이 투자한 자본에 대하여 큰 수익을 창출하되, 정상적이고 합리적인 방법으로 말입니다.

We want to make people very successful, making a great return on their equity, that's great, as long as it's at a normal, reasonable level.

0604 만약 인공지능이 완전히 깨지면, 우리는 그 패러다임을 위해 뭔가 다른 것을 원할 겁니다. 그리고 우리는 이것을 어떻게 사회와 공유할 것인지 당장 이해할 수 있는 능력을 원합니다.

If the full AGI thing breaks, we want something different for that paradigm. And we want the ability to bake in now how we're going to share this with society.

0605 오픈 소스 이미지 생성기와 관련된 복수 영상 문제로 인해 많은 우려와 관심을 가지고 지켜보고 있습니다. 이것은 예상 가능한 큰 피해를 초래하고 있다고 생각합니다.

I definitely have been watching with great concern the revenge porn generation that's been happening with the open source image generators. I think that's causing huge and predictable harm.

0606 헨리 포드의 말을 빌리자면, "두려워해야 할 경쟁자는 당신을 전혀 신경 쓰지 않지만, 항상 자신의 사업을 더 좋게 만드는 사람입니다."라고 했습니다.

In the words of Henry Ford: The competitor to be feared is one who never bothers about you at all, but goes on making his own business better all the time.

0607 저는 다양한 AI 제품들 사이에 훨씬 더 많은 확산이 있을 것으로 생각합니다.

I think there will be much more of a spread between the various AI offerings.

0608 지난 5년간 또는 그보다 더 오래 이 일을 하면서 받은 유일한 통찰은, 미래에 일어날 인공지능의 발전이 예상보다 느리고 점진적으로 일어날 것이라는 사실입니다. 이는 인공지능이 한 번에 크게 발전하는 것이 아니라 점차 발전할 것임을 뜻합니다. 사람들은 그것을 "느린 이륙"이라고 부르게 될 것입니다.

The one update I've had over the last five years, or however long I've been doing this—longer than that—is that it's not going to be such a crystal clear moment. It's going to be a much more gradual transition. It'll be what people call a "slow takeoff."

0609   인공지능은 나의 모든 행동을 이끄는 추진력입니다. 일부는 다른
        것보다 더 직접적이지만 직접적이지 않은 것들도 여전히 그렇습
        니다.

        AGI is the thrust that drives all my actions. Some are more direct than
        others, but many that don't seem direct, still are.

0610   인간이 할 수 있는 모든 과정을 AI가 하도록 가르치면 사회 전체
        에 어떠한 영향을 미칠지 매우 기대됩니다.

        Whatever process we do that is special to humans, teaching AI to do that,
        I'm very excited to see what that does for the total.

제16장

실패하라.
그리고 변해라.

구글 CEO
순다르 피차이 _Sundar Pichai_

순다르 피차이는 구글의 CEO이다. 그는 대학에 들어가기 전까지 컴퓨터를 구경도 해 보지 못했지만, 천재적인 암기력을 가졌다. 그는 주변인들의 연락처와 최근 연락한 곳의 전화번호를 외울 수 있는 능력이 있었는데, 이러한 피차이의 암기력에 주목한 그의 부모는 넉넉지 않은 살림에도 불구하고 피차이를 대학에 보내기로 했다.

부모의 도움으로 피차이는 인도 공과대학(Indian Institute of Technology) 카라그푸르(Kharagpur) 캠퍼스에 입학하였고, 그의 삶을 바꿀 기기를 만나게 된다. 바로 컴퓨터였다.

1990년대 초 급격히 성장하기 시작한 컴퓨터와 소프트웨어 산업을 접한 피차이는 컴퓨터 공학에도 큰 흥미를 갖게 되었고, 독학으로 체스 프로그램을 만들 정도로 컴퓨터 공학에 심취하게 되었다. 1993년 대학을 우수한 성적으로 졸업하면서 스탠퍼드대학의 장학생으로 선발되었고, 아버지의 1년 연봉보다 더 많은 장학금을 받게 되면서 미국 유학길에 올랐다.

미국으로 간 피차이는 스탠퍼드대학에서 재료공학 석사를 이수한 후 미국 기업에 취업하였다. 그의 첫 번째 직장은 반도체 제작 장비를 만드는 어플라이드머티어리얼즈(Applied Materials)였다. 엔지니어였던 그는 펜실베이니아대학 왓슨스쿨에서 경영학 석사(MBA)를 이수한 후 기업 관리자로서의 삶을 살기로 했다.

2004년 4월 1일 만우절이었다. 그날 구글은 지메일 서비스를 시작했다. 지메일은 1GB라는 당시로서는 상상도 할 수 없었던 대용량 저장공간을 제공하는 무료 이메일 서비스였다. 다른 무료 이메일 서비스의 용량은 10~20MB 수준이었고, 유료 이메일 서비스도 200MB 이상의 용량을 제공하기 힘들던 시기였다. 피차이는 처음 지메일에 대한 이야기를 듣고 이는 만우절을 기념하기 위한 거짓말이라고 여겼다. 하지만 구글은 보란 듯이 지메일 서비스를 개시했다.

이를 접한 피차이는 '파괴적 혁신(Disruptive Innovation)'을 추구하는 구글의 기업 문화를 이해하게 되었고, 맥킨지를 떠나 구글에 합류하기로 했다. 정장을 갖춰 입고 미래를 예견하던 컨설턴트가 반소매 차림으로 자유롭게 일하는 구글러(Googler, 구글 직원)로 거듭나는 순간이었다.

피차이가 처음 배속된 부서는 당시 웹 브라우저 업계를 독점하고 있던 인터넷 익스플로러(IE)용 '구글 검색 툴바'를 만드는 부서였다. 이 부서에서 일하던 도중 구글은 큰 위기에 처한다. 2006년 마이크로소프트가 구글을 견제하기 위해 IE의 기본 검색엔진을 자사의 검색 서비스 '빙(Bing)'으로 지정한 것이다. 구글 검색의 방문자가 급감할 수밖에 없었다.

이때 피차이는 검색 툴바 매니저로서 PC 제조사에 방문해 구글 검색 툴바의 유용성을 알리고, 이를 제조사의 PC에 기본 탑재하도록 설득하고 다녔다. 이러한 피차이의 노력 덕분에 구글 검색의 점유율이 빙에 크게 잠식당하는 것을 막을 수 있었다. 이렇듯 피차이의 노력을 바탕으로 구글은 성장할 수 있었다. 그러면 보잘것없던 한 인도 출신 공학도가 어떻게 구글을 최고의 회사로 만들었는지 알아보자.

0611 한 걸음 물러서서 전체적인 내용을 살펴보면, 합리적인 사람이라면 안드로이드가 상당히 빠른 속도로 혁신하고 있으며 사용자에게 이를 제공하고 있다고 말할 수 있을 것이다.

If you step back and take a holistic look, I think any reasonable person would say Android is innovating at a pretty fast pace and getting it to users.

0612 문제를 보는 시각을 바꿀 때, 문제 자체가 바뀝니다.

When you change the way you look at a problem, the problem itself changes.

0613 우리가 진정으로 추구하는 것은 사용자가 좋아하는 제품을 만들고 오래도록 유지시키는 것입니다. 우리는 항상 장기적인 관점에 초점을 맞추고 있습니다.

What we're really after is building products that users love and that will stand the test of time. We're always focused on the long-term.

0614 나는 내가 20년 후에 할 일을 항상 생각한다. 그리고 나는 내가 내일 할 일에 대해서는 거의 생각하지 않는다.

I always think about what I'll do 20 years from now, and I seldom think about what I'll do tomorrow.

0615 완벽을 추구하면 언제나 성장할 수 없다.

If you set your bar at 'amazing,' it's awfully difficult to start, so don't.

0616 삶은 의미와 목적을 창출하는 것이다.

Life is about creating meaning and creating purpose.

0617 안드로이드는 내가 본 것 중 가장 개방적인 시스템 중 하나이다.
안드로이드가 대단한 이유는 처음부터 매우 강력한 방식으로
사용자 지정되도록 설계되었다는 점이다.

Android is one of the most open systems I've ever seen. What makes
Android great is it's literally designed from the ground up to be customised
in a very powerful way.

0618 우리는 비즈니스 관계를 맺고 있고, 라이센스 관계를 맺고 있으
며, 사람들은 안드로이드에서 구글 서비스를 사용하고 싶어 한
다. 하지만 이론적으로는 구글 없이도 안드로이드를 사용할 수
있다.

We do have business relationships; we do licensing relationships, and
people want to use Google services on top of Android. But in theory, you
can use Android without Google.

0619 나를 구글과 인터넷에 끌리게 한 것은 그것이 훌륭한 균형을 맞
춘다는 것이다. 나는 컴퓨터에 연결성이 있는 한 항상 구글 검색
의 효과가 똑같다는 사실에 놀랐다. 여러분이 어느 시골의 아이
든, 스탠퍼드대학이나 하버드대학의 교수든 말이다.

The thing which attracted me to Google and to the Internet in general is that it's a great equalizer. I've always been struck by the fact that Google search worked the same, as long as you had access to a computer with connectivity, if you're a rural kid anywhere or a professor at Stanford or Harvard.

0620 나에게 있어, 우리가 기술을 평등화함으로써 전 세계 모든 사람을 접근 가능하게 하는 것이 가장 중요하다. 그래서 나는 사람들이 컴퓨팅에 더 쉽게 접근할 수 있고, 더 쉽게 연결될 수 있도록 구글이 더 많이 보고, 지원하고, 투자하기를 원한다.

For me, it matters that we drive technology as an equalizing force, as an enabler for everyone around the world. Which is why I do want Google to see, push, and invest more in making sure computing is more accessible, connectivity is more accessible.

0621 우리는 구글이 모든 해답을 제공하는 제1의 서비스라고 생각하지 않는다. 플랫폼이 성공적인 이유 중 하나는 플랫폼 안에 다른 회사와 개발자들의 더 중요한 것들이 들어있기 때문이다.

We don't expect Google as a first party service to provide all the answers. Part of the reason a platform is successful is because there are very very important things from other companies and other developers on top of the platform.

0622 구글의 핵심은 사람들에게 정보를 제공하는 것이다.

The core of what Google is about is bringing information to people.

0623 WhatsApp과 같은 것은 다른 사람들이 안드로이드에서 성공하는 좋은 예이다. 우리는 이를 플랫폼에서의 반가운 혁신이라고 본다.

Things like WhatsApp are a great example of success that others have had on Android, which we see as welcome innovation on the platform.

피차이는 앞선 일련의 과정을 통해 웹 브라우저의 중요성에 대해 깨닫게 되었다. 구글이 인터넷 검색 시장과 광고 시장에서 그 지위를 유지하려면 웹 브라우저 시장에 진출해야 한다고 생각했다. 피차이는 래리 페이지, 세르게이 브린, 에릭 슈미트 등 구글 경영진과 독대해 구글이 자체 웹 브라우저를 개발해야 한다고 설득했다.

사실 웹 브라우저를 개발한다는 것은 쉬운 결정이 아니었다. 당시 웹 브라우저 업계는 IE가 윈도우 운영체제 기본 탑재라는 이점을 앞세워 장악하고 있었다. 유일한 경쟁사였던 모질라 재단의 파이어폭스는 구글의 지원금으로 연명하고 있었다. 다른 웹 브라우저는 그 존재감마저 미미했다. 이러한 상황에서 구글이 직접 웹 브라우저를 개발해 시장에 뛰어든다는 위험을 져야 했다.

하지만 래리 페이지는 구글이 직접 웹 브라우저를 개발해야 한다는 피차이의 말을 경청했다. 그 자리에서 즉시 웹 브라우저 개발을 위한 팀을 꾸리기로 결정하고, 피차이를 프로젝트의 책임자로 앉혔다. 피차이의 지휘 아래 구글 웹 브라우저 팀은 새로운 웹 브라우저 개발에 총력을 다했다.

그렇게 2008년 9월 세상에 구글의 웹 브라우저 '크롬(Chrome)'이 등장했다. 크롬은 빠른 속도, 웹 표준 준수, 간결한 사용자 환경, 지속적인 업데이트 등을 내세우며 헤비 유저(Heavy Internet Users, 인터넷 사용 시간이 길어서 트래픽을 많이 일으키는 사용자들)를 중심으로 점유율을 늘려나가기 시작했다. 이렇듯 피차이로 인해 현재 많은 사람이 크롬 브라우저를 사용하고 있다. 그는 어떻게 아이디어를 떠올리고 성공할 수 있었을까?

0624　사용자는 앱을 검색하려고 한다. 우리는 앱 검색 프로세스를 개선하고 개발자는 사용자에게 접근하려고 한다. 한 걸음 뒤에서 보면, 그것은 우리가 검색과 광고를 통한 검색으로 해결했던 문제들이다.

Users are trying to discover apps; we are trying to improve the app discovery process, and developers are trying to reach users. If you step back, it's a problem we solved with search and ads in search.

0625　사용에는 다양한 패턴이 있다. 나는 낮에는 절대 이메일을 보내지 않는다. 나는 멀티태스킹이 잘 안 되는 편이다. 회의에 참석하는 동시에 이메일을 보낼 수가 없다. 어떤 사람들이 효과적으로 하는 것을 본 적은 있지만, 어떻게 하는지는 도저히 알 수가 없다.

There are different usage patterns—I never do email during the day. I don't multitask well at all. I don't know how to be in a meeting and participate and be on email at the same time. I do see some people do it more effectively. I've never quite figured that out.

0626　올바른 도덕적인 나침반은 고객들이 무엇을 원하는지 생각하기

위해 열심히 노력하는 것이다.

The right moral compass is trying hard to think about what customers want.

0627　누군가에게 연결된 스마트폰을 주는 것은 실제 컴퓨터를 주는 것과 다를 바 없다. 나는 이런 것들의 영향으로 인해 어릴 적의 나와 현재 나의 아이들의 배움 방식이 어떻게 다른지 관찰한다. 때때로 나는 우리가 모든 사람의 손에 지식의 힘을 쥐여주는 것이 어떤 것인지 잘 이해하지 못하고 있다고 생각한다.

The impact of giving someone a connected smartphone is no different from giving them a real computer. I look at how my kids learn and how different it is from how I learned because the impact of these things is just so huge. Sometimes I think we don't fully internalize what it is to get the power of knowledge in everyone's hand.

0628　내가 인생에서 중요한 것을 놓치려 하고 있다면 휴대폰이 벨을 울려줬으면 좋겠다. 그리고 내가 지금 하고 있는 것보다 덜 중요한 정보가 들어왔을 때는 절대 나를 방해하지 않았으면 좋겠다.

I would love for my phone to scream if I am about to miss an important thing in my life and never bother me if I'm doing something very important and the information coming in is less important than what I'm doing.

0629　나는 우리가 가진 24시간에 매일 4시간을 더하는 비밀 프로젝트를 진행하고 있다. 시간 여행과 약간 관련된 것이다.

I have a secret project which adds four hours every day to the 24 hours we have. There's a bit of time travel involved.

0630 컴퓨팅은 휴대폰을 넘어 더 진화하고 있다. 사람들은 TV에서든, 차 안에서든, 손목에 차고 다니든, 아니면 훨씬 더 진화된 상황에서든, 다양한 상황에서 컴퓨터를 사용하고 있다.

Computing is evolving beyond phones, and people are using it in context across many scenarios, be it in their television, be it in their car, be it something they wear on their wrist or even something much more immersive.

0631 래리와 세르게이가 구글 서치를 만들었을 때, 나를 놀라게 했던 것 중 하나는 모든 사람이 구글 서치를 사용할 수 있다는 사실이었다. 우리의 서비스가 모두를 위한 것이기를 간절히 바란다. 이는 본질적으로 파트너와 협력해야 한다는 것을 의미한다. 그것은 우리가 하는 모든 일의 기본이 되는 개념이다.

When Larry and Sergey founded Google Search, one of the things that struck me is that it was available for everyone to use. We deeply desire our services to work for everyone. And that inherently means we have to work with partners. That is the thesis underlying everything we do.

0632 오늘날 우리는 컴퓨터에 단순히 지시하는 것을 넘어서 컴퓨터가 우리를 위해 무언가를 해주는 단계로 진화했다. 예를 들어, 내가 아이들을 데리러 갈 때, 내 차는 아이들이 탔다는 것을 인식하고 아이들이 좋아하는 음악으로 선곡을 바꿀 것이다.

There's an evolution from, today we tell computers to do stuff for us, to where computers can actually do stuff for us. For example, if I go and pick up my kids, it would be good for my car to be aware that my kids have entered the car and change the music to something that's appropriate for them.

0633 안드로이드와 같은 오픈 시스템의 좋은 점 중 하나는 주파수의 모든 끝을 다룬다는 것이다. 개발도상국에 저비용 컴퓨팅 기기를 대규모로 제공하는 것은 특히 나에게는 큰 의미가 있다.

One of the great things about an open system like Android is it addresses all ends of the spectrum. Getting great low-cost computing devices at scale to the developing world is especially meaningful to me.

0634 안드로이드는 개인화에 최적화되도록 설계되었다. 그리고 우리는 혁신을 사랑한다.

Android was intended to be very customizable. And we welcome innovations.

0635 지금은 수많은 저비용 컴퓨팅과 장치에 내장된 다양한 화면과 스마트 디스플레이의 세계다. 구글에서는 이 모든 화면을 어떻게 매끄럽고, 아름답고, 직관적으로 조합할 것인지 고민한다.

It's a world of multiple screens, smart displays, with tons of low-cost computing, with big sensors built into devices. At Google, we ask how to bring together something seamless and beautiful and intuitive across all these screens.

0636   세상에는 70억의 인구가 있다. 그리고 나는 대부분의 사람이 휴대폰을 통해 처음으로 현대 컴퓨팅 장치에 접근할 수 있었다고 생각한다. 안드로이드를 통해 우리는 그것을 가능케 하고 싶다.

There are seven billion people in the world. And I think phones are the first time most people will have access to a modern computing device. With Android, we want to enable that for people.

0637   구글은 정보에 관한 모든 것이다. 따라서 적절한 시점에 정보를 사용하고 사용자에게 제공하는 것은 본질적으로 구글을 설명하는 개념이다.

Google is all about information. So the notion of using and presenting information in the right point at the right time to users is what, in essence, describes Google.

0638   사용자에게 중요한 모든 화면에 안드로이드와 크롬을 적용시켜야 한다. 그래서 우리는 전화, 웨어러블 기기, 자동차, 텔레비전, 노트북, 심지어 사람들의 직장에도 집중했다.

We need to bring Android and Chrome to every screen that matters for users, which is why we focused on phone, wearables, car, television, laptops, and even your workplace.

크롬이 성공한 데는 독창적이고 창의적인 아이디어를 생각해내서 실행할 수 있도록 전환하는 순다르 피차이의 능력이 큰 역할을 했다. 그뿐만 아니라 그가 가진 인간적인 감성과 이타주의적인 가치관은 구글의 인재 유지에도 핵심적인 요소로 작용하고 있다.

순다르 피차이는 팀원들과의 상호작용과 관계를 매우 중요하게 생각하여 매년 많은 구글 직원과 1:1 면담을 진행한다. 열린 회의를 실시하여 팀원들과 직접 대화를 나누는 과정은 구글 내부에서의 문제점을 파악하고 해결하기에 아주 적합하다.

하지만 그는 1:1 상담을 하면서도 직원들에게 스스로 문제를 해결하고 책임을 지는 것을 상려하였는데, 자기 일을 스스로 계획하고 실행하는 능력이 중요하다고 생각했기 때문이다. 이를 통해 더 큰 책임과 자율성을 가지게 된 구글의 직원들은 전보다 높은 성과를 내고 있다.

그는 또한 구글의 인재들과 소통하고 협업하기 위해 명확하고 직접적인 의사소통 방식을 취한다. 구글은 회사 전체적으로 투명하고 열린 의사소통을 장려하기 때문에 모든 직원이 회사의 비전과 목표를 이해하고, 자기 일에 집중할 수 있다. 이러한 노력은 구글 인재들의 상호작용을 활발하게 만들어 팀워크를 강하게 한다.

구글이 항상 일에만 집중하는 것은 아니다. 순다르 피차이는 직원들의 관심사와 성장을 지원하기 위한 다양한 프로그램을 적극적으로 지원한다. 구글의 직원들은 이러한 프로그램을 통해 자신의 업무 능력을 향상시키고, 관심사에 대한 새로운 경험을 쌓을 수 있다. 이렇게 구글의 성공에 이바지한 피차이의 인생 명언을 통해 나의 삶에 적용해보자.

0639   좋은 아이디어는 언제나 미친 것처럼 보이지만, 실현되면 단지 혁신적인 것일 뿐입니다.

Good ideas are always crazy until they're not.

0640 기술의 성공은 사람들에게 달려있으며, 최고의 인재를 확보하고
유지하며, 창의적인 환경을 유지하며 혁신적인 방법을 찾아주는
것이 중요합니다.

In technology, it's about the people. Getting the best people, retaining
them, nurturing a creative environment, and helping to find a way to
innovate.

0641 행복한 사람은 삶의 모든 것이 옳아서가 아닙니다. 그의 삶 모든
것에 대한 '태도'가 옳기에 행복합니다.

A person who is happy is not because everything is right in his life, he is
happy because his attitude towards everything in his life is right.

0642 문화가 없으면 가치가 없고, 가치가 없으면 문화가 없습니다.

You can't have a culture without values, and you can't have values without
a culture.

0643 리더로서, 여러분의 성공을 보는 것이 아닌 다른 사람들의 성공
에 집중하는 것이 중요합니다.

As a leader, it is important to not just see your success but focus on the
success of others.

PART 3

실리콘밸리
혁신가들의
통찰

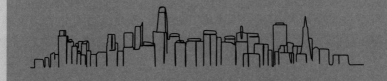

제17장

나는 내가 배운
많은 좌절을 겪었다.

유튜브 CEO
수전 워치츠키 *Susan Wojcicki*

수전 워치츠키는 미국의 기술 경영자이자 2014년부터 유튜브의 최고 경영자로서 활약하고 있다. 워치츠키는 구글 창업 시기부터 입사하여 최초의 마케팅 매니저가 되었으며, 구글이 자체 개발한 구글 비디오 서비스를 담당하던 중에 2006년 유튜브의 가능성을 보고 인수를 제안하였다. 그녀는 구글에 합류하기 이전에는 인텔에서 마케팅 담당자로 일했다. 많은 블로거가 수익을 창출할 수 있는 구글 애드센스를 기획하였고, 2017년에는 〈포브스〉의 '세계에서 가장 영향력 있는 여성'에 선정되기도 하였다.

래리 페이지와 세르게이 브린은 바로 수전 워치츠키의 집인 캘리포니아주 멘로파크에 위치한 차고에서 밤낮으로 검색엔진을 만들었다고 한다. 이때 워치츠키는 대출금을 갚기 위해 1,700달러(약 190만 원)를 받고 이들에게 차고를 선뜻 내주었다. 이렇듯 과거 구글에서 눈부신 활약을 한 수전 워치츠키는 IT 업계에는 여성이 많지 않음에도 어떻게 유튜브 CEO의 자리에 올라서며 성공을 거머쥘 수 있었을까? 여기 그녀의 이야기에 주목해보자.

0644 성장은 항상 필수적이다. 어떤 기술 회사를 운영하든 성장 여부를 반드시 확인해야 하며, 성장을 보장할 수 있도록 모든 것을 적재적소에 배치해야 한다.

Growth is always essential. Running any tech company, you want to make sure you're growing. Putting in place all of the right structure to be able to ensure growth.

0645 나는 시제품부터 수만 명이 사용하는 제품까지, 모든 제품으로부터 아이디어를 얻는 것을 좋아한다.

I love taking an idea to a prototype and then to a product that millions of people use.

0646 사람들은 광고의 관련성이 너무 떨어져도, 혹은 너무 지나쳐도 불평한다.

People complain when ads aren't relevant, and they complain when ads are too relevant.

0647 광고는 어떤 면에서 매우 간단하다. 광고주들은 사용자들이 향하는 곳으로 가고, 사용자들은 온라인상에서 훨씬 더 많은 시간을 보내고 있다.

Advertising is very simple in a lot of ways. Advertisers go where the users go, and users are choosing to spend a lot more time online.

0648 구글은 매력적이고, 구글이라는 책은 아직 완성되지 않았습니다. 저는 이 챕터들을 만들고, 살고, 짓고, 쓰고 있습니다.

Google is fascinating, and the book isn't finished. I'm creating, living, building, and writing those chapters.

0649   저는 무언가를 창조하고 만들고자 하는 욕망을 가지고 있습니다. 구글은 저에게 창조할 기회를 주었고, 전 세계 사람들이 사용하는 제품을 만들 수 있게 해주었습니다.

I have this desire to create things and build things, and Google has enabled me to build and create things and to build products that are used by people all over the globe.

0650   만약 모든 사람이 생물학과 화학을 받아들일 수 있다면, 그들은 컴퓨터 과학 또한 받아들일 수 있다. 컴퓨터 과학은 지금 사람들이 학교에서 배우는 많은 다른 것들보다 더 유용한 기술이다.

If everybody has to take biology and chemistry, they can take computer science. Computer science is a more useful skill right now than a lot of other things that people are learning at school.

0651   결국, CEO가 되기 위해서는 남성이나 여성 모두가 자신의 경력에서 성공하기 위해 인내와 노력을 증명해야 합니다. 기술뿐만 아니라 극도의 헌신과 약속도 필요합니다. 그리고 성별과 관계없이 CEO는 비즈니스의 성장과 성공에 대해 동일한 기준으로 평가받습니다.

At the end of the day, both men and women who become CEOs have showed tenacity and hard work to succeed in their careers. It takes not just skills but also extreme dedication and commitment. And regardless of gender, CEOs are measured by the same criteria—the growth and success of the business.

0652 나는 휴대폰이 할 수 있는 일 중, 내가 가고 있는 곳과 지금 내가 하고 있는 일과 관련된 것에 대한 정보를 받아 볼 수 있는 기능에 가장 기대가 크다.

I'm excited about the opportunities with mobile phones and being able to receive information on the go and relevant to what I'm doing at that moment in time.

0653 과소평가된 직원들은 커리어에서의 차별을 극복해야 한다. 회사가 평등을 위해 시간을 들여 봉사할 것이라고 기대해서는 안 된다.

Underrepresented employees already have to overcome discriminatory barriers in their careers; they shouldn't be expected to volunteer their time to help their companies do the same.

0654 광고는 매우 근본적인 욕구이기 때문에, 저는 광고가 사라진다고 생각하지 않아요.

Advertising is a very fundamental need, so I don't think it's going to go away.

0655 일반적으로, 구글에서 제품에 대한 우리의 접근 방식은 먼저 올바른 사용자 기반을 개발한 다음 광고에 적합한 경험을 알아내는 것입니다.

Generally, our approach with products at Google is to first develop the right user base and then to figure out what's the right experience for the ads.

0656 개인적인 의견입니다만, 유튜브는 성장하고 있습니다. 유튜브의 성장은 크리에이터들의 성장을 의미합니다. 그들은 점점 더 유명해지고 있습니다. 우리는 그들이 더 많은 수익을 창출할 수 있도록 프로그램을 제공하고 있습니다. 그래서 그들은 훨씬 더 좋은 품질의 콘텐츠를 만들어내고, 광고주들과도 연결될 수 있습니다.

YouTube is growing up, is basically my view of it. Growing up means our creators are growing up; they're getting more well known. We're providing programs for them to generate more revenue so they can generate even better, high-quality shows, and then also connecting them with the advertisers.

0657 유튜브는 정말 좋은 콘텐츠를 많이 가지고 있어요. 그리고 그것은 모두를 위한 무언가를 가지고 있습니다. 그리고 사람들은 항상 제게 다가와 유튜브가 그들의 삶을 어떻게 변화시켰는지, 그들이 배울 수 없다고 생각했던 것을 어떻게 배울 수 있었는지에 대해 이야기합니다.

YouTube has so much great content. And it really has something for everybody. And people come up to me all the time and talk to me about how YouTube has changed their life, how they've been able to learn something they didn't think they could learn.

실제로 수전 워치츠키는 출세 지향적 인물은 아니었다고 한다. 그녀는

IT 업계에서 보기 드문 '문과' 출신으로 하버드대학에서 역사와 문학을 전공하였고, 캘리포니아 주립대 LA 캠퍼스에서 경영학 석사 학위를 받았다.

워치츠키는 "단지 열정적으로 흥미로운 것을 추구했다."라고 회상했다. 그의 인생의 전환점이 된 것은 1990년 하버드대학 재학 시절 수강한 컴퓨터 과학 입문 과정 'CS50'이었다. 그는 지금도 CS50은 그동안 들었던 수업 중 가장 놀라운 수업이었고, 무언가에 대해 생각하는 방식을 송두리째 바꿔놨다고 말한다. 문과 출신으로서 엄청난 노력이 있었기에 현재 성공한 CEO가 될 수 있었을 것이다. 그의 성공 명언을 통해 그 비결을 알아보자.

0658 현명하게 일해라. 일을 끝내라.

Work smart. Get things done.

0659 만약 여러분이 매일 매일 24시간을 일하고 있다면, 어떤 재미있는 아이디어도 떠오르지 않을 것입니다.

If you are working 24/7, you're not going to have any interesting ideas.

0660 나는 좌절을 통해 많은 것을 배웠다.

I have had a lot of setbacks that I have learned from.

0661 저는 리더가 되려고 노력해 왔습니다. 저는 구글의 첫 여성들 중 한 명이라는 역할을 잘 해내기 위해 노력했습니다. 아기를 낳은 첫 여성임은 물론이고, 이곳을 다양성 면에서 정말 일하기 좋은 곳이라는 분위기로 만들기 위해 노력했습니다.

I have tried to be a leader. I have tried in my role of being one of the first women at Google, let alone the first woman to have a baby, to really try to set the tone that this is a great place to work for diversity reasons.

0662 좋은 사람들로 이루어진 문화 속에서도 때때로 아무 이유 없이 당신을 거부하는 '극단적인 공격'이 있다. 말하고 있을 때 누군가가 당신의 말을 자를 수도 있다. 그리고 이것은 나의 큰 골칫거리가 되었다.

Even in a culture where people are well meaning, there are sometimes 'microaggressions.' People who will just cut you off. You'll be talking, and someone will interrupt you. That's become a big pet peeve of mine.

0663 기술은 우리 사회의 거의 모든 부분을 변화시키고 있는 힘이라고 생각한다. 우리에게 그것의 일부가 되는 여성이 충분하지 않다는 것은 정말 슬픈 일이다.

I see tech as a force that is changing pretty much all parts of our society. It's really sad for me that we don't have enough women that are part of that.

0664 기술 분야에서 훌륭한 경력을 가진 운 좋은 사람으로서, 나는 이 산업이 여성에게 얼마나 창의적이고 성취감을 주는 직업인지 알고 있다. 따라서 계속해서 훌륭한 여성 직원들을 계속 고용하고 유지할 수 있기를 원한다.

As someone who's been lucky to have a great career in tech, I know how creative and fulfilling a career in this industry can be for women. And I want to make sure we continue to recruit and retain great female hires.

0665　비록 20명도 안 되는 직원들로 이루어진 스타트업의 창업자였고, 첫째 아이를 임신했지만, 내가 내린 최고의 결정은 1999년 구글에 입사한 것이었다. 최악의 결정은 아이를 가졌을 때 강아지와 토끼를 집으로 데려온 것이다.

Even though it was a startup with fewer than 20 people, and I was pregnant with my first child, the best decision I've ever made was to join Google in 1999. Worst decision? Deciding to get a puppy and a bunny right when the baby came.

0666　저는 구글의 훌륭한 리더들이 내린 모든 결정을 보았습니다. 그리고 이것은 내가 유튜브를 운영하면서, 이 모든 기억을 활용할 기회가 되었습니다.

I've seen all of these decisions that have been made by all these great leaders who have been part of Google, and this has been an opportunity for me when I'm running YouTube, is to be able to take advantage of all of those memories.

0667　당신의 아이들은 당신의 커리어를 통해 무언가를 배울 것이고, 당신의 커리어는 아이들에게서 무언가를 배울 것이다.

Your kids get something from your career, and your career will get something from your kids.

0668　여성이 기술 인력에서 정말 작은 부분을 차지한다는 경각심을

일깨우는 수준에서 그쳐서는 안 된다. 이것이 '스푸트니크의 순간'이 되어야 한다. 기술 산업은 미국의 미래가 아니라 우리의 현재이다.

The fact that women represent such a small portion of the tech workforce shouldn't just be a wake-up call it should be a Sputnik moment. The tech industry is not America's future; it is our present.

0669 구글은 사용자들이 광고를 보고 싶을 때, 클릭하고 싶을 때 돈을 받는 사업이다. 아무도 보고 싶어 하지 않는 광고를 보여주면, 우리는 수익을 창출할 수 없다.

Google is a business that gets paid when users want to see—want to click on—the ad. If we show ads that no one wants to see, we don't generate revenue.

0670 신입사원부터 고위 경영진에 이르기까지 회사의 모든 수준에서 더 많은 여성을 고용하는 것은 선순환을 일으킨다. 기업들은 여성 직원이 효율적으로 일하기 위한 요구에 도움을 주려 하고, 이를 통해 직장 문화를 개선한다.

Employing more women at all levels of a company, from new hires to senior leaders, creates a virtuous cycle. Companies become more attuned to the needs of their female employees, Improving workplace culture while lowering attrition.

0671 인터넷의 좋은 점은 제품을 출시하고, 몇 시간도 지나지 않아 사람들이 그것에 대해 어떻게 생각하는지 알 수 있다는 것이다.

The great thing about the Internet is you can launch a product, and within just a few hours, people will tell you what they think about it.

수전 워치츠키는 구글의 어머니라는 별명을 가지고 있다. 어머니란 통상 무언가를 탄생하게 만든 창조의 주체를 뜻한다. 워치츠키는 전문 경영인임과 동시의 5명의 아이를 키우고 있다. 워치츠키는 구글에서 아이를 가진 첫 번째 직원이 되었으며 구글 내부에 탁아소를 만들기도 했다. 더불어 능력 있는 사람으로서 구글의 광고프로그램인 애드센스, 유튜브, 광고업체 더블클릭의 인수 등 굵직한 과업들을 해내었다.

수전 워치츠키는 여성의 사회진출과 일-가정의 양립 문제에도 많은 관심을 가진 인물이다. 일례로, 항상 집에서 저녁 식사를 하고, 오후 6~9시엔 가족들에게 헌신하는 것으로 알려져 있다. 더불어 워치츠키는 〈허핑턴포스트〉에 쓴 기고문에서 "첨단기술 분야에서 여성이 차지하는 비율은 26%에 불과하다."라며 "노동시장이 컴퓨터, 기술, 엔지니어링과 관련된 분야로 옮겨간다면 여성들은 미래에 좋은 직장을 가질 기회를 잃어버리게 될 것이다."라고 지적하기도 하였다.

더불어 그가 유튜브 CEO를 맡은 후 유튜브에서 일하는 여성 직원이 24%에서 30%까지 늘어났으며, 이러한 평소 생각을 경영철학에도 잘 반영하고 있다는 평가를 받고 있기도 하다.

워치츠키는 구글을 거대 기업으로 키우는 데 크게 이바지한 인물이다. 워치츠키가 아이를 키우면서도 이러한 혁신적인 과업들을 해낼 수 있었던 원동력은 무엇이었을까? 여성으로서, 워킹맘으로서 워치츠키가 추구하는 바를 더욱 자세히 알아보자.

0672 월급이든 승진이든 직장이든 간에, 여성들에겐 자신이 마땅히 받아야 한다고 생각하는 무언가를 요구하는 것이 중요하다고 생각한다.

Whether it's salary or a promotion or a job, I think it's important for women to ask for what they think they deserve.

0673 물론 기술 학위를 가진 여성이 더 많이 필요하시반, 저는 항상 여성들에게 기술 분야의 경력을 쌓기 위해 과학이나 기술 학위를 무조건 가질 필요는 없다고 말합니다.

Though we do need more women to graduate with technical degrees, I always like to remind women that you don't need to have science or technology degrees to build a career in tech.

0674 코딩은 글쓰기와 같고, 우리는 새로운 산업혁명의 시대에 살고 있습니다. 모든 사람이 컴퓨터를 사용하는 법을 알고 있습니다. 그러나 읽을 줄 알면서도 쓸 줄 모릅니다.

Coding is like writing, and we live in a time of the new industrial revolution. What's happened is that maybe everybody knows how to use computers, like they know how to read, but they don't know how to write.

0675 제가 완벽한 엄마라는 느낌이 들지 않고, 직장에선 제 시간에 대한 제약 때문에 제가 완벽하지 않았던 것 같은 느낌이 들 때가 있습니다. 하지만 제 인생에서 일어나는 두 가지 일의 합을 갖는 것은 결국 저를 더 나은 엄마로 만들고, 직장에서 정말 중요한 관점을 준다고 생각합니다.

I don't feel like I'm a perfect mom, and then there are times at work where I feel like maybe I wasn't perfect here because of constraints on my time. But having the sum of both of those things going on in my life makes me a better mom at the end of the day, and I think gives me really important perspectives in the workplace as well.

0676 인정하자, 일반적으로 엔지니어링 회사에는 여성보다 남성이 더 많다. 구글은 여성을 모집하기 위해 정말 열심히 노력해왔다. 한편, 구글은 최고의 엔지니어를 뽑고자 하는 기준을 가지고 있다.

Let's face it: Engineering companies in general have more men than women. Google has tried really hard to recruit women. On the other hand, we have a standard. Google tries to recruit the best engineers.

0677 다른 삶을 사는 사람들은 모두 다양한 일을 하고 있지만, 그들은 모두 구글을 사용하고 있습니다.

People at different stages of their lives are doing different things, and they're all using Google.

0678 아이들이 잠자리에 든 후 저는 이메일을 확인합니다. 균형을 잡는 거죠.

After my kids go to bed, I check e-mail. It's about having that balance.

0679 유튜브에서 여성은 단순한 사용자가 아니라 창작자입니다. 그들은 사업과 기술에 대해 배우고, 목소리를 내고 있습니다.

On YouTube, women are not just users; they're creators. They're learning about business and technology, and having a voice.

0680 인터넷에서 강한 여자를 많이 볼 수 있지만, 더 많으면 좋겠다고 생각합니다. 인터넷은 정말 많은 여성을 활용할 수 있어요.

You see a lot of powerful women on the Internet, but I wish there were more. I think the Internet really could use a lot more women.

0681 저에게는 아이들에게 삶의 풍요로움을 보여주고 그들의 롤모델이 되는 것이 중요합니다. 저의 조직관리 능력이 회사보다 집에서 더 많이 필요하다는 것을 알게 되었습니다.

It's important for me to show my children the richness of life and be a role model. I find that my organizational and management skills are tested more at home than at work!

제18장

성공할 것이라는 확신을 품고
밀어붙이는 게 중요하다.

넷플릭스 CEO
리드 헤이스팅스 *Reed Hastings*

리드 헤이스팅스는 넷플릭스의 공동 창업자이자 CEO이다. 넷플릭스는 세계 최대의 동영상 스트리밍 서비스로 리드 헤이스팅스와 마크 랜돌프가 공동 창업하였는데, 인터넷의 넷(Net)과 영화를 뜻하는 플릭스(Flix)를 합쳐서 만든 말이다. 이러한 넷플릭스는 DVD 대여 사업으로 시작해 온라인 영상 스트리밍사업을 성공시켜 전 세계 이용자가 1억 명이 넘을 만큼 거대 공룡 기업으로 성장하였다.

넷플릭스는 어떻게 시작되었을까? 넷플릭스는 '돈을 내면서 비디오를 빌리는데 왜 비싼 연체료까지 내야 할까?'라는 아주 작은 물음에서 시작했다. 헤이스팅스는 비디오 대여점에서 '아폴로13'을 빌렸지만 비디오 연체료로 약 40달러를 물게 되었다. 헤이스팅스는 이것이 굉장히 불합리한 서비스라고 생각하였고 여기서 사업 아이디어를 찾아냈다. 그렇게 헤이스팅스는 마크 랜돌프를 만나 넷플릭스를 창업하고 DVD 대여 사업을 거쳐 온라인 스트리밍 서비스를 성공시켰다.

넷플릭스는 현재 시가총액 160조 원을 넘어섰고, 사용자는 1억 2,500만 명을 돌파했다. 리드 헤이스팅스는 효율적인 경영과 성과주의로 넷플릭스를 이끌었다. 전 직원 연봉 1억 원 이상의 파격적인 대우, 최고의 능력자들을 모은 조직을 통해 최고의 성과를 냈다.

성과가 좋지 못한 직원을 바로 내보내거나 철두철미한 데이터 분석을 기반으로 전략을 세우는 등, 효율을 중시하는 그의 성정이 회사 전략 곳곳에서 드러나고 있다. 그의 손에서 넷플릭스는 세계 최대 동영상 스트리밍 플랫폼이 되었다. 지금부터 넷플릭스를 세계 최고의 서비스로 만든 헤이스팅스의 경영방식과 생각, 철학을 알아보자.

0682　혁명이 일어나고 있습니다. 저는 2년 안에 와이파이와 넷플릭스가 모든 텔레비전에 내장될 거로 생각합니다.

There is a revolution happening, and within two years I think that Wi-Fi and Netflix will be built into all the televisions.

0683　넷플릭스는 사람들이 우리에게 갖는 관심에 대한 책임감을 구축해야 한다고 생각합니다. 사무실에서 장시간 일하는 것과 같이 힘든 일은 우리에게 그다지 중요하지 않습니다. 우리는 위대한 업적에 대해 고민합니다.

At Netflix, we think you have to build a sense of responsibility where people care about the enterprise. Hard work, like long hours at the office, doesn't matter as much to us. We care about great work.

0684　저는 넷플릭스를 설립했고, 2002년에 DVD가 수익성이 좋아지면서 블록버스터와 정면승부를 벌이며 스트리밍 쪽으로 회사를 발전시키는 등 12년 동안 꾸준히 회사를 성장시켜 왔습니다.

I founded Netflix. I've built it steadily over 12 years now, first with DVD becoming profitable in 2002, a head-to-head ferocious battle with Blockbuster and evolving the company toward streaming.

0685 토요일 밤의 넷플릭스의 스트리밍 최고점이, 실은 사람 머리카락 한 개 크기인 광섬유 한 개 안에 모두 들어갈 수 있다는 것이 밝혀졌습니다.

It turns out that all Netflix streaming peak on Saturday night can fit inside a single fiber optic, which is the size of one human hair.

0686 인터넷에서는 지속적인 혁신을 얻을 수 있습니다. 그래서 매년 조금씩 흐름이 좋아집니다.

On the Internet you get continuous innovation, so every year the streams are a little better.

0687 우리의 미래 전망은 계속해서 급격한 가입자 증가와 시장 지도력에서 나오는 비용 우위와 다른 금융적 이점의 증가적인 영향을 반영하고 있습니다.

Our outlook for the future reflects the continuing rapid subscriber growth and the increasing impact of the cost advantages and other financial benefits that flow from our market leadership.

0688 AOL Dialup이나 Borders Bookstores와 같이 무언가를 잘하는 대부분의 회사는 초기 사업에 피해를 줄까 걱정되어 사람들이 원하는 새로운 것에 무리하여 도전하지 않습니다.

Most companies that are great at something—like AOL dialup or Borders bookstores—do not become great at new things people want (streaming for us) because they are afraid to hurt their initial business.

0689 즉, 콘텐츠 환경이 용해되기 시작할 때 런칭할 준비가 될 것입니다.

Will be ready to launch when the content climate begins to thaw.

0690 우리는 매우 다양한 콘텐츠를 보유하고 있지만, 최신 영화들로 인해 이득을 보고 있는 것은 넷플릭스가 아닌 다이렉 TV와 같은 다른 영화들의 30달러짜리 유료 관람 옵션입니다.

We have a very wide range of content, but the brand-newest movies, what's happening with those is a $30 pay-per-view option—not from Netflix but from DirecTV and others—of movies that are in the theater.

0691 하루 수익의 상당 부분은 국내 박스오피스에서 얼마나 많은 수익을 창출하는가와 관련 있습니다. 예를 들어, 우리가 3년 후의 영화를 위해 투자하는 것은 박스오피스에서의 성적과 매우 높은 상관관계가 있습니다.

So much of the downstream revenue is linked to that initial excitement, to how much revenue is produced in the domestic box office. For example, what we pay for a film three years later is highly correlated to how well it did in the box office.

0692 미국에는 ESPN3가 있고, 나라마다 다른 선택권을 가지고 있습니다. 그리고 프리미어 리그 축구 말고는 세계적인 콘텐츠는 거의 없는 경향이 있습니다. 그리고 영화와 TV의 권리는 너무나 광

범위한 콘텐츠입니다. (그러나 넥플릭스의 콘텐츠는 범용·적이면서 효율
적입니다)

In the States, there's ESPN3, and each country has different options, and
other than premiere league football, there tends to be very little global
content. And movie and TV rights are pretty broad content.

0693 무언가 새로운 것이 결국 인터넷을 대체할 것입니다. 하지만 언제
무슨 일이 일어날지 예측하기는 어렵습니다.

Something will eventually replace the Internet. But it's hard to know what
and when it will happen.

리드 헤이스팅스와 넷플릭스를 만든 공동 창업자인 마크 랜돌프는
리드 헤이스팅스가 CD를 우편으로 부쳐 집에 무사히 돌아온 것을 보
고 넷플릭스 사업의 가능성을 발견했다는 유명한 일화에 함께한 동료이
다. 헤이스팅스가 CEO로 있었던 퓨어 아트리아에서 이들의 인연은 시작
되었다. 랜돌프는 퓨어 아트리아가 인수한 인테그리티 QA에서 마케팅을
맡았었다.

1997년 랜돌프와 헤이스팅스는 출퇴근길에 사업 아이템 관련 회의를
하고 있었다. 그때 이들이 논의하던 아이디어 중 하나는 보고 싶은 영화
DVD를 우편으로 주고받을 수 있는 시스템을 만드는 것이었다. 헤이스팅
스는 집 근처 매장에서 CD를 하나 사 자기 집으로 보냈다. CD가 손상
없이 우편으로도 잘 배송되는지 보기 위해서였다. 다음날 랜돌프와 헤이
스팅스는 그의 집에 돌아와 조심스레 우편 봉투를 뜯어보았는데, 결과
는 아무런 이상이 없었다. 랜돌프와 헤이스팅스는 여기서 사업의 가능성

을 발견하고 넷플릭스 창업을 결심했다. 그렇다면 이러한 계기로 시작된 넷플릭스를 어떻게 거대 공룡 기업으로 성장시킬 수 있었을까? 그의 성공 명언을 통해 알아보자.

0694 대부분의 기업가적 아이디어는 말도 안 되고, 멍청하고, 비경제적으로 들릴 것입니다. 그러나 결국에는 옳다는 것이 증명될 것입니다.

Most entrepreneurial ideas will sound crazy, stupid and uneconomic, and then they'll turn out to be right.

0695 저는 유선방송에서 인터넷 텔레비전에 이르기까지 20년의 진화가 있을 거로 생각합니다.

I think there will be 20 years of evolution from linear broadcast to internet television.

0696 사실, 기술은 우리가 알고 있던 인류가 발전해 온 이야기의 일부분입니다. 100년 후에 사람들은 지금을 돌아보며 "그때가 인터넷 시대였다."라고 말할 것입니다. 그리고 컴퓨터는 인터넷 시대의 단순한 재료로 여겨질 것입니다.

In fact, technology has been the story of human progress from as long back as we know. In 100 years people will look back on now and say, 'That was the Internet Age.' And computers will be seen as a mere ingredient to the Internet Age.

0697 제 첫 번째 회사인 퓨어 소프트웨어는 처음 몇 년 동안은 흥미롭고 혁신적이었고, 지난 몇 년 동안은 관료적이고 고통스러웠습니다. 문제는 우리가 모든 것을 체계화하고 완벽한 절차를 수립하려고 노력했다는 것입니다.

My first company, Pure Software, was exciting and innovative in the first few years and bureaucratic and painful in the last few before it got acquired. The problem was we tried to systemize everything and set up perfect procedures.

0698 하지만 기업가로서 여러분은 비행기에서 뛰어내릴 수도 있겠다고 느껴야 합니다. 왜냐하면, 여러분은 날아가는 새를 잡을 수 있다는 자신감이 있기 때문입니다. 하지만 이것은 어리석은 행동입니다. 많은 기업가는 새가 온다고 해서 모두 잡지 않고, 그 중 몇 번은 지나치기도 합니다.

But as an entrepreneur you have to feel like you can jump out of an aeroplane because you're confident that you'll catch a bird flying by. It's an act of stupidity, and most entrepreneurs go splat because the bird doesn't come by, but a few times it does.

0699 스타벅스의 비밀이 라떼를 건네줄 때의 미소라면, 우리의 비밀은 개인의 취향에 맞춰지는 웹사이트이다.

If the Starbucks secret is a smile when you get your latte, ours is that the Web site adapts to the individual's taste.

0700 광섬유는 전기와 비슷해지고 있다. 100년 전, 전 세계에 전기가

어떻게 퍼졌는지 살펴보면 지금 일어나는 현상과 매우 비슷하다.

Fibre optic is becoming like electricity. If you look at how electricity spread around the globe 100 years ago, that's what's happening now.

0701 메일 DVD 시장은 한정되어 있고, 향후 10년 동안의 성장은 스트리밍으로 이루어질 것입니다.

There's a finite market for DVD-by-mail, and the growth over the next 10 years will be in streaming.

0702 앞으로 20년 후면 우리는 모두 TV를 클릭으로 볼 수 있을 것입니다.

In 20 years from now we will all be able to click and watch TV.

0703 방송 TV는 20년 전의 유선방송과 같습니다.

Broadcast TV is like the landline of 20 years ago.

0704 웹 브라우저와 같이 TV에 나오는 인터넷을 생각해보세요. 당신이 브라우저 속 PC에 소비하는 시간은 계속 증가할 것입니다.

Think of Internet on the TV like the Web browser. The amount of time you spend on the PC in the browser is just going to grow continuously.

0705 스티브 잡스나 제프 베이조스와 같은 위대한 지도자들 역시 장기적인 안목에 초점을 맞췄습니다.

Great leaders, like Steve Jobs or Jeff Bezos, also focused on the long term.

0706 온라인 학습에 대해 생각해보면 지금은 매우 '초창기'입니다. 빌 게이츠는 매우 똑똑하고 통찰력 있는 사람입니다. 하지만, 그처럼 똑똑하고 통찰력 있는 남자도 30년 전에는 이런 말을 했습니다. "모든 사람이 640K 이상의 메모리가 필요할까요?"

When we think about online learning, it's such 'early days.' Bill Gates is a wildly smart insightful guy. Yet, even a guy as smart and insightful as that, 30 years ago can say things like, 'Who's every going to need more than 640K of memory?'

0707 우리는 미래에 취하지 않고, 실제로 정확하게 예측하려고 노력했습니다.

We tried not to get drunk on the future, but actually to predict it accurately.

0708 우리는 아마존이 가까운 미래에 이 시장에 진출할 것으로 믿습니다. 연휴 전에 일어날 수도 있겠군요.

We believe that Amazon is going to enter this market in the near future. It could happen before the holidays.

0709 우리는 사물의 시작을 보고 있습니다. 웹 2.0은 광대역이고, 웹 3.0은 초당 10기가비트입니다.

We are seeing the beginning of things. Web 2.0 is broadband. Web 3.0 is 10 gigabits a second.

0710 블록버스터가 성공하고 있습니다. 하지만 시장은 우리 둘 모두에게 충분히 큽니다.

Blockbuster is succeeding, But the market is plenty big for both of us.

리드 헤이스팅스가 CD를 자기 집으로 발송하였을 때, 재밌는 사실은 그 CD가 자동분류기가 아닌 수작업으로 분류되어 안전하게 돌아올 수 있었다는 점이다. 만약 수작업이 아니라 자동분류기를 통과했다면 CD가 부서져서 왔을 수도 있다. 그랬다면 지금의 넷플릭스는 없을지도 모른다.

넷플릭스에는 블록버스터라는 거대 경쟁 기업이 있었다. 넷플릭스가 2002년 5월 상장을 하고, 2003년 가입자 100만 명 이상을 넘어서자 블록버스터는 온라인 DVD 대여 산업에 뛰어들기로 했고, 넷플릭스의 사업 모델을 철저하게 벤치마킹하여 블록버스터온라인을 만들었다. 넷플릭스가 이용자 수 100만 명을 겨우 넘길 때, 블록버스터는 이미 5천만 명의 회원을 보유하고 있었다. 2004년 당시 블록버스터온라인이 출시되자 넷플릭스의 주가는 하향곡선을 그렸다.

그러나 치열한 가격 경쟁 끝에 블록버스터가 오프라인 매장을 강화하겠다는 전략을 세우면서 하락세를 걸었고, 결국 넷플릭스의 승리로 이어졌다. 이렇듯 넷플릭스가 현재 최고의 기업이 되기까지에는 많은 어려움이 있었고, 블록버스터라는 거대 기업과 경쟁해야만 했다. 이렇듯 많은 고비를 넘긴 리드 헤이스팅스가 어떠한 가치관과 생각을 가지고 넷플릭스를 경영하였는지 알아보자.

0711 뒤늦게, 저는 과거의 성공을 바탕으로 오만함에 빠졌습니다.

In hindsight, I slid into arrogance based upon past success.

0712   저는 열심히 일했지만, 제 삶은 항상 즐거웠습니다.

I've worked very hard, but my life's always been fun.

0713   석기 시대. 청동기 시대. 철기 시대. 우리는 인류의 전체 서사시를
그들이 사용하는 기술로 정의합니다.

Stone Age. Bronze Age. Iron Age. We define entire epics of humanity by
the technology they use.

0714   제 교육 분야의 약 절반은 미국의 학군 개혁, 차터 스쿨과 같은
주제입니다. 그리고 약 절반은 글로벌 플랫폼으로 생각하는 기술
분야입니다. 기술을 이용해 기업가 정신이 충분히 발휘될 수 있
도록 하는 것이 제 역할 중 하나입니다.

About half my work in education is U.S. political reform around school
districts and charter schools, and creating more room for entrepreneurial
organizations to develop. And about half on technology, which I look at as
a global platform.

0715   교육 공간에 대해 저를 기대하게 만든 것은 향후 10년, 20년, 30
년 동안 인터넷의 성장입니다.

What's got me excited about the education space is the growth of the
Internet over the next 10, 20, 30 years.

0716   위기상황에서는 반짝이는 것에 정신을 팔기보다 기본 사항에 따

라 위기를 극복하세요.

Don't get distracted by the shiny object, and if a crisis comes, execute on the fundamentals.

0717   크고, 빠르고, 유연해지세요.

Be big, fast and flexible.

0718   현명한 위험을 감수하는 것은 매우 만족스러운 일일 수 있습니다.

Taking smart risks can be very gratifying.

0719   통증이 있을 때 비타민보다는 아스피린 같은 존재가 되어야 합
니다. 아스피린은 누군가가 가지고 있는 매우 특별한 문제를 해
결해주는 반면, 비타민은 '갖고 있으면 좋은' 정도의 제품입니다.

When there's an ache, you want to be like aspirin, not vitamins. Aspirin solves a very particular problem someone has, whereas vitamins are a general 'nice to have' market.

제19장

거창하게 시작할
필요는 없다.

에어비앤비 공동 창업자
브라이언 체스키 *Brian Chesky*

브라이언 체스키가 창업한 에어비앤비는 2008년 8월 시작된 세계 최대의 숙박 공유 서비스이다. 자신의 방이나 집, 별장 등 사람이 지낼 수 있는 모든 공간을 임대할 수 있는 서비스로 한국을 비롯해 전 세계의 이용자들이 자유롭게 방을 예약하는 데 사용되고 있다. 그러나 원래 에어비앤비는 브라이언 체스키가 창업하려던 아이디어가 아니었다.

당시 브라이언 체스키는 일을 끝낸 상태였고, LA에 살고 있었다. 하루는 샌프란시스코에 갔다가 로드아일랜드 디자인 학교 재학시절 친구와 함께 그곳에서 살게 되었다. 그때 그의 통장에는 1,000달러 정도의 현금이 예치되어 있었으며, 당시 거주하던 한 달짜리 집의 집세는 1,500달러였다. 주말에 샌프란시스코에서 세계 디자인박람회에 갈 예정이었는데, 주변 호텔들은 이미 다 예약되어 있었다. 그래서 브라이언 체스키는 박람회 참석자들을 위해 숙식을 제공하기로 했다. 당시 그들에게는 침대가 없었지만 에어 침대가 세 개나 있었고, 그의 친구가 옷장에서 꺼낸 에어 침대를 보면서 그것을 에어 침대 그리고 아침 식사(the Air Bed and Breakfast)라고 불렀다고 한다. 그렇게 에어비앤비는 태동하였다.

브라이언 체스키를 비롯한 에어비앤비 창업자들에게는 재미있는 일화가 하나 있는데, 그들이 초창기 배고프던 시절 2008년 민주당 전당대회에서 '오바마 시리얼'을 만들어 팔았다는 유명한 전설이 있다. 이는 그만큼 수단과 방법을 가리지 않고 살아남겠다는 강력한 의지를 보여준 이야기로, 이 창업자들은 어떠한 상황에서도 살아남는 '바퀴벌레'라는 별명도 얻게 되었다.

에어비앤비의 창업자들은 처음에 시리얼 만드는 식품회사들과 협업을 통해 공식적인 제품을 만들려고 했었다. 그러나 반응이 좋지 않았고, 결국 이들은 슈퍼마켓에 가서 시리얼을 왕창 사와 오바마 그림을 프린트한 박스에 재포장했다. 심지어 시리얼의 로고송도 작사 작곡하여 유튜브에 올렸다. 이러한 일화를 보면 재미도 있지만 이들이 살아남기 위해 온갖 노력을 했다는 것을 알 수 있다. 여러 어려움을 이기고 에어비앤비를 최고의 숙박 서비스로 만든 브라이언 체스키의 경영철학을 알아보자.

0720 2010년 6월, 저는 살던 아파트에서 나왔고, 그 이후로는 대부분 노숙자로 살았습니다. 지금은 에어비앤비 아파트에 살고 있고 샌프란시스코에 있는 다른 집을 매주 전전합니다.

In June 2010, I moved out of my apartment and I have been mostly homeless ever since, off and on. I just live in Airbnb apartments and I check in every week in different homes in San Francisco.

0721 매일 저는 깨어나서 '오늘은 중요한 일을 할 수 있는 또 다른 놓쳐버린 기회다.'라고 생각하곤 했습니다. 이런 날들이 쌓이면, 나이 든 것 같다고 느끼기 시작할 것입니다. 심지어 젊은데도요. 우리는 모두 타고난 기업가이며, 사무직에 고용되는 것은 우리를

위한 일이 아닙니다.

Every day I would wake up and think, 'Today is another missed opportunity to do something important.' After enough days like this, you start feeling like you are getting old, even when you are relatively young. We are all natural entrepreneurs, and being manacled o a desk job is not for us.

0722 누구나 살면서 어떤 사건을 겪게 되고, 인생을 바꾸는 결정을 내리게 되는 순간이 한두 번쯤은 있습니다.

Everyone's got a moment or two in their life where something happens and you make a decision and then your entire life changes.

0723 제 인생은 제가 했던 여행 때문에 더 깁니다.

My life is longer because of the journeys I have taken.

0724 에어비앤비는 결코 대단한 아이디어가 아니었습니다. 그것은 우리가 대단한 아이디어를 내기 위해 집세를 보탤 수단이었습니다.

AirBnB was never meant to be the big idea. It was meant to be the thing that paid the rent so we could think of the big idea.

0725 에어비앤비가 출시된 1년 동안 하루에 100명 정도가 방문했고, 2명 정도의 예약이 있었던 것 같습니다.

AirBnB launched and a year after we launched, I think we had 100 people/day visiting our website and we had like 2 bookings.

0726 직업 다음에는 소명이 있습니다. 우리는 단지 일자리를 찾는 것이 아니라, 그들의 소명을 찾는 사람들을 고용하고 싶습니다.

There is a job and then there is a calling. We want to hire people that aren't just looking for jobs, they're looking for a calling.

0727 문화는 여러분이 심사숙고하여 사람들을 고용하도록 해주고, 일의 진행을 늦출 수 있는 결정에 대해 고민하도록 만듭니다.

Culture makes you hire people slowly and makes you deliberate about decisions that in the near term, can slow progress.

0728 기능적인 질문입니다만, 만약 당신이 이 세상에 있는 누군가를 고용할 수 있다면, 당신은 당신 맞은편에 앉아 있는 사람을 고용하게 될 것입니다.

This is a functional question. If you could hire anybody in the world, would you hire the person sitting across from you.

0729 여러분을 약간 불편하게 만들 수 있을 정도로 재능이 있는 팀원들과 팀을 꾸려야 합니다. 왜냐하면, 그들과 함께하기 위해서는 나 자신도 성과를 올려야 한다고 느끼기 때문입니다.

You gotta build a team that is so talented that they almost make you slightly uncomfortable because they know by being with them you're going to have to raise your game to be with them.

0730 깊은 열정을 가진 직원을 고용하는 회사는 고객들이 열정을 갖고 좋아하는 회사가 되고, 그런 회사들이 강한 브랜드가 됩니다.

Companies that hire employees that are deeply passionate, create companies that customers are really really passionate about, and those are the companies that have strong brands.

0731 문화의 가장 큰 문제는 그것이 단기간에 성과를 거두지 못한다는 것입니다.

The biggest problem with culture is that it doesn't pay off in the short term.

0732 누군가가 저에게 "CEO가 무슨 일을 하느냐?"라고 물었는데, CEO가 하는 일에는 여러 가지가 있습니다. 주로 하는 일은 비전을 명확히 하고, 전략을 개발하고, 문화에 맞는 사람들을 고용하는 것입니다. 이 세 가지를 하면 기본적으로 회사를 운영할 수 있습니다. 그리고 만약 여러분이 올바른 비전, 올바른 전략, 그리고 좋은 사람들을 가지고 있다면, 그 회사는 성공할 수 있을 것입니다.

Somebody asked me 'what's the job of a CEO,' and there's a number of things a CEO does. What you mostly do is articulate the vision, develop the strategy, and you gotta hire people to fit the culture. If you do those three things, you basically have a company. And that company will hopefully be successful, if you have the right vision, the right strategy, and good people.

0733 당신의 브랜드 전도사는 당신의 직원입니다.

Your brand evangelists are your employees.

0734 브랜드는 정말 여러분과 여러분의 고객 사이의 연결고리입니다.

만약 여러분이 매우 강한 문화를 가지고 있다면, 그 브랜드는 성공할 것입니다.

Brand is really the connection between you and your customers. If you have a very strong culture, then the brand will come through.

0735   문화는 모든 미래 혁신의 토대가 되기 때문에 매우 중요합니다. 열정을 가진 사람들은 세상을 바꿀 수 있습니다.

Culture is so incredibly important because it is the foundation for all future innovation. People with passion can change the world.

0736   기업의 문화는 미래 혁신의 토대입니다. 기업가들의 일은 기초를 쌓는 것입니다.

A company's culture is the foundation for future innovation. An entrepreneurs job is to build the foundation.

0737   사람들은 컴퓨터를 위해 델로 갔지만, 모든 것을 위해 애플로 갔습니다. 이것이 바로 사무적인 회사와 혁신 회사의 차이점입니다.

People went to Dell for the computers, but they go to Apple for everything. That's the difference between a transactional company and a transformational one.

0738   분명한 사명을 갖고 그 사명이 회사를 통해 이루어지도록 하는 것은 아마도 문화와 가치 모두를 위해 여러분이 할 수 있는 가장 중요한 일일 것입니다.

Having a clear mission and making sure you know that mission and making sure that mission comes through the company is probably the most important thing you can do for both culture and values.

앞선 시리얼 일화에서도 알 수 있듯이 에어비앤비 창업자들의 절약 정신은 남달랐다. 창업자 셋 중 한 명인 개발자가 전체 사이트를 혼자 모두 코딩해내 초기에 개발 인력을 따로 뽑지 않았다고 한다. 심지어 고객 지원 담당인력도 안 뽑아서 고객 문의 전화는 언제나 창업자의 휴대폰으로 연결되었다. 투자 후 6개월이 지나고 나서야 처음으로 엔지니어를 1명 고용했다.

추후에 직원이 늘어 10명이 되었지만, 사무실은 따로 없이 창업자들의 아파트가 사무공간이었고, 한 구석에는 매트리스가 있었다. 채용 면접은 보안을 위해 아파트 층계에서 했고, 중요 전화는 화장실에서 받았다. 이렇듯 사업 초기에는 절약 정신을 발휘하여 에어비앤비의 생존 가능성을 최대로 높였다는 것을 알 수 있다. 이러한 시절이 있었기 때문에 에어비앤비가 성공할 수 있었다. 브라이언 체스키의 성공 명언을 통해 그의 가치관을 알아보자.

0739 우리가 배운 '아메리칸 드림'은 커가면서 차를 소유하고, 집을 소유하는 것이었습니다. 하지만 저는 그 꿈이 완전히 바뀌고 있다고 생각합니다. 우리는 다른 집안에 뒤처지지 말라고 배웠지만, 이제 그 집 내부를 공유하고 있습니다.

The American dream, what we were taught was, grow up, own a car, own a house. I think that dream's completely changing. We were taught to keep up with the Joneses. Now we're sharing with the Joneses.

0740 2008년, 우리는 웹사이트에서 5천 달러를 벌었고 아침 시리얼을 팔면서 4만 달러를 벌었습니다.

In the year 2008, we made $5K from our website and we made $40K selling breakfast cereal.

0741 하룻밤 사이에 성공을 거두는 데는 1,000일이 걸렸습니다.

Our overnight success took 1,000 days.

0742 우리는 제약조건이 창의력 발휘를 돕는다고 믿습니다. 갑자기 800만 달러 정도를 모으면, 엉터리 같이 잃기 쉽습니다.

We believe constraints bring out creativity. When you raise like $800M, suddenly all that scrappiness, it's easy to lose.

0743 100만 명이 좋아하는 것이 아니라 100명이 사랑하는 것을 만드세요.

Build something 100 people love, not something 1 million people kind of like.

0744 회사를 설립하는 건 과학보다는 예술에 가깝습니다. 왜냐하면, 그것은 미지의 세계이기 때문입니다. 높은 인지도를 가짐과 동시에 여러분에게 매우 개인적인 문제를 해결하도록 노력하세요. 이상적으로는, 만약 여러분이 평범한 사람이라면, 여러분의 문제를 해결하는 것으로 수백만 명의 문제를 해결해준 셈이 될지도 모릅

니다.

When you start a company, it's more an art than a science because it's totally unknown. Instead of solving high-profile problems, try to solve something that's deeply personal to you. Ideally, if you're an ordinary person and you've just solved your problem, you might have solved the problem for millions of people.

0745 언론이 무슨 말을 하든, 그들은 그것에 대해 계속 얘기하고 싶어 합니다. 그래서 자신에게 "어떻게 하면 그들이 나에 관해 이야기 하게 할 수 있을까?"라고 묻는 대신, 그들이 이미 말하고 있는 것 에 여러분 자신을 참여시킬 방법을 생각해보세요.

Whatever the press is talking about, they want to keep talking about it. So instead of asking yourself, 'How can I get them to start talking about me?,' figure out a way to get yourself involved in what they're already talking about.

0746 고객들은 새로운 것을 시도하려 할 것이고, 만약 여러분이 살아 남을 수 있다면, 경쟁자는 점점 줄어들 것입니다. 마치 폭풍의 눈 으로 들어가는 것 같아요. 여러분이 생존할 수 있을 만큼 충분 히 강하다면 고요하게 승리를 쟁취할 수 있을 것입니다.

Customers are willing to try new things, and if you can survive, you will have fewer competitors. It's like entering the eye of the storm. As long as you are strong enough to survive, you can end up in still water by yourself.

0747 멋진 제품을 만들고 싶다면 한 사람에게만 집중하세요. 한 사람

이 가장 놀라운 경험을 하도록 하세요.

If you want to create a great product, just focus on one person. Make that one person have the most amazing experience ever.

0748 고정 비용이 없는 한 프로토타입을 만드는 데 자본이 필요하지 않습니다. 이상적으로는, 함께 땀 흘린 공동 창업자들만이 직접 제품을 만들 수 있습니다.

Unless you have fixed costs, you don't need any capital to create a prototype. Ideally, your co-founders, with sweat equity, can create the product themselves.

0749 어느 시점에서는 제품을 만드는 단계에서 2단계, 즉 회사를 만드는 단계로 넘어갑니다.

At some point you go from building the product, to phase 2, which is building the company, that builds the product.

0750 본래의 제품이나 아이디어가 얼마나 훌륭한지는 중요하지 않습니다. 만약 여러분이 훌륭한 회사를 세우지 못한다면, 여러분의 제품은 오래가지 못할 것입니다.

It doesn't matter how great your original product or idea is, if you can't build a great company, then your product will not endure.

0751 기업가가 되기 위한 가장 좋은 방법은 단지 창업자가 되는 것입니다. 회사를 만들기 위한 가장 좋은 준비는 회사를 만드는 것입니다. 회사를 만들 수 없다면 동호회나 제품 등 무언가를 만들어

내 보세요.

The best way to become an entrepreneur is to just to become an entrepreneur—just start—the best preparation for creating a company is creating a company. If you can't create a company create a club or create a product or create something.

0752 우리는 완벽한 경험으로 시작해서 거꾸로 일을 합니다. 이것이 우리가 계속 성공하는 방법입니다.

We start with the perfect experience and then work backward. That's how we're going to continue to be successful.

0753 커지지 않는 일을 하세요. 그것이 여러분에게 가르침을 줄 것입니다.

Do things that won't scale; it will teach you.

0754 당신이 어떤 직업을 가졌든 엄청나게 실패할 수도 있다는 가능성을 고려하세요. 그렇게 하면 성공, 돈, 일을 위해 결정을 내리지 않을 수 있습니다. 단지 사랑하는 것들을 바탕으로 결정을 내리게 될 것입니다.

Whatever career you're in, assume it's going to be a massive failure. That way, you're not making decisions based on success, money and career. You're only making it based on doing what you love.

0755 디자이너와 예술가는 다른 사람들이 보지 않는 곳에서 가능성을 봅니다. 저는 여러 면에서 예술가들이 독창적인 기업가라고

생각합니다.

Designers and artists see potential in things where others do not. I think artists in many ways are the original entrepreneurs.

0756   우리는 멘토가 필요합니다. 저는 항상 저보다 훨씬 똑똑하고 경험이 많은 사람들을 찾는 것에 대해 부끄러움이 없었습니다. 더 많은 성공을 거둘수록 더 많은 리더를 찾기 시작했습니다. 투자자들을 찾을 때도 있었고, 페이스북의 셰릴 샌드버그도 있었고, 또한 워렌 버핏과 시간을 보낼 기회를 얻어 그가 나의 절친한 멘토가 되기도 했습니다.

We need to have mentors. I think I've always been pretty shameless about seeking out people much smarter and much more experienced than me from the very beginning. The more successful I got, the more leaders I started seeking out, whether it was investors, or Sheryl Sandberg at Facebook, or I got the opportunity to spend time with Warren Buffett and he became a close mentor of mine.

0757   문화는 모든 것이며, 모든 순간입니다. 당신이 이메일을 쓸 때, 프로젝트를 진행할 때, 심지어 복도를 걸어갈 때도 당신이 취해야 하는 살아있는 핵심 가치입니다.

Culture is a thousand things, a thousand times. It's living the core values when you hire; when you write an email; when you are working on a project; when you are walking in the hall.

브라이언 체스키는 스타트업을 창업하기 위한 첫 번째 조건은 내가 두려움 혹은 불편함을 느낄 정도로 능력이 출중한 사람들과 팀을 만드는 것이라고 주장했다. 그러고는 이러한 말을 덧붙였다.

"만일 훌륭한 회사를 만들지 못했다면 당신의 아이디어나 제품이 얼마나 훌륭한지는 상관없습니다. 왜냐하면, 제품의 지속 가능성이 현저히 떨어졌다는 증거가 나온 것이니까요. 그런 이유로 저희는 미래를 매우 길게 내다보면서 회사를 만들고 싶다는 점을 깨달았습니다. 목적이 필요하다는 사실을 깨달은 저희는 그에 상응하는 문화도 설계되어야 한다고 생각했습니다."

이렇듯 브라이언 체스키는 출중한 팀을 중요시했으며, 지속 가능한 목적을 중요하게 생각하였다. 에어비앤비를 세계 최대 숙박 시설로 만들 수 있었던 이유는 그의 이러한 생각 덕분일 것이다. 브라이언 체스키의 말을 통해 그의 인생관을 더욱 자세히 살펴보자.

0758   저는 우리가 스스로 잠재력을 제한하는 삶을 산다고 생각합니다. 그래서 힘든 시기가 왔을 때, 이겨내려 하기보다 불가능하다는 합리화로 단념하곤 합니다. 이는 당신이 만들어낼 무한한 가능성을 제한하고 있는 것입니다.

I think we go through our lives limiting our potential, and when times are tough, it's easy to convince ourselves that something isn't possible, but if you start there, then you limit yourself and the possibilities of what you can create.

0759   어린 시절, 우리는 생생한 상상력을 가지고 있었습니다. 우리는 산타클로스를 기다리며 늦게까지 깨어있고, 대통령이 되는 것을 꿈꾸며, 물리학을 거스르는 아이디어를 가지고 있습니다. 그러나 우리가 커가면서 이런 상상력을 잘라내기 시작합니다.

As children, we have vivid imaginations. We stay up late waiting for Santa Claus, dream of becoming president, and have ideas that defy physics. Then something happens. As we grow older, we start editing our imagination.

0760   상상력을 새로운 아이디어를 파내는 거대한 돌이라고 생각하세요. 우리가 이 상상력을 나누면서 새로운 아이디어는 점점 깎이고 다듬어집니다. 그러나 상상력을 잘라내는 것으로 시작한다면 당신은 작은 돌을 갖고 시작하는 셈입니다.

Think of the imagination as a giant stone from which we carve out new ideas. As we chip away, our new ideas become more polished and refined. But if you start by editing your imagination, you start with a tiny stone.

0761   소속감은 항상 인류의 근본적인 원동력이었습니다.

Belonging has always been a fundamental driver of humankind.

0762   시간에 대한 우리의 인식은 생소하고 생생하며 새로운 것에 대한 인식에 의해 생겨납니다.

Our perception of time is really driven by our perception of the unfamiliar, vivid, and new.

0763 여권을 소지하고, 여행을 많이 다니는 사람들은 이해심이 높은 경향이 있습니다. 그리고 여행을 많이 다니지 않는 사람들이 만나보지도 못한 사람에 대한 강한 선입견을 가지고 있다는 것은 꽤 아이러니한 일입니다.

The people with the passports, the people who travel more, tend to be the most understanding. And it's ironic that the people who travel the least have the strongest opinions about the people they've never met.

0764 인생에 중요한 건 물질적인 것이 아닙니다. 중요한 것은 다른 사람들, 그들과의 관계, 그리고 경험입니다.

The stuff that matters in life is no longer stuff. It's other people. It's relationships. It's experience.

0765 반복은 기억을 만들지 않습니다. 새로운 경험들을 만들어냅니다.

Repetition doesn't create memories. New experiences do.

0766 여행은 당신을 일상에서 탈출시켜, 사랑하는 사람들과 추억을 만들 수 있게 해주는 새로운 경험입니다.

Travel is a new experience that can transport you out of your everyday routine to create memories with the ones you love.

제20장

유연하면서도 끈기가
있어야 한다.

링크드인 창업자
리드 호프먼 *Reid Hoffman*

리드 호프먼은 2002년 12월 소셜넷의 전 직장동료 2명과 함께 링크드인을 공동 창립하였다. 링크드인은 2003년 5월 5일 최초의 비즈니스 중심 온라인 소셜 네트워크 중 하나로 출시되었고, 2021년 기준 200개 이상의 국가 및 지역에서 약 7억 명의 회원을 보유 중이다. 이 사이트에 등록된 사용자는 전문 프로필을 만들고, 사이트 사용 여부와 관계없이 누구나 초대해 연결할 수 있다.

〈포브스〉는 "링크드인은 오늘날 구직자와 비즈니스 전문가가 사용할 수 있는 가장 유리한 소셜 네트워킹 도구이다."라고 평가했다. 호프먼은 2007년 2월 제품의 회장 겸 사장이 되기 전 4년 동안 링크드인의 창립 CEO였고, 2009년 6월에 회장이 됐다. 한 인터뷰에서 호프먼은 "이전에 움직일 수 없었던 방식으로 움직일 수 있게 만들어주는 도구를 사용하는 방법에 대해 적극적으로 생각해야 하며, 대부분의 사람은 이에 대해 그다지 능숙하지 않다."라고 말하기도 하였다. 더불어 마이크로소프트는 2016년 6월 13일에 262억 달러에 링크드인 인수를 제안하였고, 이를 받아들인 호프먼은 2017년 3월 14일에 마이크로소프트의 이사회 구성원이 되었다.

리드 호프먼은 그의 저서 〈Startup of You〉에서 기존 커리어 개발 모델에 대한 반론을 제시하였다. 첫 번째 오류는 내 커리어의 가치를 결정하는 것은 자기 자신이 아니라 끊임없이 변화하는 시장이라는 것이다. 자신의 열정과 기술만으로 좋은 커리어를 만드는 것은 불가능하다. 시장이 그 가치를 인정해줘야 한다. 따라서 역동하는 시장 상황을 간과하는 고지식한 커리어 개발론은 새로운 위험과 기회에 대해 능동적으로 대처하지 못하게 만드는 단점이 있다.

블로거와 트위터를 만든 에반 윌리엄스의 경우를 생각해보자. 그가 트위터를 만들기 전에 처음 벤처 캐피털리스트를 찾아가 제안했던 비즈니스 모델은 팟캐스트(podcast)였다. 그러나 몇 가지 실험을 해보고 나서 에반은 이것이 시장에서 통하지 않을 거라고 깨닫는다. 그리고 유연하게 당시 겸업으로 하고 있던 트위터의 잠재력을 믿고, 도전하여 큰 성공을 거두었다.

사실, 이렇게 최고의 선택인 Plan A가 아니라 차선이라 여겼던 Plan B를 통해서 대박을 터뜨린 실리콘밸리의 성공사례는 비일비재하다. 자신이 무엇에 열정을 가지고 있고, 무엇을 잘하는가를 생각하는 것은 언제나 중요하지만, '지금' 무엇을 해야 할 것인가는 정확한 시장 상황의 판단에 근거해야 한다. 때로는 Plan A가 아니라 Plan B가 더 가치 있다는 것을 아는 기업, 사람만이 이 변화의 소용돌이 속에서 생존할 수 있다. 자신만 믿고, 앞만 보고 달려가라고 주장하는 기존 커리어 모델은 이 점을 놓치고 있다는 것이다.

두 번째 오류는 뒤에서 살펴보고, 일단 그가 남긴 명언을 통해 일에 관한 사고를 확장해보자.

0767 제품의 첫 번째 버전이 부끄럽지 않다면, 그 제품을 너무 늦게 출시한 것이다.

If you are not embarrassed by the first version of your product, you've launched too late.

0768 실리콘밸리에서는 실패 자체를 기념하지 않는다. 그것을 통한 배움을 기념한다.

We don't celebrate failure in Silicon Valley. We celebrate learning.

0769 모든 사람은 기업가다. 그들이 모두 회사를 설립하려 하기 때문이 아니라 창조하고 싶은 의지가 인간의 DNA에 새겨져 있기 때문이다.

All humans are entrepreneurs not because they should start companies but because the will to create is encoded in human DNA.

0770 제휴의 토대는 회사가 직원의 경력 변혁을 돕고, 직원이 회사의 혁신을 돕는 것이다.

The underpinnings of the alliance: the company helps the employee transform his career; the employee helps the company transform.

0771 선구자로서의 혜택은 단지 그것을 창업하는 회사에 주어지는 것이 아니라 거기서 규모를 확장하는 회사에 주어집니다.

First mover Advantage doesn't go to the company that starts up, it goes to the company that scales up.

0772 소셜 네트워크는 일곱 가지 죄악 중 하나를 활용할 때 가장 잘 운영됩니다. 페이스북은 '자아', 징가는 '나태', 링크드인은 '탐욕'을 활용합니다.

Social networks do best when they tap into one of the seven deadly sins. Facebook is ego. Zynga is sloth. LinkedIn is greed.

0773 사내 네트워킹에서 마주하는 어려움 중 하나는 모두가 낯선 사람들에게 일방적인 소통을 요구한다고 생각한다는 점입니다. 사실, 그들은 이미 당신과 강한 신뢰관계를 맺고 있고, 당신이 얼마나 성실하고 현명한 팀 플레이어인지 알고 있으며, 언제든지 당신을 도와줄 수 있는 존재입니다.

One of the challenges in networking is everybody thinks it's making cold calls to strangers. Actually, it's the people who already have strong trust relationships with you, who know you're dedicated, smart, a team player, who can help you.

0774 가장 많이 연결되어 있는 것보다 가장 잘 연결되어 있는 것이 더 좋다.

It's better to be the best connected than the most connected.

0775 기업가 정신을 가진 직원들에게는 인지도는 높지만 사람을 일회성 자산으로 취급하는 회사들보다 인지도는 낮지만 높은 현실감각을 가진 회사들이 매력적일 것이다.

A little-known company with a realistic framework that appeals to entrepreneurial employees is going to be more attractive than a famous company that treats its people like disposable assets.

0776 사람들이 기업가적으로 생각할 때 사회는 번영한다.

Society flourishes when people think entrepreneurally.

0777 가장 흔한 기업가적 충동은 아이디어가 떠올랐을 때 주위에 말하지 않고 속으로만 생각하는 것인데, 이런 방식은 대부분 좋지 않다.

When you have an idea, a classic entrepreneurial impulse is to hold the idea close to you and not tell people and that's almost always a mistake.

0778 위대한 창업자들이 하는 일은 업무에 필요한 네트워크를 찾는 것이다. 보통 혼자 일하기보다는 팀에 두세 명의 사람을 더 두는 것이 좋다.

What great founders do is seek the networks that will be essential to their task. Usually it's best to have two or three people on a team, rather than a solo founder.

0779 제품에 대한 좋은 아이디어를 갖는 것도 중요하지만, 제품 유통에 대한 좋은 아이디어를 갖는 것은 훨씬 더 중요하다.

Having a great idea for a product is important but having a great idea for product distribution is even more important.

0780 데이터는 여러분이 만들고자 하는 비전의 프레임워크(틀), 그리고 어디로 향할 것인지에 대한 가설상에서만 존재한다.

Data only exists within the framework of a vision you're building to, a
hypothesis of where you're moving to.

0781 제품 유통에 대해 생각할 때 고려해야 하는 것은 잠재 고객, 그
리고 그들의 시간을 위해 어떤 경쟁력을 갖추었느냐는 것이다.

The challenge when you think about product distribution is: how are you
competing for potential customers or potential members time.

0782 미래에 대한 꿈을 꾸거나 계획을 세우기 전에, 기업가들이 하는
것처럼 이미 가지고 있는 것들이 자신에게 어떻게 적용되고 있는
지 생각해봐야 한다.

Before dreaming about the future or marking plans, you need to articulate
what you already have going for you as entrepreneurs do.

0783 삶의 의미를 만드는 것은 사람들이다. 따라서 당신 곁의 사람들,
그리고 더 넓은 공동체를 잘 대하려고 노력해야 한다. 그래서 내
프로젝트의 대부분은 이 세상 사람들에게 영향을 미치는 방법
을 고안하는 것이다.

What makes the meaning of life is people, so you try to be good to people
immediately around you and in your broader community. So a lot of my
projects are about how I can affect the world in the hundreds of millions.

이어서 두 번째 오류는 내 커리어의 가치를 높이는 것은 나 자신이 아
니라 나와 '함께한 사람들의 네트워크'라는 것이다. 호프먼은 이것을 네

트워크 지성이라고 부른다. 이유는 간명하다. 커리어의 가치가 상승하는 것은 새로운 커리어 기회에 내가 올라탈 수 있게 됐을 때다. 그러나 그것은 나 혼자의 힘으론 어렵다. 새로운 분야, 혹은 새로운 지위에 올라서려면, 그것에 도전하는 나의 열정과 기술에 적절한 지적과 조언을 해주고, 나아가 그러한 새로운 고용, 창업, 투자의 기회를 직간접으로 제공해 줄 인맥이 필요하다.

그가 우리에게 주는 교훈은 무엇일까? 그동안 상대적으로 새로운 변화의 움직임이 미미했던 국내에선 호프먼이 주장하는 스타트업 마인드의 커리어 개발 전략의 효과가 상대적으로 미약할 수도 있다. 실제로, 〈Startup of You〉에서도 결론 부분에 워렌 버핏이 자신이 미국이 아닌 다른 지역에서 태어났더라면 투자가로서 큰 성공을 거두기 어려웠을 것이란 말이 나온다. 스타트업 마인드도 그런 불확실성에 도전하는 것이 적절한 보상을 받는 환경에서 유의미할 것이란 점을 강조하기 위해 인용된 것인데, 그 점에서 볼 때 실제 업계에서 도전과 혁신이 얼마나 인정받는지 생각해볼 필요가 있다. 이어서 그의 성공 명언을 살펴보자.

0784   실리콘밸리는 장소가 아니라 사고방식이다.

Silicon Valley is a mindset, not a location.

0785   우리는 올바른 철학을 가진 회사에서 적절한 인재가 적절한 기회를 만나면 놀라운 변화가 일어날 수 있다고 믿는다.

We believe that when the right talent meets the right opportunity in a company with the right philosophy, amazing transformation can happen.

0786 여러분의 인맥(네트워크)은 여러분을 돕고자 하는 사람들이다. 그리고 당신 또한 그들을 도우려 한다면 서로에게 아주 강한 네트워크가 될 수 있다.

Your network is the people who want to help you, and you want to help them, and that's really powerful.

0787 신뢰를 통한 상호 가치 창출은 직원과 기업 모두가 시장에서 경쟁력을 갖출 수 있도록 한다. 사실 대립은 매우 쉽다. 하지만 대립적인 동시에 옳은 일을 하기는 쉽지 않다.

Trust and mutual value creation helps both employer and employee compete in the marketplace. It's actually pretty easy to be contrarian. It's hard to be contrarian and right.

0788 소프트웨어에서는 시장을 향한 속도와 학습 속도가 중요하다. 하드웨어에서 이를 망친다면 반드시 실패한다. 따라서 정확성이 매우 중요하다.

In software, speed to market, speed to learning is really key. In hardware, if you screw it up, you're dead. So accuracy really matters.

0789 좋은 아이디어에는 그 잠재력을 실현하기 위한 좋은 전략이 필요하다.

Good ideas need good strategy to realize their potential.

0790 '종료'는 우리에게 좋지 않은 단어다. 우리는 모두 현재진행 중이다. 하루하루가 삶과 일에 있어 더 배우고, 더 일하고, 더 성장할

기회가 된다.

Finished ought to be an F-word for all of us. We are all works in progress. Each day presents an opportunity to learn more, do more, be more, grow more in our lives and careers.

0791 좋은 기회는 대부분 당신의 사정을 맞춰주지 않는다.

Great opportunities almost never fit your schedule.

0792 실리콘밸리의 진짜 비밀은 모든 것이 '사람'을 위한 것이라는 것이다.

The real secret of Silicon Valley is that it's really all about the people.

0793 현실은 이렇다. 창업자는 수많은 골칫거리로 고통받는 사람이고, 그 누구에게도 초능력은 주어지지 않았다.

The reality is: a founder is someone who deals with a ton of different headaches and no one is universally super powered.

0794 사업의 시작부터 사내 문화와 직원들에게 많은 공을 들여라. 링크드인을 활용하면 더 효율적으로 직원들과의 정보 공유, 상호작용을 할 수 있다.

Pay attention to your culture and your hires from the very beginning. If you can get better at your job, you should be an active member of LinkedIn, because LinkedIn should be connecting you to the information, insights and people to be more effective.

0795 네트워크 제공자들은 사람 만나는 것을 좋아한다. 나는 그렇지 않다. 그것보다는 무언가 성취해내는 것을 좋아한다. 그런데 무언가 성취하고자 할 때는 사람들을 만나야 한다.

사람들은 인터넷이 그들의 커리어에 많은 도움이 된다는 것을 알게 될 것이다. 내 신념 중 하나는 이제 모든 사람은 하나의 작은 사업체라는 것이다. 개인 경력을 관리하는 것은 작은 사업체를 운영하는 것과 같은 수준이 될 것이다. 당신이라는 브랜드가 중요하다. 그것이 링크드인의 작동 방식이다.

A networker likes to meet people. I don't. I like accomplishing things in the world. You meet people when you want to accomplish something.

People will be discovering that the Internet helps their career. One of my theses is that every individual is now a small business; how you manage your own personal career is the exact way you manage a small business. Your brand matters. That is how LinkedIn operates.

0796 자신이 올바른 길을 가고 있는지 인식할 수 있는 것은 유용합니다. 투자 이론과 일치하는지에 대한 믿음과 동시에 '내가 투자 이론에 맞춰 진행 중인가?'라는 걱정도 가지는 것이 좋습니다.

It's useful to be able to recognize whether you're on track or not. To have that belief, but also paranoia about am I tracking against my investment thesis.

0797 문제는 어떻게 비포장도로를 통과하느냐, 당신 주위에 네트워크를 형성하느냐는 것이다.

The question is: how you cross uneven ground, how you assemble networks around you.

0798 이것이 왜 잠재력을 가진 좋은 아이디어인지, 본질적으로 뒷받침할 수 있는 투자의 논지를 가지고 있어야 한다.

You should have an investment thesis that essentially says why you think this is potentially a good idea.

0799 미래는 당신이 생각하는 것보다 더 빠르고 이상하다.

The future is sooner and stranger than you think.

앞서 설명한 기존 조직의 반응에도 불구하고 시장이 역동적으로 변하고 있는 것도, 그리고 그것이 우리의 커리어에 커다란 영향을 미칠 것은 명백한 사실이다. 아이폰 도입이 가져온 국내 산업계의 변화를 늦출 수는 있지만 부정하는 것은 불가능하다는 점이 그 증거이다. 따라서 아직 저평가되었더라도 스타트업 마인드를 갖출 필요가 있다.

스타트업 마인드를 갖추지 않는다면, 내게 다가오는 기회를 잡지도 못하고, 혹은 피해야 할 위협을 방지하거나 감소시킬 수도 없다. 하지만 이는 스타트업 마인드를 자신의 편의에 따라 임의로 정의하라는 뜻이 아니다. 스타트업 마인드는 무조건 혁신과 창의를 부르짖는 흥분상태가 아니다. 이것은 나의 지향점과 고유한 강점을 냉철하게 파악하고, 그것에 기초하여 시장의 변화에 유연하고 전략적으로 대처하는 자세를 가리킨다. 그리고 나아가 무엇보다도 사람이 가장 큰 자산임을 알고, 자신뿐만 아니라 나와 함께한 사람들이 함께 성장할 때 더 높이, 더 멀리 갈 기회가 주어짐을 깨닫고, 그것을 적극적으로 실현하는 것을 말한다. 이를 실천하기 위해 그의 명언을 더 알아보자.

0800   당신은 절벽에서 뛰어내려 떨어지면서 비행기를 조립해야 한다.

You jump off a cliff and you assemble an airplane on the way down.

0801   아무리 뛰어난 정신력이나 전략을 가지고 있어도 혼자라면 팀에
지고 말 것이다.

No matter how brilliant your mind or strategy, if you're playing a solo
game, you'll always lose out to a team.

0802   당신은 끊임없이 자신을 고쳐나가고 미래에 투자해야 한다.

You have to be constantly reinventing yourself and investing in the future.

0803   기회는 하늘의 구름처럼 떠다니지 않는다. 기회는 사람들 가까이
에 있다. 기회를 찾고 있다면 사람을 가까이 해야 한다.

Opportunities do not float like clouds in the sky. They're attached to
people. If you're looking for an opportunity, you're really looking for a
person.

0804   혁신은 장기적인 사고와 반복적인 실행에서 비롯된다.

Innovation comes from long-term thinking and iterative execution.

0805   자신을 변화시키는 가장 빠른 방법은 롤모델로 삼을 수 있는 사
람을 곁에 두는 것이다.

The fastest way to change yourself is to hang out with people who are already the way you want to be.

0806 인생의 모든 것은 약간의 위험을 가지고 있다. 그리고 여러분이 실제로 배워야 하는 것은 그 위험 속을 항해하는 방법이다.

Everything in life has some risk, and what you have to actually learn to do is how to navigate it.

0807 아이러니하게도 변화하는 세상에서 가장 위험한 일은 안전지대에 머무르는 것이다.

Ironically, in a changing world, playing it safe is one of the riskiest things you can do.

0808 지능적으로 위험을 감수하는 사람들은 그렇지 않은 사람들보다 훨씬 더 발전할 수 있다.

People who take risk intelligently can usually actually make a lot more progress than people who don't.

0809 유연하면서도 끈기가 있어야 한다.

You gotta be both flexible and persistent.

제21장

당신이 수집하는 것은 당신이 누구인지에 대해
많은 것을 말해준다.

핀터레스트 CEO
벤 실버만 *Ben Silverman*

벤 실버만은 예일대학 의대에 재학 중 IT 기술의 비약적인 발전에 흥미를 느끼고 구글 온라인 광고 팀에 입사했다. 그러나 2년 만에 구글을 퇴사한 뒤, 친구인 폴 시아라와 애플리케이션 개발에 뛰어들었다. 그는 여러 번의 실패 끝에 어린 시절 곤충채집, 우표수집에 열광하던 것에서 영감을 얻었다. 수집할 수 있는 SNS를 만들어보자는 생각에서 개발한 것이 핀터레스트이다.

벤 실버만은 핀터레스트가 기존 소셜 미디어의 단점인 우월감, 상대적 박탈감, 소외감 유발보다는 자신의 고민과 생각을 나타낼 수 있는 장점이 있다고 밝혔다. 우리가 가장 관심을 가져야 할 핀터레스트의 특징은 어떻게 돈을 버는가다. 핀터레스트는 인테리어, 디자인, 요리 레시피, 감성적인 이미지 등을 감각적인 알고리즘과 큐레이팅으로 전시하는 SNS이다. 핀터레스트 역시 다른 SNS와 비슷하게 광고가 주요 수입원이지만, 흥미로운 점은 광고 상품들조차 콘텐츠로 활용한다는 점이다.

핀터레스트는 조용히 세계에서 2번째에 버금가는 검색엔진이 되어가고 있다. 특히 모바일 접속자와 검색량에서 빙, 인스타그램, 링크드인, 페이스북 등을 압도하거나 거의 상응하는 MAU(monthly active user)를 과

시하고 있다. 핀터레스트는 이미지 중심의 소셜네트워크로, 사람들의 관심사를 기반으로 연결해 오프라인 동호회처럼 온라인상에서 시간과 장소의 제약 없이 언제든 자신의 관심사를 공유할 수 있는 것이 특징이다.

핀터레스트라는 이름은 고정하거나 꽃을 때 사용하는 핀(pin)과 관심을 뜻하는 인터레스트(interest)의 합성어다. 핀터레스트는 인터넷에서 관심 가는 내용을 가져오면 자연스럽게 보드를 생성하고, 이 보드에 올라온 핀을 다른 사람이 다시 가져가는 방식으로 퍼져나가 사람들의 이목이 쏠리는 정보를 빠르게 확산시킬 수 있다. 핀터레스트를 만든 벤 실버만은 어떤 가치관을 가졌을까? 그의 명언을 통해 알아보자.

0810   저는 모든 상황에서 핀터레스트를 씁니다. 독서목록, 여행, 취미 등 핀터레스트엔 모든 것이 있어요. 저의 결혼 계획도, 아이를 위한 육아 계획도 핀터레스트를 사용했죠. 그래서 저와 같은 사람들이 많다는 것을 알게 되었을 때 기분이 매우 좋았습니다.

I use Pinterest for everything. Book collections, trips, hobbies. It's all there. I planned my wedding on it. When I had a kid, I planned all his stuff on it. So it was nice to discover that I wasn't the only one.

0811   당신이 모은 것을 보면 당신이 어떤 사람인지 알 수 있습니다.

What you collect says so much about who you are.

0812   저희는 일반적인 사람들이 핀터레스트를 사용할 때도 서비스가 향상될 수 있도록 노력하고 하고 있습니다.

We're trying to do something so that when the average person uses

Pinterest, it has to make the service better.

0813 핀터레스트가 인간이었으면 좋겠어요. 인터넷은 아직 너무 추상
적이에요. 제게 핀터레스트 보드는 세상을 인간적으로 바라보는
방식입니다.

I want Pinterest to be human. The Internet's still so abstract. To me,
boards are a very human way of looking at the world.

0814 모든 충고를 받아들이지는 마세요. 예외는 있겠지만, 충고를 하
는 대부분의 사람은 자신의 경험을 바탕으로 지나치게 일반화하
는 경향이 있습니다. 모든 것을 너무 많이 생각하지 마세요. 저
또한 지나치게 많이 생각하는 문제로 고민해 왔습니다. 그냥 무
언가를 만들어보고, 그것이 통하는지 알아보세요.

Don't take too much advice. Most people who have a lot of advice to give
with a few exceptions generalize whatever they did. Don't over−analyze
everything. I myself have been guilty of over−thinking problems. Just
build things and find out if they work.

0815 핀터레스트가 잘 작동할 때란 여러분이 의미 있는 것을 찾을 수
있도록 도와줄 때입니다. 우리는 그것을 도와주는 시스템을 만들
고 싶습니다.

When Pinterest works well, it helps you find things that are meaningful to
you. We want to build a system that helps you do that.

0816 사람들은 스타트업을 운영하는 것은 마치 마라톤과 같다고 말합

니다. 하지만, 사실 스타트업 운영은 헤드라이트가 없는 자동차로 하는 로드트립과 같습니다. 톨레도에 가고 있다고 생각하지만 사실 마이애미에 가고 있을 수 있고, 가다가 누군가에게 부족한 기름을 사야 할 수도 있고, 당신이 운전을 잘하지 못한다면 누군가 운전대를 빼앗을 수도 있습니다.

People say doing a startup is like a marathon. It's actually a roadtrip at night with no headlights. You think you're going to Toledo but you're actually going to Miami and you might not have enough gas so you might need to buy gas from someone who might take you out if you aren't driving well.

0817 제가 가장 존경하는 회사는 사람들이 서비스를 사용하는 이유에 대해 깊이 이해하고 있으며, 사람들이 느끼는 것과 그들의 일이 정확히 일치하는 방향으로 수익 구조를 창출해내는 일을 해내는 회사입니다.

The companies that I really admire the most are the ones that have a deep visceral understanding of why people use their service, and they figure out ways of making money that are completely consistent with how people are feeling and what they are doing at the time.

0818 제품을 만드는 사람은 누구나 기쁨을 누림과 동시에 부끄러움도 느낍니다. 온종일 제품을 보다 보면 어떻게 해야 더 잘 만들 수 있을까 라는 생각만 계속하기 때문입니다.

I think anyone who makes products has this simultaneous joy and, almost, shame looking at it. You look at it all day and all you can see is all these things you want to make better.

0819 저는 항상 이런 기업가들의 이야기를 읽습니다. 그들은 마치 물 한 방울 없는 사막에 있는 것 같습니다. 하지만 운이 좋게도 저에게는 긍정적인 팀원들이 곁에 있습니다. 제 팀원들은 미래에 대해 낙관적이고, 어려운 시기를 헤쳐나가면 대개 마지막에 좋은 일이 있다는 것을 알고 있습니다.

I always read about these stories of entrepreneurs—it's like they're in the desert with no water, and they're the ones that survive. But I've been really fortunate to have people on my team who are optimistic about the future and who know that if you work through hard times that there's usually something good at the end.

0820 저는 일어나서 분석 결과를 보면서 "어제가 핀터레스트의 마지막 날이었다면?"이라고 생각하곤 했습니다. 마치, 모든 사람이 "우린 이제 끝났어!"라고 결심한 것처럼요. 그러나, 시간이 지날수록 더 자신감을 갖게 되었습니다.

I used to wake up and look at our analytics and think, "What if yesterday was the last day anyone used Pinterest?" Like, everyone collectively decided, "We're done!" Over time I got more confidence.

0821 우리는 평범한 사람들이 핀터레스트를 사용하길 바라고, 사용한 경험이 그들을 더 좋게 만들어 줄 거로 생각합니다.

We want the average person to use it and think that it makes the experience of using Pinterest better.

0822 여러분이 항상 다른 사람들과 소통할 수 있도록 도와주는 가치 있는 서비스들은 정말 많습니다. 하지만 여러분의 꿈을 이루고, 야망을 성취할 수 있도록 도와주는 서비스는 상대적으로 거의 없습니다.

There are a lot of really valuable services that are always pushing you to communicate with other people. But there are relatively few services that are about helping you be the person you want to be and fulfilling your ambitions.

0823 아무리 기술이 발전하더라도 사람들이 정보를 시각적으로 처리한다는 사실은 변하지 않을 것입니다.

No amount of technology is going to change the fact that people process information visually.

0824 나는 항상 페이스북과 트위터를 '타인의 시간'이라고 표현합니다. 이제 세상과 당신 밖에 있는 것에 대해 말할 때입니다. 핀터레스트는 많은 사용자에게 '나의 시간'을 제공합니다. 당신의 미래가 어떻게 흘러가기를 바라나요? 당신은 누구인가요? 앞으로 하고 싶은 일은 무엇인가요?

I always describe Facebook and Twitter to some extent as 'them time': it's time about the world and what's outside of you. Pinterest, for a lot of users, is 'me time.' What do I want my future to be? Who am I? What are the things I want to do?

0825 핀터레스트의 가장 큰 특징은 사람들이 개인의 삶을 위해 아이

디어를 모은다는 것입니다. 다른 사람을 화나게 하거나, 거창한 선언을 하기 위해서가 아니라요.

The biggest thing about Pinterest is that people are there saving ideas for their personal lives. Not to rile up other people or make a big statement.

핀터레스트는 온라인에서 자신이 관심을 가지는 이미지들을 핀으로 꽂아 자신의 공간에 전시함으로써 사람들과 공유하는 SNS 서비스이다. 페이스북, 인스타그램 등 기존의 SNS는 검색엔진을 연대기식으로 보여준다면, 핀터레스트는 나만의 전시장에 큐레이션 형태의 보여주기 방식이라는 차이점을 가진다.

큐레이션 형태의 SNS에서 주목해야 할 점은 쇼핑으로 직접 연결되는 방향이 다른 연대기식 SNS에 비해 매우 강하다는 점이다. 벌써 10억 명 이상의 사용자가 핀터레스트를 이용하고 있다. 이미지 중심의 큐레이션 형태에선 검색 주제에 대한 최신 트렌드와 감각적인 알고리즘이 사용자 취향을 파악해 자신에게 맞는 제품들의 데이터를 무수하게 제공한다. 하나의 이미지를 클릭할 경우 알고리즘에 의해 이미지와 비슷한 여러 게시물을 동시다발적으로 보여주기 때문에 사용자로선 간단한 검색으로 자신의 취향에 맞는 제품, 혹은 게시물들을 최적의 환경에서 찾아볼 수 있다고 보면 된다.

0826 제가 배운 점은 정말 훌륭한 사람들은 어려운 문제를 풀어내고 싶어 한다는 것입니다.

I think the thing that I've learned is that really great people, they actually want to work on hard problems.

0827　제가 배운 것 중 하나는 피드백을 받아들이는 것입니다.

One of the things I've learned is to be receptive of feedback.

0828　저는 여러분이 모은 것이 여러분에 대해 많은 것을 말해준다는 아이디어에 사로잡혀 있었어요. 냉철한 사업 분석에서 나온 것은 아니었어요. 단지 제가 정말 만들고 싶은 것이었을 뿐입니다.

I was obsessed with this idea that these things that you collect, they just say so much about who you are. I can't say it came from hard-nosed business analysis. It was just something I really want to see built.

0829　저는 구글이 가장 멋진 곳이라고 생각했어요. 그곳의 사람들은 매우 똑똑했고 정말 흥미로운 일들을 하고 있었습니다. 작은 일이라도 함께해서 정말 행운이라고 느꼈어요.

I thought Google was the coolest place. People there were so smart and they were all doing these really interesting things. I just felt really lucky to be a part of it even in a small way.

0830　저는 창의적 비즈니스의 원료는 팀이 가진 경험과 기술이라고 믿습니다. 다양한 곳에서 온 다양한 가치관과 재능을 가진 사람들이 함께 있다면 더 나은 회사를 만들 수 있습니다.

I really believe that the raw ingredient of any creative business is the set of experiences that the team has, the set of skills. I think a simple fact is that if you have a different set of experiences based on how you grew up or how other people perceive you, or if you have a different set of skills, that will produce a better company.

0831   대부분의 재능 있고 추진력이 있는 사람들은 실패해도 단념하지 않습니다. 그래서 만약 여러분이 그들에게 정말 어려운 일을 내려준다면, 그들은 "왜 안 되지, 한번 시도해 보자. 만약 우리가 성공하지 못한다 해도 적어도 우리는 정말 중요하고 의미 있는 일을 할 기회를 잡았어."라며 흥분할 거예요.

I think that a lot of the most talented and driven people, they're not super deterred by failure. So if you put out a really big challenge, I think they get reality excited by that—they say, 'Hey, why not, let's go give it a shot, and if we fall short on that, at least we took a shot at doing something really important and meaningful.'

0832   외부에서는 실리콘밸리는 어린 괴짜들로만 가득하다는 인식이 있습니다. 현실은 이곳에도 다양한 유형의 사람이 많이 있다는 것입니다.

From the out side, there's a perception Silicon Valley is full of really young, geeky guys. The reality is there are lots of different types of people there.

0833   핀터레스트에 들어가면, 여러분이 좋아하는 물건들만으로 가득한 건물에 걸어 들어온 것 같은 느낌을 받아야 합니다. 모든 것이 당신을 위해 엄선된 느낌이 들 거예요.

When you open up Pinterest, you should feel like you've walked into a building full of stuff that only you are interested in. Everything should feel handpicked for you.

0834 작은 회사에서는 '집중'이 가장 중요합니다. 해낼 수 있는 일의 양이 한정되어 있을 뿐만 아니라 옳은 순서대로 일을 해야 하기 때문입니다.

At a small company, so much of the trick is focus. Not only can you only do a finite number of things, but you have to do them in the right order.

0835 핀터레스트가 존재하는 이유는 사람들이 좋아하는 것들을 발견하고 이를 실행할 수 있도록 돕기 위함입니다. 그리고 그들이 취하는 많은 행동은 상업적 의도와 관련 있습니다.

The whole reason Pinterest exists is to help people discover the things that they love and then go take action on them, and a lot of the things they take action on are tied to commercial intent.

0836 검색의 미래는 키워드가 아닌 사진이 될 것입니다. 따라서 컴퓨터 시각 기술이 가장 중요한 요소가 될 것입니다.

A lot of the future of search is going to be about pictures instead of keywords. Computer vision technology is going to be a big deal.

0837 가장 큰 과제는 사람들에게 핀터레스트가 소셜 네트워크가 아니라는 것을 이해시키는 것입니다.

The No. 1 challenge is getting people to understand that Pinterest isn't a social network.

0838   많은 사람이 핀터레스트를 일상적인 것들을 좋은 방향으로 이끌어 준다고 생각하고 있습니다. 그리고 저는 대부분의 사람에게는 '일상'이 그들에게 전부임을 믿습니다.

I really think that even though Pinterest isn't a lot of people's idea of hard technology, it helps make everyday things a little bit better. And I believe that for most people, everyday things, those are everything.

0839   핀터레스트는 사용하는 사람보다 사용하지 않는 사람이 훨씬 더 많다고 생각합니다만, 대부분에게 최초 사용 경험은 정말 중요합니다. 더 나은 환경을 만들기 위해서는 최초 사용 경험을 가깝게 느끼는 것이 아주 기본적인 요소라고 생각합니다.

I think there are a lot more people that don't use Pinterest in the world than do use it, so for most people, that first experience is really, really important. I think feeling really close and in touch with that first user experience is pretty basic to making it better every day.

0840   서비스를 구축할 때 어려운 점 중 하나는 처음 가입했을 때 어땠는지 잊기 쉽다는 것입니다. 가끔 새로운 계정을 만들어서 여기서 정말 좋아하는 것을 찾기가 쉬운지, 지금도 그것을 사용하고 있는지, 아니면 그렇지 않은지 확인하는 것이 좋습니다.

One of the hard parts about building a service that you use yourself is that it's easy to forget what it was like the very first time someone signs up. Every once in a while, I'll create a brand new account and give it a try and see how hard it is to find things that I really love, see if I'm using it or thinking about it differently.

광고 개시 후, 누군가 광고 사진 또는 영상을 pin 하여 자신의 전시장에 저장한다면 그 광고는 광고가 아닌 콘텐츠로 인정된다. 이에 핀터레스트에 광고를 개시하는 광고주들은 더 나은 콘텐츠들을 만들어 다른 사람들에게 공유되기 위해 노력하고 있다. 이러한 핀터레스트의 CEO인 벤 실버만은 다음과 같은 장점과 리더십을 가지고 있기도 하다.

첫째는 창의성과 비전이다. 벤 실버만은 창의성과 비전에 대한 열정이 강한 CEO로 그는 핀터레스트를 창립할 때부터, 미래를 예측하고 세계적인 소셜 미디어 플랫폼으로 성장시키기 위한 비전을 가지고 있었다.

둘째는 집중과 인내다. 벤 실버만은 집중력과 인내심이 강한 CEO로 핀터레스트를 성장시키기 위해 많은 시행착오를 겪었다. 그러나 장애물을 겪으면서도, 포기하지 않고 항상 목표에 집중한다.

셋째는 친근한 인간관계다. 벤 실버만은 직원들과의 친밀한 인간관계를 중요시하여 자주 소통하며, 의견을 경청하고 존중한다. 또한, 회사 내부에서 상호작용을 위해 교육 프로그램과 행사를 지원하기도 한다.

넷째는 소통과 협업으로, 그는 직원들 간의 소통과 협업을 촉진하기 위해 다양한 도구와 기술을 사용한다.

마지막으로, 진실성과 신뢰성이다. 벤 실버만은 거짓말을 하지 않으며, 회사 내부에서도 진실성과 신뢰성을 유지하려고 노력한다. 이는 회사 내부의 모든 팀원에게 신뢰와 안정감을 제공한다.

다음 명언에서 그의 인생 가치관을 살펴보자.

0841   어렸을 때, 저는 항상 기업가를 우상으로 여겼습니다. 저는 그들이 농구선수들처럼 멋진 사람들인 줄 알았어요. 몇몇 사람이 덩

크숏을 한 뒤 돈을 받는 것은 멋진 일이지만, 저는 그들 같은 사람이 아닙니다.

As a kid, I always idolized entrepreneurs. I thought they were cool people in the way that I thought basketball players were cool people. It's cool that some people get paid to dunk basketballs, but I'm not one of those people.

0842 저는 레스토랑의 요리사들처럼 공학을 생각합니다. 요리사가 가장 중요하다는 것을 부인할 사람은 아무도 없겠지만, 훌륭한 식사 한 끼에는 수많은 다른 사람의 노력도 필요합니다.

I kind of think of engineering like the chefs at a restaurant. Nobody's going to deny chefs are integrally important, but there's also so many other people who contribute to a great meal.

0843 대부분의 사람이 그들이 한 모든 것을 일반화합니다. 그리고 그것이 그 일을 가능하게 한 전략이라고 말합니다.

Most people generalize whatever they did, and say that was the strategy that made it work.

0844 주위를 둘러보면, 사람들이 택시를 잡거나 음식을 주문한 뒤 휴대폰으로 결제하는 것을 볼 수 있습니다. 오랫동안 책에서만 읽어왔던 일이 이제는 흔한 일이 되어가고 있습니다.

I look around my neighborhood, and I see people hailing a cab or ordering their food and then paying for it all with their phone. I've read about that stuff for a really long time, and now it's starting to become common place.

0845 제가 어렸을 때 좋아했던 많은 것이 '접근성'에 관한 것이었습니다. (아이오와 같은) 시골에서 자란 누군가가 유튜브를 통해 브레이크 댄스에 빠질 수 있다는 것은 간단하고도 대단한 아이디어입니다.

So many things that I was excited about as a kid were about proximity. The idea that somebody could grow up in rural Iowa and be into break dancing because of YouTube—that was a really simple, profound idea.

0846 매일 우리가 정말 자랑스러워할 만한 것에 조금씩 가까워지는 것 같았고, 우리가 투자한 시간을 절대 후회하지 않을 것 같았습니다.

We just felt like if every day we were getting a little bit closer to something that we would be really proud of, we would never regret the time we'd invested.

제22장

군중을 따르는 사람은
절대 군중을 앞지르지 못한다.

우버 창립자
트래비스 캘러닉 *Travis Kalanick*

트래비스 캘러닉은 미국의 기업인이다. 그는 운송 네트워크 서비스 회사 우버(Uber)의 창립자이자 경영자로 알려져 있다. 대학을 졸업한 캘러닉은 22세 때 스코워(Scour)라는 이름의 P2P 서비스 사업을 시작했다. 불행히도 이 사업은 2000년 방송국과 영화사에서 대형 소송을 제기해 접게 되었다.

그러나 이에 굴하지 않고 또다시 레드스우시(Red Swoosh)라는 회사를 설립했는데, 이 회사는 방송국과 영화사들이 합법적으로 자료를 공유하게 하는 서비스를 제공했다. 그리고 2007년, 캘러닉은 레드스우시를 2,300만 달러에 네트워크 컴퓨팅 기업인 아카마이테크놀로지스에 매각했다. 그러고 나서 아카마이에서 약 1년간 P2P 서비스 담당자로 근무했다.

이후 힘든 시기를 보내던 캘러닉은 우디 앨런 감독의 영화《내 남자의 아내도 좋아》를 보고는 "저렇게 나이 많은 사람도 여전히 아름다운 예술을 하고 있구나."하며 감탄했고, 사업가로 재기한다.

그는 2008년 콘퍼런스에서 스텀블어폰(StumbleUpon)의 창업자 개릿 캠프를 만나 우버를 공동 창업한다. 우버는 전 세계적으로 성공했고, 그는 억만장자의 반열에 올라서게 된다.

〈포브스〉는 매년 3월이면 10억 달러 이상의 재산을 보유한 억만장자 명단을 발표한다. 그러면서 그해의 명단에 새롭게 들어간 인물을 별도로 정리한다. 신규 진입자는 대중과 산업계의 뜨거운 관심 대상이다. 신규 진입자를 살펴보면 단순히 재산이 늘어난 개인만이 아니라 요즘 성장하고 있는 유망 사업이 무엇인지를 엿볼 수 있기 때문이다.

2015년 신규 진입자 중에 미국인 트래비스 캘러닉도 있었다. 미국의 벤처 사업가인 캘러닉은 재산 53억 달러로 290위에 올랐다. 그는 혁신과 논란을 동시에 일으키는 '악동 비즈니스맨'으로 이름이 알려졌다. 자신이 고안한 우버 서비스와 이를 운영하는 기업인 우버가 진출하는 도시마다 격렬한 논란을 불러일으키고 있기 때문이다.

2009년 캐나다 출신 동료 벤처사업가 가레트 캠프와 함께 우버를 창업한 캘러닉은 같은 이름의 모바일 애플리케이션을 개발해 출시했다. 창업 당시의 이름은 우버캡(UberCab)이었다. 우버 택시라는 뜻이다. 하지만 택시라는 단어가 논란을 불러일으키자 이를 제외했다.

우버는 자동차 운전자와 이를 이용하고 싶은 사람을 연결해주는 혁신적인 모바일 앱이다. 자동차 함께 타기 운동을 하는 사람들끼리 연결해주는 의미를 넘어선다. 이 앱은 '공유경제(Sharing Economy)'라는 신개념을 모바일 앱을 활용해 실제 사회에 적용했다는 데서 사회적으로 의미가 크다.

0847 기업가로서, 저는 한계에 도전하려고 노력합니다. 항상 전속력으로 달립니다.

As an entrepreneur, I try to push the limits. Pedal to the metal.

0848 우버에서는 이러한 문화를 챔피언의 마음가짐이라고 부릅니다. 그러나 챔피언의 마음가짐은 이기는 것이 전부가 아닙니다. 이것은 여러분이 가진 모든 것, 여러분이 가진 모든 열정과 에너지를 내놓는 것에 관한 것입니다. 그리고 만약 쓰러지더라도 역경을 극복하는 것입니다.

We have this culture valued at Uber, which we call the champions' mind-set. And champions' mind-set isn't always about winning. It's about putting everything you have on the field, every ounce of passion and energy you have. And if you get knocked down, overcoming adversity.

0849 제 경험에 비추어 볼 때, 사업가가 되는 법을 배우지 말고 수영장에 뛰어들어 수영을 시작해야 한다고 말씀드리고 싶습니다.

Based on my experience, I would say that rather than taking lessons in how to become an entrepreneur, you should jump into the pool and start swimming.

0850 우버에서 우리는 "항상 열심히 하라."라고 말합니다. 비록 여러분이 내성적인 사람이고 일에 추진력이 부족하더라도, 당신을 도울 수 있는 좋은 공동 창업자를 찾으면 됩니다. 그러나 추진력을 갖춘 사람을 찾기도 힘들 정도로 내성적이라면, 쉽지 않을 것입니다. 당신이 그 정도의 추진력은 갖춰야 합니다.

At Uber, we say, 'Always be hustling.' Even if you are an introvert and you haven't got hustle in you, you better get a co-founder who does. And if you haven't got enough hustle to find a co-founder who's got hustle, it's going to be tough. You've got to have a little hustle in you.

0851   실시간 수익에만 초점을 맞춘다면, 당신이 지금까지 본 것 중 가장 적은 수익을 내는 사업을 갖게 될 것입니다.

If you are focused on profits right out of the gate, you're gonna have the smallest profitable business that has ever been seen.

0852   결국 사람들이 원하는 것을 만들어야 한다는 것은 여전합니다. 그것을 생산하고, 유통할 방법 또한 찾아야 합니다.

At the end of the day you still have to make something people want. You have find a way to produce it. You have to find a way to distribute it.

0853   우버가 된다는 것은 효율적이게 된다는 것을 의미합니다.

Being Uber means being efficient.

0854   당신의 원칙을 고수하고 대결에 익숙해지세요. 그런 사람은 많지 않기 때문에 아무리 원칙적인 사람과 마주쳐도 협상이 가능합니다.

Stand by your principles and be comfortable with confrontation. So few people are, so when the people with the red tape come, it becomes a negotiation.

0855   모든 것이 거품처럼 느껴지거나 비이성적으로 느껴질 때 제가 드리고 싶은 말은 여전히 강력한 규율, 비즈니스 구축 문화를 가진

회사를 세워야 한다는 것입니다.

What I like to say when you get into something that feels like a bubble or, at least, feels irrational is that you still want to build a company that has a strong discipline, business-building culture.

0856 모든 세부 사항을 갖추지 않고는 어떤 것도 결정할 수 없습니다.

I don't believe that you can make decisions on anything without having all of the details.

0857 당신이 강력한 원칙주의자라면, 상대방이 당신을 존중할 때만 그와 타협할 수 있습니다.

If you're operating from strong principles, you can compromise when the person on the other side is operating from principles you respect.

0858 누군가가 더 싼 가격에 같은 가치의 서비스를 제공할 수 있다면 그렇게 해야 합니다. 하지만 그것은 우버도 그렇게 해야 한다는 것을 의미합니다.

If somebody can offer value at a cheaper price, they should. But that also means Uber should, too.

0859 제 일을 단순화하기 위한 두 가지 목록이 있습니다. 말도 안 되게 재미있는 문제와 해결해야 하는 문제의 리스트가 있고, 꼭 발명해보고 싶은 것의 리스트가 있습니다. 여기서 우선순위를 정해서 차근차근 처리해 나갑니다. 큰 회사를 경영할 때도 마찬가지로 일을 단순화하기 위해 노력합니다.

The way I try to simplify my job is that I have two lists—I have a list of all the crazy, interesting problems that I get to solve every day or that need to be solved, and I have a crazy list of things I'd like to invent. And I kind of just prioritize them and work my way down, and try to simplify what I do when managing a big company.

0860 고객과의 관계를 구축하는 가장 좋은 방법은 고객에게 좋은 이야기를 들려주는 방법을 배우는 것입니다.

Best way to create a connection with customers is to learn to hustle and tell a good story.

0861 자신들의 영역에 관련된 일을 계획하는 사람들은 뭔가 파괴적인 일을 할 기회를 가지고 있습니다.

The ones who chart their own territories have the chance to do something disruptive.

0862 버릴 수 있는 만큼 버리고, 기술과 인적자원 조달을 최대한 활용하세요. 그러면 최고의 자금조달을 보장할 수 있습니다.

Go as long as you can scrapping, get your technology and your traction as far as you can and you will guarantee yourself the best fund raising process.

0863 만약 여러분이 좋은 일을 한다면, 결국 VC(벤처 캐피털리스트)들이 여러분에게 다가갈 것입니다.

If your doing some good stuff eventually those VC's (Venture Capitalists) will start reaching out to you.

0864 제품 시장에 적합하지 않다면 자금 지원으로 모든 문제를 해결할 수 없습니다.

Funding doesn't solve all problems, If you haven't found product market fit.

캘러닉이 사업을 시작하면서 우버는 미국 전역으로 급속히 퍼져나갔다. 우버가 공식 서비스를 제공한 곳은 2010년 6월 샌프란시스코에서다. 그리고 바로 그해 아이폰과 안드로이드폰, 그리도 윈도우폰을 위한 모바일 앱을 출시했다. 우버는 시작부터 모바일 앱과 함께했다. 이 서비스는 순식간에 미국 전역에 퍼져 100개 도시에서 영업에 들어갔다. 우버 앱이 편리성에서 높은 평가를 받아서다.

높은 평가의 이유는 스마트폰 앱 하나로 지금 당장 이용 가능한 우버 택시를 검색하는 것은 물론 요금 결제까지 한꺼번에 끝낼 수 있다는 장점 때문이다. 실시간으로 이용 가능한 차를 찾고 곧바로 예약하기 때문에 승차 거부를 당할 염려가 전혀 없다. 수많은 대도시의 러시아워에 승차 거부를 당해본 사람들은 우버 앱의 서비스에 열광할 수밖에 없었다.

게다가 이 앱을 이용하면 차를 기다릴 필요도 거의 없다. 우버는 '터치한 지 5분 안에 도착한다.'라는 서비스 원칙을 정해뒀는데, 대부분은 이 원칙이 맞아떨어졌기 때문이다. 기민한 IT 네트워크 덕분이다.

승객은 우버에 등록된 운전자의 정보를 미리 확인하고 마음에 드는 사람을 고를 수도 있다. 그야말로 이용자 중심의 시장이자, 네트워크인 셈이다. 제공되는 차량도 일반 택시보다 훨씬 고급인 경우가 많다. 이 때문에 우버 앱 이용자는 폭발적으로 늘고 있다. 우버는 이 과정에서 이용수수료를 받는 것으로 운영된다. 다음은 그의 사업철학에 대해 알아보자.

0865 두려움은 질병이고, 치료제는 오직 '추진력'밖에 없습니다. 두려운 게 무엇이든, 그 뒤를 쫓아가세요.

Fear is the disease. Hustle is the antidote. Whatever it is that you're afraid of, go after it.

0866 이를 악물고 성공으로 나아가세요. 성공에 쉬운 길은 없습니다.

Grit your teeth and claw your way to success. There's just no easy way to do it.

0867 한 가지 문제를 해결한 후에 만족한다면 좋은 기업가가 될 수 없습니다. 항상 더 큰 문제가 기다리고 있습니다.

You won't be a good entrepreneur if you are satisfied after solving one problem. There are always bigger challenges.

0868 자신의 시간을 통제할 때 얻게 되는 핵심적인 독립성과 존엄성이 있습니다.

There is a core independence and dignity you get when you control your own time.

0869 당신은 당신이 믿는 것을 적극적으로 지지해야 합니다. 그리고 법치주의는 당신이 지지하는 것들 중 하나여야 합니다.

You have to be willing to stand up for what you believe in, and the rule of law is one of those things.

0870   만약 여러분이 무언가에 인생의 많은 시간을 쏟고, 그것에 대해 열정적이었고, 모든 순간에 애정을 쏟고, 더 나은 것으로 만들려고 노력했지만, 당신이 원했던 방향을 사람들이 이해하지 못했다고 상상해 보세요.

Imagine if you put many, many years of your life into something and were passionate about it, and you spent every waking moment putting love into it and trying to make it better, and people didn't understand that you'd want them to.

0871   저는 엔지니어입니다. 엔지니어가 하는 일은 스토리텔링에 대해 많이 생각하지 않는 것입니다.

I'm an engineer by trade, and what engineers do is they go and build, and they don't think a lot about storytelling.

0872   저는 깊은 정의감이 우리가 하는 모든 것을 뒷받침하는 일터를 만든다고 믿습니다.

I believe in creating a workplace where a deep sense of justice underpins everything we do.

0873   "정신을 잃을 것 같다."라고 말하는 순간이, 바로 앞으로 나아가야 할 때입니다.

When you are talking about, 'I will lose my sanity for real,' that's when it's time to move on.

0874   우리는 항상 배우고 더 나아지는 방법을 찾습니다.

We always find a way to learn and to get better.

0875   모두가 당신을 미쳤다고 생각해도, 성급하게 굴지 말고 회복력을 가시세요.

Go against the grain, be resilient, even if everyone thinks you are crazy.

0876   도시나 국가를 위해 건축하는 것만이 아니라 이제는 혁신이 전 세계적으로 진행되어야 할 때입니다.

It's not just about building for your city or country but, now is the time when innovation is going global.

0877   무엇을 하든지 간에, 지금의 흐름을 즐겨야 합니다.

Whatever you do, you have to enjoy the ride.

0878   영업과 추진력은 모든 문제를 해결합니다.

Sales solve all problems. Hustle solves all problems.

0879   당신이 무언가를 혼자 하고 있다면, 엄청나게 외로울 것입니다. 그래서 당신은 특히 힘든 시기에 그것을 대비해야 합니다.

If you go at it alone it will be incredibly lonely. So you've got to be up for that, especially in the hard times.

0880   만약 당신이 충분히 강인하지 않다면 당신은 투지를 부리지 않고, 누군가 당신을 끌어내려 당신의 위치를 지킬 수 없습니다. 그래서 지금 CEO로 남아있는 사람들은 CEO가 되어야만 하는 사람들이었습니다.

If you're not tough enough, you don't get gritty, you don't hold onto your position; there are enough forces out there that will take you out. So the guy that are left as CEOs are the guys that should be CEOs.

기존 택시사업자들은 우버 서비스가 택시업의 근간을 뒤흔드는 행동이라며 항의했다. 택시기사 면허시험과 택시사업 허가제도가 있는 지역에서는 우버가 불법 택시업을 하는 것이나 다르지 않다고 지적했다. 택시 면허도 없는 사람이 택시를 모는 것은 승객의 위험을 자초한다고 주장했다. 게다가 세금도 내지 않는 것이라며 불법과 탈세의 합작이라고 지적하는 사람도 있었다.

이에 따라 우버에 대해 영업정지 명령을 내린 지역 행정 당국이 많았다. 하지만 소송으로 맞선 캘러닉은 상당수 승소하고 영업을 계속할 수 있었다. 우버는 자동차를 공유해서 쓰도록 연결해주는 것이지 택시영업을 하는 게 아니라는 것이다. 개인과 개인이 만나 자동차를 공유하는 것을 중개하고 이에 따른 수수료를 받을 뿐이라는 이야기다.

우버를 통해 서로 중개된 자동차 이용자와 운행자가 서비스 이용료를 서로 주고받는 것은 개인 간의 거래이지 우버 회사와는 관계가 없다는 설명이 법정을 설득한 것이다. 이렇듯 우버의 혁신은 여러 논란과 분쟁을 일으키기도 하였다. 그러나 우버가 성공했다는 점은 변하지 않는 사실이다. 그의 명언을 통해 비즈니스 기술을 통찰해보자.

0881 현실을 구부릴 수는 있지만, 현실을 깨뜨릴 수는 없어요.

You can bend reality, but you cannot break it.

0882 만약 여러분이 원하는 세상에 너무 많이 갇혀 있다면, 여러분은 세상이 여러분을 지나가고 있다는 것을 알게 될 거예요.

If you get stuck too much with the way you want the world to be, you will find that the world passes you by.

0883 돈으로 행복을 살 수는 없지만 치료비를 벌 수는 있어요.

Money doesn't buy happiness, but it does pay for therapy.

0884 궁극적으로는 진보와 혁신이 승리합니다.

Ultimately, progress and innovation win.

0885 저는 약점에 대한 협상에 뛰어난 사람이 되었습니다.

I got really good at negotiating from a place of weakness.

0886 저는 해결해야 할 문제들의 리스트를 생각하며 깨고, 바로 이것들을 해결하러 갑니다.

I wake up in the morning with a list of problems, and I go solve them.

0887 세상은 종종 변화를 원하지 않기 때문에, 옳은 것을 위해 싸워야 할 수도 있다는 사실을 외면하거나 부끄러워해서는 안 됩니다.

You shouldn't pretend nor shy away from the fact that you may have to fight for what is right because the world so often does not want progress.

0888   뭐가 옳은지 생각하고, 그걸 위해 싸워요, 바보처럼 굴지 마세요.

Know what's right, fight for it, don't be a jerk.

0889   변화를 뜻하는 것이라면 싸워서 지켜내야 할 옳은 것입니다.

If it means progress it's the right thing to fight for.

0890   모든 사람을 위해 모든 것을 한꺼번에 해결하려고 하면 모든 일에 실패할 거예요. 하지만 당신이 무언가를 해결하고 잘 해낸다면, 조금씩 더 큰 영역을 발견하게 될 것이고, 마침내 전체 영역을 발견하게 될 것입니다. 그리고 한 가지에 집중해 영감을 주는 진짜 문제를 해결하게 될 것입니다.

If I try to solve everything for all people all at once, I'm going to fail at everything. But if I solve something and I do it well then I discover a little bit bigger area, then a little bit bigger area, then a little bit bigger area, then a little bit bigger area then the whole place. Then I've done one thing focused and solved a real problem that inspires.

제23장

불가능을 가능으로 바꾸는 걸
도울 수 있다.

AMD(어드밴스트 마이크로 디바이시스) CEO
리사 수 *Lisa Su*

모든 미국 언론이, 심지어 어드밴스트 마이크로 디바이시스(AMD) 내부에서도 리사 수를 최고경영자라고 부르기보다 박사(Ph.D)라고 부른다. '박사'는 그녀에 대한 존경을 담은 표현이다. 리사 수가 단순히 IT 기업 경영을 통한 공헌으로 명예박사를 취득한 것이 아니라, 대학에서 반도체 공학을 전공한 후 관련 연구를 통해 반도체 산업 발전에 이바지했기 때문이다.

1969년 대만에서 태어난 리사 수는 2세에 부모와 함께 미국으로 이민을 갔다. 그녀의 아버지는 통계학자였고, 어머니는 회계사였다. 여느 아시아계 부모와 마찬가지로 둘은 리사 수의 교육에 많은 관심을 가졌다. 부모의 지원 아래 리사 수는 피아노를 10년 동안 배웠다. 뉴욕 줄리어드 음대 오디션을 치를 정도로 몰두하기도 했다.

하지만 리사 수는 음악보다 엔지니어링에 더 관심을 가졌다. 10세 때부터 동생의 원격 자동차 장난감을 조립하고 분해하면서 엔지니어링에 대한 관심을 키워나갔다. 이러한 리사 수의 호기심을 지원하기 위해 그녀의 부모는 당시로서는 고가였던 애플2 컴퓨터를 그녀에게 선물하기도 했다.

1986년 리사 수는 매사추세츠 공과대학(MIT)에 입학했다. 컴퓨터 공학(소프트웨어)과 전자 공학(하드웨어) 사이에서 고민하던 그녀는 당시로서는 금녀의 구역이나 다름없던 전자 공학을 전공으로 선택했다.

학부생으로 재학하던 중 그녀는 웨이퍼 기판(반도체의 핵심 소자) 제작 과정을 접할 수 있었고, 곧 이에 몰입하게 되었다. 리사 수는 MIT를 졸업한 뒤 좀 더 심도 있는 반도체 제작 과정을 배우기 위해 모교에서 석사와 박사 과정을 밟았다.

2011년 AMD에 입사한 리사 수 박사는 당시 불도저로 명명된 CPU 아키텍처의 개발실패로 풍전등화와 같은 상황에 놓인 AMD와 마주한다. 리사 수는 2014년 부사장에 취임한 후 어정쩡한 성능을 보이던 APU(CPU + GPU)를 MS와 소니의 비디오 게임기에 제공한다는 아이디어를 실행해, MS와 소니 비디오 게임기의 큰 성공과 함께 절체절명의 위기에 빠져있던 AMD를 구원해 내는 놀라운 경영 수완을 발휘한다.

AMD의 APU는 컴퓨터에 쓰기에는 성능이 부족했지만 비디오 게임기에 쓰기에는 부족함이 없었는데, 이를 간파한 리사 수의 통찰력과 마케팅 수완으로 AMD는 막혔던 현금흐름을 개선하며 AMD의 실적개선과 함께 5분기 만에 흑자전환에 성공한다.

리사 수는 이러한 경영성과로 부사장에 취임한 지 1년도 채 되지 않은 2014년 10월 AMD의 CEO로 취임하게 된다. 실로 드라마틱한 CEO 취임이었다. 리사 수는 어떻게 탁월한 경영자적 안목을 갖고 있었을까?

0891   CEO에게 가장 중요한 것 중 하나는 고립되지 않는 것입니다.

One of the most important things for a CEO is not to get insulated.

0892 우리는 기술에 많은 기대를 걸고 있습니다. 불가능을 가능으로 바꾸는 걸 도울 수 있습니다.

We're so excited about technology. We can help turn the impossible into the possible.

0893 의사소통의 명료성이 중요합니다.

Clarity of communication is important.

0894 모든 제품을 고성능 CPU와 그래픽을 탑재하여 만들 수는 없다고 생각합니다. 더 많은 사람이 더 많은 곳에서 AMD IP를 활용할 수 있도록 지원하는 것은 어떨까요?

My philosophy is, I can't make every product that can possibly use a high-performance CPU and graphics. Why shouldn't I enable others, in a positive fashion, to leverage AMD IP in more places?

0895 우리가 실제로 하려는 것은 이질적인 시스템이 우리의 컴퓨팅의 기초가 되도록 하는 것입니다. 이것은 모든 프로세서와 가속기를 동등한 처리기로 만드는 개념입니다.

What we're really trying to do is have heterogeneous systems really become the foundation of our computing going forward. And that's the idea that you make every processor and every accelerator a peer processor.

0896 AMD는 세계에서 가장 어려운 과제들을 해결하기 위해 기술을 활용해 노력하고 있기 때문에, 저는 위험을 감수하면서도 실패를 통해 배울 기회를 얻게 되어 감사하게 생각합니다.

I am grateful for the continued opportunity to take risks and learn from my mistakes as we at AMD strive to use technology to help solve some of the world's toughest challenges.

0897 AMD에게 중요한 것은 그래픽 리더십(시각 컴퓨팅 리더십)과 강력한 컴퓨팅 경험에 관한 것입니다. 우리는 이 두 가지를 함께 통합할 수 있는 능력이 있습니다.

When I step back and look at what's important to AMD, it's about graphics leadership—visual computing leadership—as well as a strong computing experience. We have the capability to integrate those two together.

0898 AMD는 항상 훌륭한 기술을 가지고 있었습니다. 우리는 그동안 정말 잘해왔지만, 그중에는 실패했던 시기도 있었습니다. 하지만 대부분 성공을 거둬왔고, 그 뒤에는 항상 다른 회사보다 앞선 기술과 대표적인 제품이 있었습니다.

AMD's history is we've always had great technology. We've had periods of time where we've done really, really well, and we've had periods of time where we've done not so well. But most ofthe time we've done well, it's because we've had a leadership product or some technology where we were out in front before anybody else.

0899 맞아요, 경쟁사에 더 많은 엔지니어가 있을 수 있고, 더 많은 R&D 투자를 받았을 수 있습니다. 하지만, 우리에게는 훨씬 더 많은 자유가 있습니다. 우리에게는 혁신할 자유가 있습니다.

Yes, our competition may have significantly more engineers or significantly more R&D investment. On the other hand, we have significantly more freedom. We have the freedom to innovate.

0900 기술 발전으로 비용과 복잡성, 그리고 채택 사이에 자연스러운 곡선이 형성됩니다. 비용과 복잡성이 높으면 채택률은 '보통' 수준이라고 할 수 있습니다.

With technological advances, there's a very natural curve between cost and complexity and adoption. When the cost and complexity are high, the adoption rate is—let's call it 'modest.'

0901 미래에 MIT 박사 학위를 위해 일하는 얼마나 많은 하버드 M.B.A.가 있는지 확인하세요.

Make sure there are lots of Harvard M.B.A.s working for MIT Ph.D.s in the future.

0902 뛰어난 그래픽은 고성능 하드웨어 이상의 기능을 필요로 합니다. 게이머들은 소프트웨어도 그만큼 중요하다는 것을 알고 있습니다.

Great graphics requires more than just high-performance hardware. Gamers know software is just as important.

0903 AMD는 매우 강력한 방향을 제시하는 회사입니다. 우리에게는 우리를 정말 좋아하고 응원해주는 사람들이 있습니다. 그러나 몇몇 사람은 우리가 결코 큰 경쟁자들과 경쟁할 수 없을 것이라고 말합니다.

I'll say it this way: AMD is a company that generates very strong opinions.

There are some people who really like us and are really rooting for us. And then there are some people who say we'll never be able to compete against some of our bigger competitors.

0904   우리의 핵심은 항상 다년간의 전략이며, 다년간의 전략은 우수한 제품, 우수한 고객 관계 및 견고한 엔지니어링을 의미합니다.

The key for us is always a multiple-year strategy, and a multiple-year strategy means great products, great customer relationships, and doing solid engineering.

0905   AMD에서 오래 일했다면 AMD에 존재하는 'x86 정신'을 알고 있을 것입니다. 우리는 우리가 무엇을 하는지 알고 있고, 더 나은 x86 장치들을 만들 것이라는 다짐입니다.

There is a mentality that if you're a long time AMDer, that we're x86: we know what we're doing, and it's just about building better x86 devices.

CEO에 취임한 후 리사 수는 PC, 모바일, 서버, 슈퍼컴퓨터, 인공지능 등 모든 컴퓨터에 적용할 수 있는 공통 CPU 아키텍처에 집중하게 되는데, 이것이 젠(Zen) 프로젝트이다. 리사 수는 젠 프로젝트에 착수하여 2017년 2월에 젠 아키텍처 기반의 CPU인 '라이젠'을 공개한다.

라이젠은 인텔의 코어 i 프로세서에 비해 월등한 성능을 발휘하며 시장의 폭발적인 관심을 받게 되는데, 더욱더 고무적인 것은 가격이 인텔의 동급 CPU의 절반밖에 하지 않았다는 것이다. 라이젠 출시 전 PC 시장의 CPU 점유율이 18.1%밖에 되지 않던 AMD가 라이젠 출시 후 점유

율을 31%까지 끌어올리며 돌풍을 일으켰다. 또 AMD는 컴퓨터용 CPU
인 AMD EPYC을 출시하여 프로세서는 고성능 컴퓨팅, 데이터 센터, 가
상화 등의 분야에서 사용되고 있으며, 현재까지도 꾸준한 인기를 끌고
있다. 또한, 인텔과는 CPU 분야에서 치열한 경쟁을 하고 있다.

0906 게임의 세계는 아주 놀랍습니다. 왜냐하면, 여러분이 가벼운 마
음으로 게임을 하든 열정을 쏟아부어 게임을 하든 모두 게임을
원하는 마음은 같기 때문입니다.

Gaming is one of those things that's pretty amazing because when you
think about it, everybody wants to game; whether you're a casual gammer,
or you're an enthusiast gamer, there's a large market for us.

0907 세계는 새로운 아이디어와 그 아이디어를 펼칠 위대한 지도자들
을 갈망하고 있습니다.

The world is starving for new ideas and great leaders who will champion
those ideas.

0908 이미 잘나가고 있는 기업은 '쉬운 선택지'이긴 하지만 매력이 없
습니다.

Companies that are already doing well are 'easy choices,' but they are not
attractive.

0909 고성능 컴퓨팅과 AI를 결합하여 기후변화와 같은, 현재 겪고 있
는 가장 큰 사회적 과제를 해결할 놀라운 기회를 얻었습니다.

We see incredible opportunity to solve some of the biggest social challenges we have by combining high-performance computing and AI—such as climate change and more.

0910 AMD는 엄청난 기술, 자산, 인력, 기능, 고객관계를 보유하고 있습니다. 그리고 우리는 다른 누군가의 영향력하에 우리를 규정하지 않을 것입니다.

My view of AMD is that we have a tremendous set of technology as sets, people, capability, customer relationships. We're not going to define ourselves in somebody else's shadow.

0911 재정적인 걱정은 하지 마세요. 우수한 제품 제공에만 집중하세요.

Don't worry about the financials. Just focus on delivering great products.

0912 저는 오늘날 제품의 두뇌 역할을 하는 고성능 기술을 좋아합니다. AMD는 이러한 기술을 보유한 몇 안 되는 기업 중 하나였습니다. 그래서 저는 항상 기술 역량은 뛰어나지만 비즈니스에 더 집중할 필요가 있는 회사라고 생각했습니다.

I love high-performance technologies, the stuff that's the brains of today's products, and AMD was one of the few companies that had this type of technology. I always believed that it was a company that had great technical capability but needed better business focus.

0913 사업을 다각화하는 것은 분명 좋은 일입니다.

Diversifying the business is definitely a good thing.

0914 AMD는 고객과 협력하여 이전에는 불가능했던 작업을 수행할 수 있도록 지원하는 일을 할 때 최고의 회사라고 생각합니다.

I think AMD is at our best when we're working with a customer and allowing them to do something they couldn't do before.

0915 저는 정해진 애플리케이션에 최고의 IP를 사용하는 것을 중요하게 생각합니다.

I'm a big believer in using the best IP for a given application.

0916 저는 블록체인 인프라가 계속 유지되리라 생각합니다.

I do think the blockchain infrastructure is here to stay.

0917 회사 사정이 어렵다고 제품 개발까지 타협할 수는 없습니다.

We can't compromise on product development because of the company's difficult situation.

0918 경쟁사 제품 가격의 절반이라는 말에 동의하진 않습니다. AMD 제품이 저가로 승부하는 건 아닙니다. 군이 따지자면 제품을 개발할 때 가성비를 고려합니다.

I don't agree that it's half the price of the competitor's product. AMD products don't compete at low prices. If we have to consider it, we consider the cost-effectiveness when developing the product.

0919 이미 잘나가는 기업에서 새로운 일을 도모할 여지는 적습니다. 가장 어려운 문제를 풀었을 때 사람들은 당신을 인정하게 될 겁

니다.

There is little room for new jobs in already-popular companies. When you solve the most difficult problem, people will admit you.

리사 수는 IBM 연구 개발 부서에 재직하면서 게임 업계와 인연을 맺었다. 플레이 스테이션 2 등으로 전성기를 구가하고 있던 SCE(소니 컴퓨터 엔터테인먼트)와 협력해 비디오 게임기뿐만 아니라 모든 가전기기에 탑재할 수 있는 차세대 프로세서 개발을 지휘했다. 이를 통해 훗날 '셀(CELL)'이라고 이름 붙여진 플레이 스테이션 3용 CPU를 만드는 데 성공했다. 리사 수의 지휘 아래 만들어진 '셀'과 셀에서 파생된 기술로 만들어진 '제논'은 플레이 스테이션 3와 엑스박스 360에 탑재되며 비디오 게임용 CPU 시장을 장악했다.

이를 통해 반도체 제작 과정 전반에 대한 관리경험을 쌓은 리사 수는 2007년 프리스케일의 최고기술책임자(CTO)로 이직했다. 리사 수는 프리스케일에서도 임베디드와 통신을 위한 반도체 개발을 지휘했다. 그리고 리사 수의 지휘 덕에 프리스케일은 2011년 성공적으로 기업 공개(IPO)를 완수할 수 있었다. 차근차근 경험을 쌓으며 기업을 성공적으로 이끄는 리사 수. 그녀의 명언을 통해 우리가 배울 자세는 무엇인지 생각해보자.

0920   저는 MIT에서 엔지니어들과 함께 공부했습니다. 그리고 어느 날 일을 시작하면서 자신에게 물었습니다. '왜 이 MIT 박사들이 모두 하버드 MBA 출신들에게 일하고 있는 걸까?'라고 말입니다. '왜 저런 사람들이 이런 바보 같은 결정을 내리고 있는 걸까?'라

는 생각을 하던 엔지니어 중 한 명이 저였습니다. 그래서 그런 결정을 내리는 사람이 되는 건 재미있습니다.

I went to school at MIT with a whole bunch of engineers. And then I started work one day and asked myself, 'Why do all of these MIT Ph.D.s work for Harvard M.B.A.s?' Why should it be like that? I was one of those engineers who thought, 'Why are these people making those dumb decisions?' So it's fun to be the person making them.

0921   특히 MIT에서 전기 공학이 가장 어려운 전공이었기 때문에, 저는 "그냥 시도해 보고 어떻게 되는지 지켜보는 건 어때요?"라고 물었습니다.

Electrical engineering, particularly at MIT, was the hardest major, so I said, 'You know, how about we try that and see how it goes.'

0922   똑똑하고, 동기부여가 확실하며, 헌신적이고 집중력이 좋은 엔지니어를 찾아야 하며, 그들을 올바른 목표로 인도해야 합니다.

What you have to have is very smart, motivated, dedicated, and focused engineers and focus them on the right goal.

0923   살면서 실수할 수는 있지만, 실수를 통해 교훈을 얻으면 그것은 과정일 뿐 실패가 아닙니다. 하지만 실수에서 더 나아가지 못한다면 그것은 실패입니다.

You can make mistakes in your life, but if you learn from them, it's just a process, not a failure. But if you don't go any further from your mistake, it's a failure.

0924 저는 스스로를 '최초의 여성 CEO'라고 생각하지 않습니다. 저는 그저 '새로운 CEO'일 뿐입니다. 스스로가 소수집단이라는 생각을 아예 하지 않는 편입니다. 편견과 맞서 싸워야 한다는 인식도 거의 없습니다. 그저 혁신과 기업 경영을 위해 최선을 다할 뿐입니다.

I don't think of myself as the 'first female CEO.' It's just a "new CEO." I don't think it's a minority at all. There is little awareness that we should fight against prejudice. I just do my best for innovation and corporate management.

0925 우리가 AMD에서 하려는 것은 우수한 기술과 우수한 제품을 내놓는 것입니다.

The notion of what we're trying to do at AMD is about bringing out great technology, great products.

0926 사업에 다양성이 늘어나면 반도체 산업, 그리고 기술 산업에 종사하는 모두가 더 많은 혜택을 누릴 수 있을 것입니다.

Everyone in the semiconductor industry, everyone in the technology industry, would benefit from more diversity in the business.

제24장

역경은 당신에게 생각할 수 없는 것을
생각하게 할 용기를 준다.

인텔 CEO
앤디 그로브 *Andy Grove*

인텔의 공동 창업자 고든 무어와 로버트 노이스가 인텔을 만들었다면, 1호 직원 격인 앤디 그로브는 인텔을 오늘날 세계 굴지의 기업으로 만든 인물이란 평가를 받는다.

앤디 그로브는 1979년 인텔 사장 자리에 올랐다. 이후 2005년 회장직에서 물러날 때까지 25년 동안 IT 산업의 중심에서 인텔을 업계에서 가장 중요한 회사로 이끌었다. 지금까지 인텔 CEO는 브라이언 크르자니크를 포함해 여섯 명을 거쳤지만, 경영 수완은 앤디 그로브를 따라가지 못하고 있다.

인텔 내부에서 앤디 그로브를 추앙하는 대표적 이유 하나가 D램 사업을 전격적으로 포기한 일화 때문이다. 인텔은 D램을 세계 최초로 개발한 회사다. 하지만 경쟁에 따른 수익 심화가 회사에 유리하지 않다는 판단에 따라 1985년부터 2년간 7곳의 공장을 폐쇄하고 구조조정을 단행했다. 그리고 PC용 마이크로프로세서 유닛(MPU)에 집중한다. 지금의 사업 구조를 보면 당연한 결정이다. 하지만 당시로서는 쉽지 않은 큰 결단이었다. 과감한 D램 사업 포기는 인텔을 현재 CPU 시장의 절대 강자로 올려놓는 초석이 됐다.

펜티엄 CPU를 내놓고 거침없는 행보를 이어가던 인텔은 나눗셈 연산에 오답을 내놓는 이른바 '펜티엄 버그'를 겪는다. 창사 이래 최대 위기가 될 수 있는 순간을 딛고 선 이도 앤디 그로브다. 당시 오류가 있는 것을 알면서도 펜티엄 버그를 은폐하려 했다는 이유로 인텔의 여론은 더욱 나빠졌다. 어떤 관용도 통하지 않던 당시, 앤디 그로브는 전량 리콜 결정을 내렸다.

얼마나 엄청난 교환 비용이 들지 가늠도 안 되던 때지만, 위기를 극복한 대표적인 경영 사례로 손꼽는 대목이다. 이런 과정을 거치며 앤디 그로브는 1997년 미국 〈타임〉이 꼽은 올해의 인물 자리에 올랐다. 당시는 트랜지스터 발명 50주년이 되던 해였다.

앤디 그로브는 국내 IT 업계와도 연이 깊다. 앤디 그로브가 제정한 세계 반도체 분야 최고의 상이 국내 기업인에 주어진 것이다. '황의 법칙'의 주인공인 황창규 KT 회장이 삼성전자의 반도체 부문을 총괄하면서 2006년 앤디 그로브 상을 동양인 최초로 받았다. 또 진대제 전 삼성전자 사장이 앤디 그로브에게 칩셋 공급사를 자청했다가 한마디로 거절당한 것도 유명한 일화다.

미국의 IT 대기자 마이클 말론은 그의 저서 〈인텔, 끝나지 않은 도전과 혁신(The Intel Trinity)〉에서 "인텔이 앤디 그로브가 CEO로 재직하는 동안 반도체 산업계를 지배한 것은 그가 경쟁에서 승리하려고 타협하지 않는 자세를 잠시도 포기하지 않았기 때문이다."라고 평가했다.

0927 기업은 살아있는 유기체이므로, 계속해서 그 허물을 벗겨야 합니다. 방법, 초점, 가치, 모든 것이 바뀌어야 합니다. 이러한 변화의

총합이 완전한 변혁을 이룹니다.

A corporation is a living organism; it has to continue to shed its skin. Methods have to change. Focus has to change. Values have to change. The sum total of those changes is transformation.

0928 기술의 기본 규칙이란, 가능한 것은 무엇이든 해내리라는 것입니다.

A fundamental rule in technology says that whatever can be done will be done.

0929 어디를 가든 당신은 수많은 직원 중 하나가 아닌, 하나의 사업체를 책임지는 유일한 직원이라는 사실을 받아들이세요. 누구도 당신의 커리어를 책임져주지 않습니다. 당신 스스로가 독자적인 소유주로서 자신의 커리어를 책임져야 합니다.

Accept that no matter where you go to work, you are not an employee you are a business with one employee, you. Nobody owes you a career. You own it, as a sole proprietor.

0930 나쁜 기업은 위기를 맞으면 붕괴되고, 좋은 기업은 살아남고, 위대한 기업은 위기를 발판으로 삼아 발전합니다. 사업은 비즈니스가 고객을 떠나거나 고객이 비즈니스를 떠나서 실패합니다.

Bad companies are destroyed by crisis, Good companies survive them, Great companies are improved by them. Businesses fail either because they leave their customers or because their customer leave them!

0931 저는 메모리 칩을 만들도록 설계된 조립 라인을 운영하고 있었

고, 마이크로프로세서를 빌어먹을 골칫거리로 보았습니다.

I was running an assembly line designed to build memory chips. I saw the microprocessor as a bloody nuisance.

0932 세계가 하나의 큰 시장이라면, 직원들은 세계 곳곳의 비슷한 재능을 갖춘 사람들과 경쟁하게 될 것입니다. 그런 사람들은 아주 많고, 대부분 일에 굶주려 있습니다.

If the world operates as one big market, every employee will compete with every person anywhere in the world who is capable of doing the same job. There are lots of them and many of them are hungry.

0933 창업자라면 비즈니스를 암묵적으로 이해해야 합니다. 비즈니스를 피부로 느껴야 합니다.

If you are a founder of a business, you understand the business implicitly. You understand it through your skin.

0934 기술은 우연히 발견되지만, 그것은 좋은 것도 아니고 나쁜 것도 아닙니다. '강철'은 선일까요, 악일까요?

Technology happens, it's not good, it's not bad. Is steel good or bad?

0935 기술은 그 자체로 목적이자 다른 목적을 위한 수단입니다.

Technology is both an end in itself and a means to other ends.

0936 기술은 언제나 승리할 것입니다. 법률적 간섭으로 기술을 지연시킬 수는 있지만, 기술은 법적 장벽을 넘어 흐릅니다.

Technology will always win. You can delay technology by legal interference, but technology will flow around legal barriers.

0937 바람의 방향이 바뀌었음을 알아채고, 배가 부서지기 전에 적절한 대응을 하는 것은 기업의 미래가 달린 중요한 일입니다.

The ability to recognise that the winds have shifted and to take appropriate action before you wreck your boat is crucial to the future of an enterprise.

0938 여러분은 소방서처럼 계획을 세워야 합니다. 소방서는 다음 화재가 어디서 일어날지 예측할 수 없기 때문에 예상치 못한 사건뿐만 아니라 어떤 평범한 사건에도 대응할 수 있는 에너지 있고 효율적인 팀을 구성합니다.

You need to plan the way a fire department plans: it cannot anticipate where the next fire will be, so it has to shape an energetic and efficient team that is capable of responding to the unanticipated as well as to any ordinary event.

0939 당신의 경력은 당신의 사업입니다. 당신은 자신의 경력의 CEO입니다.

Your career is your business, and you are its CEO.

0940 동료 직원이 2천 달러 상당의 사무용 장비를 훔치는 것을 허용하지 않는 것처럼, 동료 매니저들의 시간을 빼앗아서는 안 됩니다.

Just as you would not permit a fellow employee to steal a piece of office equipment worth $2,000, you shouldn't let anyone walk away with the time of his fellow managers.

0941 인터넷이 모든 것을 바꾸지는 않아요. 공급과 수요에는 변화가 없습니다.

The Internet doesn't change everything. It doesn't change supply and demand.

0942 마치 영화의 완벽한 결말처럼 인터넷이 등장하면서, PC의 중요성은 세 배로 증가했습니다.

Just as we could have rode into the sunset, along came the Internet, and it tripled the significance of the PC.

0943 저는 여러분이 두 가지를 하는 것이 매우 중요하다고 생각합니다. 일시적인 본능에 확신을 가지고 행동하세요. 그리고 만약 여러분이 틀렸다는 것을 알게 되면, 방향을 빠르게 바꿔야 합니다.

I think it is very important for you to do two things: act on your temporary conviction as if it was a real conviction; and when you realize that you are wrong, correct course very quickly.

0944 우울에는 책임이 따르니 일하는 과정에서 너무 우울해지지 않도록 노력하세요. 그런 상태에서는 직원들이 특별 조처를 하도록 동기를 부여할 수 없습니다. 그래서 여러분은 자신이 무엇을 하고 있는지 잘 모르는 상태여도 기운을 차려야 합니다.

Try not to get too depressed in the part of the journey, because there's a professional responsibility. If you are depressed, you can't motivate your

staff to extraordinary measures. So you have to keep your own spirits up
even though you well understand that you don't know what you're doing.

0945   당신은 당신의 실수를 이해해야 합니다. 실수에 대해서도 공부해
           보세요.

           You must understand your mistakes. Study the hell out of them.

"인텔의 신(新)사업을 방해한 것은 창업자 앤디 그로브입니다."

전설의 경영자, 앤디 그로브는 세계적인 비즈니스전략이론의 대가로
부터 냉정한 평가를 받았다. 스탠퍼드대학 로버트 버겔만 교수는 〈위클
리비즈〉와의 인터뷰에서 앤디 그로브의 화려한 성공리더십이 결과적으
로 인텔의 새로운 비즈니스 기회 포착을 어렵게 만들었다고 주장했다.

앤디 그로브가 CEO로 재직하는 동안(1987~1998) 인텔은 PC 산업을
밀어 올리는 원동력 역할을 했고, 2억 5,000만 달러에 불과했던 PC 시
장이 60억 달러로 성장하면서 급신장했지만, 결국 PC 산업에 갇히고 말
았다는 것이다. 버겔만 교수는 "앤디 그로브가 CEO로 재직하던 기간의
기록을 보면 인텔의 신사업 개발은 매우 저조했다는 사실을 알 수 있다."
라고 말했다.

"편집광만이 살아남는다(Only the paranoid survive)."라는 경영철학을
바탕으로 '인텔'이라고 불리는 '원자로'를 만들었다고까지 칭송받는 앤디
그로브를 대상으로 쓴소리를 하기는 쉽지 않다. 하지만 버겔만 교수는
앤디 그로브가 남긴 성공의 전리품이 양날의 칼이라는 것을 날카롭게
짚어냈다. 성공 CEO의 대표주자인 앤디 그로브도 기존의 핵심분야에선

옳을 수 있지만, 새로운 분야에선 오히려 틀릴 가능성이 크다는 것이다. 이렇듯 앤디 그로브의 경영철학에 대한 상반된 의견도 존재한다.

0946 새로운 것을 배울 필요가 있다는 것을 인정하는 것은 항상 어렵습니다. 당신이 선임 매니저라면 더 어렵습니다. 우리는 자주, 사실에 대한 의견과 분석을 감정으로 대체해요.

Admitting that you need to learn something new is always difficult. It is even harder if you are a senior manager. Altogether too often, people substitute opinions for facts and emotions for analysis.

0947 1990년대 후반, 인터넷에 주목하던 사람들은 이것이 20피트 높이의 해일임을 알고 있었고, 평범한 사람들은 모두 조각배에 타 있었습니다.

By the late '90s, those who were paying attention perceived the Internet as a 20-foot tidal wave coming, and we are all in kayaks.

0948 무엇을 해야 할지 알아내는 것은 중요합니다. 그러나 그것을 실제로 하고, 잘 해내는 것 또한 중요합니다.

Figuring out what to do is important. But doing it and doing it well is equally important.

0949 조용한 세상이 아닌 격동하는 세상을 주시면 그 격동의 세상을 받아들이겠습니다.

Give me a turbulent world as opposed to a quiet world and I'll take the turbulent one.

0950 소통능력은 얼마나 말을 잘하느냐가 아니라, 얼마나 잘 이해하느냐에 따라 결정됩니다.

How well we communicate is determined not by how well we say things but how well we are understood.

0951 오늘날 리더는 더 빨리 행동해야 합니다. 압박이 훨씬 빠르게 다가올 것입니다.

Leaders have to act more quickly today. The pressure comes much faster.

0952 모든 문제가 기술적 해답을 제공하는 것은 아니지만, 기술적인 해답을 제시하는 문제라면, 더 오래 지속되는 해결책이 될 수 있습니다.

Not all problems have a technological answer, but when they do, that is the more lasting solution.

0953 공격적인 목표에는 위험이 따릅니다.

Risk is the cost of aggressive objectives.

0954 전략적 변화는 무턱대고 시작되는 것이 아닙니다. 일정에서부터 시작합니다.

Strategic changes doesn't just start at the top. It starts with your calendar.

0955 생산량을 강조하는 것은 생산성 향상의 핵심이지만, 활동량을

늘리는 것은 그 반대입니다.

Stressing output is the key to improving productivity, while looking to increase activity can result in just the opposite.

0956   성공은 안주를 낳습니다. 현실에 안주하면 실패하게 됩니다. 편집증 환자만이 살아남습니다.

Success breeds complacency. Complacency breeds failure. Only the paranoid survive.

0957   보통 이전 시대의 스타였던 사람이 변화에 가장 늦게 적응하고, 전략적 변곡점의 논리에 가장 늦게 굴복하며, 대부분의 사람보다 더 강하게 실패하는 경향이 있습니다.

The person who is the star of previous era is often the last one to adapt to change, the last one to yield to logic of a strategic inflection point and tends to fall harder than most.

0958   우리가 문화 유지를 위해 어떤 성공을 거두었든지 인텔은 전략적 변곡점을 극복하는 데 있어 중요한 역할을 수행해 왔습니다.

Whatever success we have had in maintaining our culture has been instrumental in Intel's success in surviving strategic inflection points.

0959   당신은 전략적 변곡점의 대상이 될 수도 있지만 그 문제의 원인이 될 수도 있습니다.

You can be the subject of a strategic inflection point but you can also be the cause of one.

0960 우리는 세계화와 정보혁명이 빚어낸 세상에서 살아가는 수밖에 없습니다. 이 세상에서는 두 가지 옵션이 있습니다. 적응하거나 죽거나.

You have no choice but to operate in a world shaped by globalization and the information revolution. There are two options: adapt or die.

앤디 그로브는 지금까지 살펴본 명언과 같이 언제라도 다른 이의 의견을 '들을' 자세가 되어있었다. 그래서 사람들은 그의 경영스타일을 두고 '배움 경영'이라 부른다. 끊임없이 세상과 소통하면서 받은 피드백을 경영 의사결정에 활용하는 것이 바로 앤디 그로브식 배움 경영이라 할 수 있다.

여기에는 아주 중요한 원칙이 있다. '새로운 문제에 부닥치면 이전에 알고 있던 모든 것을 잊어버려라.'라는 것이다. 이는 곧 고정관념은 새로운 문제를 푸는 데 도움이 되지 않는다는 의미이다.

이와 관련된 유명한 일화가 있다. 1980년대 중반, 인텔이 일본 경쟁사들과의 가격경쟁에서 밀려 위기에 빠졌을 때였다. 당시 인텔의 이익은 1984년 2억 달러에 육박하다가 불과 1년 만에 200만 달러 이하로 곤두박질쳤다. 그러나 인텔 직원들의 콧대는 여전히 높았다. 자신들이 일본 기업에 뒤졌다는 현재 상황을 인정하려 하지 않았다. 그것은 최고경영진도 마찬가지였다.

이때 앤디 그로브는 당시 CEO 고든 무어에게 물었다. "만일 주주들이 우리 경영진을 내쫓고 새로운 경영진이 들어온다면, 그들은 무엇을 할 거로 생각합니까?" 고든 무어가 대답했다. "과거를 생각지 않고 회사를 확 바꿔놓겠지요." 그러자 앤디 그로브는 되받아쳤다. "우리가 새로 들어온 사람이라고 생각하고, 지금 그걸 그대로 하는 게 어떨까요?" 이렇듯 앤디 그로브는 현재에 안주하지 않고, 끊임없이 혁신을 추구하며 변화하려 했다. 이러한 자세는 앤디 그로브가 성공하는 데 큰 도움을 준 것이다. 그의 명언을 통해 그의 마음가짐을 배워보자.

0961 전략적 변곡점은 비즈니스 삶의 기본이 바뀌려고 하는 시기입니다.

A strategic inflection point is a time in the life of business when its fundamentals are about to change.

0962 저는 편집증의 가치를 믿습니다. 사업의 성공은 파멸의 씨앗을 포함하고 있습니다. 여러분이 더 성공할수록, 더 많은 사람이 여러분의 사업을 더 많이 원하고 또 다른 사업을 원하며, 아무것도 남지 않을 때까지 원하게 됩니다.

I believe in the value of paranoia. Business success contains the seeds of its own destruction. The more successful you are, the more people want a chunk of your business and then another chunk and then another until there is nothing left.

0963 저는 미래에 모든 회사가 인터넷 회사가 될 것이라고 말했습니다. 저는 그 어느 때보다도 이것을 믿습니다.

I have been quoted saying that, in the future, all companies will be Internet companies. I still believe that. More than ever, really.

0964 저는 출구전략을 믿으며 삶을 사는 사람들을 그다지 존경하지 않습니다. 저는 마크 트웨인의 말 중 "달걀을 한 바구니에 담고 그 바구니를 유심히 지켜보아라."라는 말이 정곡을 찔렀다고 생각합니다.

I really don't have much respect for the people who live their lives motivated by an exit strategy. I tend to believe Mark Twain hit it on the head when he said, "Put all of your eggs in one basket and WATCH THAT BASKET."

0965 미래를 조금 떼어와 당신의 현재로 만드세요.

Take a bit of the future and make it your present.

0966 중요한 것은 우리 모두가 변화의 바람을 맞아야 한다는 것입니다.

The lesson is, we all need to expose ourselves to the winds of change.

0967 가장 강력한 도구는 'NO'라는 말입니다.

The most powerful tool of all is the word 'no.'

0968 새로운 환경은 두 가지 규칙을 제시합니다. 첫째, 모든 일이 더 빨리 일어날 것입니다. 둘째, 가능한 일은 모두 이루어질 것입니다. 당신이 하지 않는다면, 다른 곳에서 누군가가 해낼 것입니다.

The new environment dictates two rules: first, everything happens faster; second, anything that can be done will be done, if not by you, then by someone else, somewhere.

0969 열심히 일하고도 충분히 성취하지 못하는 사람들이 너무 많습니다.

There are so many people working so hard and achieving so little.

0970 시간은 결코 충분하지 않아요.

There's never enough time.

제25장

나는 항상 30일 뒤 파산할 것이라고
생각하며 사업을 한다.

엔비디아 CEO
젠슨 황 *Jensen Huang*

인공지능 개발 및 상용화에 속도를 붙인 인물은 바로 엔비디아의 설립자이자 현 회장인 젠슨 황이다. 젠슨 황은 대만계 미국인으로 억만장자 사업가이자 전기 엔지니어이다. 그는 1993년에 공동 설립한 엔비디아의 사장 겸 CEO를 맡고 있다. 그는 대학 졸업 후 LSI 로직을 거쳐 어드밴스트 마이크로 디바이시스(AMD)의 마이크로프로세서 디자이너로도 재직했다. 1993년 30번째 생일에 젠슨 황은 엔비디아를 공동 설립했으며 CEO 겸 사장이 되었다.

그는 2016년 기준으로 약 13억 달러 상당의 엔비디아의 주식 일부를 소유하고 있으며, 2007년에는 CEO로 2,460만 달러를 벌어 〈포브스〉가 선정한 61번째로 높은 급여를 받는 미국 CEO로 선정되었다.

반도체 제조사 LSI 로직과 AMD에서 중앙처리장치(CPU) 관련 개발자를 역임한 그는 현재 엔비디아에서 그래픽처리장치(GPU)와 관련된 기술을 사용자와 기업에 판매하며 승승장구하고 있다.

엔비디아는 인공지능을 위한 '병렬 GPU 관련 핵심 기술(CUDA)'을 보유하고 있다. 이는 최근의 인공지능 열풍과 맞물려 엔비디아의 주식이 5년 전과 비교해 9배 이상 상승했고, 이 덕분에 엔비디아 주식 대부분을 소유한 젠슨 황은 2016년 〈포브스〉가 선정한 미국 400대 부자로 선정되었다. 하지만 많은 이들이 그렇듯 젠슨 황 역시 처음부터 자신이 CEO가 될 것이라고 여기지는 않았다. 그의 명언을 통해 그의 성장 과정을 알아보자.

0971   소프트웨어가 세상을 지배하고 있지만, 곧 AI가 소프트웨어를 지배할 것입니다.

Software is eating the world, but AI is going to eat software.

0972   생산성을 높이면 경제가 좋아집니다. 경제가 좋아지면 지역 경제가 좋아지고 더 나아가 사회가 좋아집니다.

When you increase productivity, economies become better—local economies become better, society becomes better.

0973   우리는 사람들이 비행기를 디자인하는 것처럼 미래의 자동차를 디자인할 것입니다. 비용과 폼팩터(form factor)를 줄이기 위해 많은 기술과 독창성을 사용해야 하는 것이 차이점입니다. 우리는 제트기를 살 여유는 없기 때문이죠. 그럴 수 있다면 좋겠지만요.

We're going to design future cars the way people design airplanes. Except we have to use so much technology and ingenuity to reduce its cost and its form factor. We can't afford to have a jet plane. That would be great if could.

0974   우리는 장기적으로 AI가 작동하게 될 방식이 인간의 작동 방식

과 유사하게 되리라 생각합니다. 우리는 문제를 사물, 시각, 지역화 및 계획으로 세분화하지 않습니다. 하지만 그렇게 되기까지 얼마나 걸릴지는 의문입니다.

We really believe that long-term, the way AI will drive is similar to the way humans drive—we don't break the problem down into objects and vision and localization and planning. But how long it will take us to get there is questionable.

0975 모든 단계에서 가장 중요한 것은 소프트웨어 개발자의 채택입니다.

The single most important thing for any processor is getting adoption by software developers.

0976 저는 오토파일럿 기능의 발전에 많은 기대를 걸고 있습니다. 또한, 전 세계의 기업들이 택시 서비스를 위한 지도 제작과 실험용 자동차 사업에 참여하는 것 역시 기대하고 있습니다. 이와 관련된 분야에서 많은 활동을 볼 수 있게 될 것입니다.

I'm looking forward to real big advances in autopilot capability. I'm also expecting companies all over the world starting to deploy mapping and experimental cars for taxi services. You'll see a lot more activity around that.

0977 AI가 모든 산업에 영향을 미칠 것이 분명합니다. 저는 모든 국가가 AI를 국가 전략의 일부가 되도록 해야 한다고 생각합니다. 모든 나라가 영향을 받을 것입니다.

It's very clear that AI is going to impact every industry. I think that every nation needs to make sure that AI is a part of their national strategy. Every country will be impacted.

0978 인공지능은 인터넷이 로봇과 드론, 그리고 스스로 스마트한 일을 할 수 있는 작은 기계들을 통해 사람들을 현실 세계에 직접 참여시킬 수 있도록 할 것입니다.

AI will make it possible for the Internet to directly engage people in the real world, through robotics and drones and little machines that will do smart things by themselves.

0979 AI 기술이 당신을 위험으로부터 지켜줄 것입니다. 그것이 우리가 당신을 위해 운전하는 AI 자동차를 믿는 이유입니다.

The AI technology will keep you out of harm's way. That is why we believe in an AI car that drives for you.

0980 문화는 기업성을 나타내는 큰 단어라고 생각합니다.

I think culture is a big word for corporate character.

0981 어떤 사람들은 네트워크가 컴퓨터라고 말합니다. 우리는 디스플레이 자체가 컴퓨터라고 생각합니다. 픽셀이 있는 곳이라면 어디든, 우리가 원하는 곳이죠.

Some people say the network is the computer. We believe the display is the computer. Anywhere there's a pixel, that's where we want to be.

0982 우리는 도전하는 시장마다 도메인 특성화 언어를 가지고 있습니

다. 모든 도메인 특성화 언어 아래에는 아키텍처가 있습니다.

Every market we go to, we have a domain-specific language. Every domain-specific language, underneath, has an architecture.

0983 사람들은 진지하게 게임을 합니다. 사람들은 대회를 주최하고, 다른 사람들이 참여하는 것을 시청하고, 방송인들이 게임에 관해 이야기하는 것을 듣습니다. 우리가 다른 스포츠와 엔터테인먼트에서 볼 수 있는 전체 구조가 게임을 중심으로도 형성되어 있습니다.

People play games seriously. People host tournaments. People watch other people play and listen to broadcasters talking about it. The kind of entire ecosystem we see around other sports and forms of entertainment has formed around games as well.

0984 기술로서의 AI는 물론 복잡하지만, AI의 역량과 장점은 이해하기 어렵지 않습니다.

AI as a technology is complex, of course, but the capabilities and benefits of AI aren't hard to understand.

0985 소프트웨어는 자동화의 언어입니다.

Software is the language of automation.

0986 비즈니스가 오가며, 우리는 완전히 새로운 장소로 이어질 수 있는 전략적 결정을 내립니다.

Business comes and goes and we make a strategic decision that could lead you to whole new place.

0987 게임은 우수한 성능을 기반으로 하므로 성능이 가장 중요하지만, 휴대성과 변환성을 갖춘 제품을 만들기 위해 폼팩터와 에너지 효율 또한 매우 중요합니다.

Performance matters because games are built on great performance, but form factor and energy efficiency matter incredibly because they want to build something that's portable and transformable.

0988 저는 우리가 하는 일이 과학에 매우 중요하다는 사실이 좋습니다. 우리는 많은 방면에서 과학의 최전선에 서 있다고 할 수 있습니다. 감염병에 대한 컴퓨터 방어 시스템을 구축하기 위해 우리가 하고 있는 일은 가능한 한 빨리 백신을 발견하여, 조기 발병을 감지하는 것입니다.

I love that the work that we do is so vital to science. We're in a lot of ways at the scientific front line. The work that we're doing to build up the computational defense system for infectious diseases, whether it's finding the vaccine as fast as possible this time or next time to detect early outbreaks.

젠슨 황은 GPU를 창안하였으며 마케팅 용어를 표준 단어로 정착시켰다. 젠슨 황은 한 가지 비전을 가지고 있었다. 지금은 단순하게 사무용 기계로 이용되는 PC가 언젠가는 게임, 동영상 등 모든 멀티미디어를 즐길 수 있는 기기로 떠오를 것이라는 생각이었다.

1990년대 초 PC 시장은 지속해 성장하고 있었지만, 이는 업무에 관련된 영역에 한정되어 있었다. 젠슨 황은 PC로 역동적인 멀티미디어 콘텐츠를 제대로 즐길 수 없음을 늘 아쉬워했다. 하지만 언젠가는 PC에도 멀티미디어 콘텐츠를 즐길 수 있는 기술이 적용될 것이라고 내다봤다.

젠슨 황은 이렇게 새롭게 열릴 시장을 주도하길 원했다. 그렇게 탄생한 것이 바로 세계 최초의 GPU 전문 업체 엔비디아이다. 1993년, 젠슨 황은 선마이크로시스템스에서 그래픽 칩셋을 설계하던 엔지니어인 커티스 프리엠, 전자기술 전문가였던 크리스 말라초스키와 손을 잡고 엔비디아를 설립했다.

그들의 시작은 고작 침대 2개만 있는 아파트였다. 여느 벤처들과 비슷한 시작이었다. 하지만 그들의 가능성과 비전을 본 세쿼이아캐피털 등 벤처투자사들은 엔비디아에 약 2천만 달러를 투자했고, 셋은 이 투자를 바탕으로 회사를 키워나갈 수 있었다. 그렇게 젠슨 황은 자신의 염원대로 GPU를 통해 PC 멀티미디어 콘텐츠 시장의 막을 열었다.

0989　지적인 정직함이 없다면, 실패를 인내하는 문화를 가질 수 없습니다. 왜냐하면, 사람들은 실패할 가능성에 집착할 것이고, 거기에 자신들의 명성이 달려있다고 생각하기 때문이죠. 사람들은 실패를 인정할 줄 모릅니다.

Without intellectual honesty, you can't have a culture that's willing to tolerate failure because people cling too much to an idea that likely will be bad or isn't working and they feel like their reputation is tied up in it. They can't admit failure.

0990 저는 비디오 게임이 세계에서 가장 큰 스포츠이자 오락이 될 것이라고 믿었습니다. 그 이유는 비디오 게임은 모든 스포츠가 될 수 있기 때문입니다. 비디오 게임에서, 당신은 누구든지 될 수 있어요.

I happen to believe that video games will be the largest sport and entertainment in the world. The reason for that is a video game can be every sport. You can be anybody.

0991 오늘은 케플러의 시작에 불과합니다. 우리는 에너지 효율이 높은 아키텍처를 활용하여 GPU를 데이터 센터, 초박형 노트북, 슈퍼폰으로 확장할 것입니다.

Today is just the beginning of Kepler. Because of its super energy-efficient architecture, we will extend GPUs into datacenters, to super thin notebooks, to superphones.

0992 이제는 일주일에 며칠 정도 재택근무하는 사람들이 생길 것 같아요. 그리고 저는 이것에 대해 아무 불만이 없습니다.

But I think we're going to have people who work from home a couple of days a week, three days a week, four days a week. And I'm perfectly comfortable with all that.

0993 저는 다른 사람의 제품을 보고 배우는 것을 좋아합니다. 아시다시피 저희는 모든 경쟁사를 신중하게 고려합니다. 물론 인텔을 존중하지만, 우리에게는 우리만의 묘기가 있습니다.

I enjoy looking at other people's products and learning from them. We take all of our competitors very seriously, as you know. You have to respect Intel. But we have our own tricks up oursleeves.

0994 제 생각에 리더십에서 짜릿한 부분은 바로 이것인 것 같습니다. 썩은 동아줄을 붙잡고 있어도 이길 가능성이 있다는 사실이요. 어떻게 이길 수 있냐고요? 바로 그때가 회사의 본질이 드러나는 시기이기 때문입니다.

I think that's what's thrilling about leadership—when you're holding onto literally the worst possible hand on the planet and you know you're still going to win. How are you still going to win? Because that's when the character of the company really comes out.

0995 미래에 우리는 인공지능 하나가 아니라 여러 개의 인공지능을 갖게 될 것입니다. 우리 모두 개인 인공지능을 갖게 될 거예요. 여러 의학과 제조업 분야에서 인공지능을 활용하게 될 것입니다.

I believe that the future is about having a whole bunch of AI, not one AI. We're all going to have our own personal AI. We'll have AI for many fields of medicine, for many fields of manufacturing.

0996 우리는 업계의 동향을 잘 알고 있습니다. 외부에서 무슨 일이 일어나고 있는지 알고 있습니다. 우리는 딥러닝 채택이 광범위하다는 것을 알고 있으며, 이것의 규모에 맞는 생산에 접어들고 있습니다.

We have a good sense of the pulse of the industry. We know what's going on out there. We know that deep learning adoption is broad. It's going into production at scale.

0997   자동화의 자동화, 지능의 자동화는 대단한 아이디어입니다. 따라
        서 이 가능성을 확대할 수 있다면 그 확장범위는 정말 무궁무진
        할 것입니다.

        The automation of automation, the automation of intelligence, is such an
        incredible idea that if we could continue to improve this capability, the
        applications are really quite boundless.

0998   사람들은 점점 더 많은 AI를 사용하게 될 것입니다. 가속화는 컴
        퓨팅의 전진 경로가 될 것입니다. 이러한 근본적인 트렌드를 저
        는 전적으로 믿습니다.

        People are going to use more and more AI. Acceleration is going to be the
        path forward for computing. These fundamental trends, I completely
        believe in them.

0999   보안은 단지 열심히 노력하고 조심한다고 되는 것이 아닙니다. 컴
        퓨터의 보안을 위한 기술을 설계해야 합니다.

        Safety is not just about trying really hard and being really careful. You
        have to design technology that makes it possible for a computer to be safe.

1000   스마트카는 당신에게 정보를 줄 뿐만 아니라 당신을 안전하게 지
        켜줄 것입니다.

        A smart car is not just about giving you information, but it is also about
        keeping you safe.

1001 제가 잘 아는 산업은 그렇게 많지 않습니다. 그러니까 패션, 화장품 회사 같은 거요. 그들은 AI 모델을 개발하고, 초기 클라우드에서 교육하고 있습니다. 만약 여기서 성공을 거두면 우버가 한 것처럼 그들만의 데이터 센터와 소프트웨어를 구축할 수 있을 것입니다.

There are very few industries that I know of—I mean, there are companies in fashion, in cosmetics. They're developing AI models and training them in the cloud in the beginning. If they're successful, they build their own data centers and develop the software in their own datacenter, like Uber does.

1002 저에게는 이미 직업이 있고, 여기에 엔비디아의 CEO까지 되는 것은 엄청난 특권입니다. 일생에 한 번 있을까 말까 한 기회입니다.

I already have a job and being the CEO of Nvidia is a great privilege. It is once in a life time opportunity.

1003 가상현실, 모든 AI 산업과 로봇 관련 산업이 모든 것이 공상과학소설에서만 등장하던 것들을 현실화시켜주고 있습니다.

Virtual reality, all the AI work we do, all the robotics work we do—we're as close to realizing science fiction as it gets.

1004 제게 흥미로운 것 중 하나는 게이머가 크리에이터이고, 크리에이터도 게이머라는 점입니다. 우리는 크리에이터를 워크스테이션 고객으로 생각하고 게이머를 소비자로 생각하곤 했습니다.

One of the things I'm excited about is the observation that gamers are creators and creators are gamers too. We used to think of creators as workstation customers and think of gamers as consumers.

1005   Xbox는 앞으로 20년 안에 컴퓨터가 어떻게 만들어질지 보여줍니다. 더 많은 반도체 용량이 사용자 경험에 사용될 것입니다.

The Xbox is how the computer will be built in the next 20 years. More semiconductor capacity will go to the user experience.

처음 젠슨 황과 엔비디아는 CPU를 만들고 싶어 했다. 멀티미디어 처리에 특화된 CPU를 만드는 것이 꿈이었다. 요즘 개념으로 따지자면 바로 APU(CPU+GPU)다. 현재 시중의 CPU 대부분이 APU 형태로 만들어지는 점을 감안하면 20년 이상 시대를 앞선 그의 혜안을 엿볼 수 있다.

하지만 젠슨 황의 이러한 꿈은 그때의 엔비디아로서는 무리였다. 당시 CPU 시장은 인텔 천하였다. 인텔이 모든 CPU 기술을 독점하고 있었고, 이를 바탕으로 x86 시스템을 만들며 승승장구하고 있었다. 한때 젠슨 황이 근무했던 중견 CPU 업체인 AMD도 이런 인텔과 경쟁하자니 힘에 부칠 지경이었다.

결국 젠슨 황과 엔비디아는 CPU 개발의 꿈을 접고 자신들의 장기인 GPU 시장에 주력하기로 했다. 그러나 젠슨 황은 GPU 시장을 통해 PC 멀티미디어 콘텐츠 시장의 문을 열었고, 성공할 수 있었다. 젠슨 황의 성공 명언을 통해 그의 생각을 파헤쳐보자.

1006   똑똑한 사람들은 올바른 일에 집중합니다.

Smart people focus on the right things.

1007 나는 당신이 문화를 창조하고 핵심 가치를 발전시킬 수 있다고는 생각하지 않습니다. 회사가 큰 역경에 직면할 때, 회사의 존재 이유가 없을 때, 극한의 확률을 보고 있을 때, 바로 그때가 문화가 창조되고, 인격이 창조되는 순간입니다.

I don't think you can create culture and develop core values during great times. I think it's when the company faces adversity of extraordinary proportions, when there's no reason for the company to survive, when you're looking at incredible odds—that's when culture is developed, character is developed.

1008 그냥 이제 아무도 암호화폐를 사지 않았으면 좋겠습니다. 알았죠? 하지 마세요, 이미 충분해요. 아니면 비트코인을 사든지, 이더리움을 사지는 마세요. 글쎄요, 제가 누구보다 뛰어난 통찰력을 가진 건 아닙니다.

Can we all please—I don't want anybody buying cryptocurrencies, okay? Stop it. Enough already. Or buy Bitcoin, don't buy Ethereum. Well, I don't have any greater insight than anybody else.

1009 우리의 핵심 시장은 대대로 자동차 디자이너와 영화 제작자와 같은 게이머와 디지털 콘텐츠 제작자였습니다.

Our core market has been historically gamers and digital content creators such as car designers and movie makers.

1010   우리 회사에는 장치 물리학의 한계를 극복하는 놀라운 엔지니어링 팀과 제조 분야의 훌륭한 파트너들이 있습니다.

We have an amazing engineering team in the company pushing the limits of device physics and some great partners in manufacturing.

통찰을 얻고 싶다면, 실리콘밸리 천재들의 공통점에 주목하라!

실리콘밸리에는 다양한 천재가 있습니다. 그들은 모두 특별한 개성과 기발한 아이디어를 자랑합니다. 하지만 그들의 삶을 자세히 관찰한 결과, 놀랍게도 전혀 다르게 보이던 천재들에게서 여러 공통점을 발견할 수 있었습니다. 그들의 공통점 중 일부는 다음과 같습니다.

첫째, 일을 향한 열정과 몰입이 뛰어납니다. 실리콘밸리 천재들은 자신이 하는 일에 뜨거운 열정을 가지고 몰입합니다. 그들은 자신의 아이디어나 제품을 개발하는 일에 관해 깊이 있게 고민하며, 문제를 해결하는 데 필요한 시간과 노력을 아끼지 않습니다.

둘째, 그들은 뛰어난 창의력과 혁신성을 가지고 있습니다. 실리콘밸리 천재들은 기존의 아이디어나 방식에만 국한되기보다는, 세상에 없었던 새로운 아이디어를 창조하고 혁신적인 방식으로 문제를 해결합니다.

셋째, 사람들과 협력하고 공유합니다. 실리콘밸리 천재들은 개인의 역량을 넘어서는 문제를 해결하기 위해 다른 사람들과 협력합니다. 그들은 지식과 경험을 공유하면서 서로의 아이디어를 발전시키는 데 결정적인 역할을 합니다.

넷째, 실패에 대한 용인력이 상당합니다. 실리콘밸리 천재들은 실패를 두려워하지 않고 실패를 경험해도 바로 일어나 다시 도전합니다. 그들에게 실패는 실패 그 자체가 아닌 성공의 기회이기 때문입니다. 그래서 그들은 실패를 통해 더 나은 결과를 이루기 위해 노력합니다.

마지막으로 그들은 빠르게 결정하고 빠르게 실행합니다. 실리콘밸리 천재들은 올바른 결정을 내림과 동시에 그것을 실행해야 합니다. 그렇기에 문제를 진단하고 빠르게 결정하며, 그 결정을 실행하는 데 망설이지 않습니다. 이를 통해 짧은 기간 내에 괄목할 만한 성과를 창출합니다.

많은 사람이 실리콘밸리 천재들처럼 유능한 인재가 되어 성공하길 원합니다. 하지만 자신과 그들을 비교하다 보면 결국 '나는 영원히 평범하게 살다 죽겠구나.'라는 생각에 실의에 빠질 수도 있습니다. 하지만 각자 다른 개성을 가지고 있는 실리콘밸리의 천재들도 처음에는 비슷한 생각을 가지고 있었습니다.

그러니 포기하지 말고 〈실리콘밸리 천재들의 생각 아포리즘〉을 분석하여 나의 삶에 적용한다면 그들과 비슷한 사고방식을 갖게 될 것입니다. 사고방식은 곧 행동을 변화시키고, 행동의 변화는 인생의 변화로 이어집니다. 성공하고 싶다면, 이 책을 읽고 또 읽길 추천합니다. 그러다 보면, 어느새 실리콘밸리 천재들의 통찰력을 흡수할 수 있을 것입니다.

본문에는 천여 개의 많은 문장이 있지만 어떤 단 하나의 아포리즘에서 통찰을 얻는다면 바로 그 하나(The One)가 자기 신념체계를 바꾸어 이 세상도 변화시킬 수도 있습니다.

저자에겐 오라클의 창업자 래리 엘리슨(Larry Ellison)의 0536번 아포리즘 "내 성공을 결정하는 데 있어 내 성격의 가장 중요한 측면은 통념에 의문을 제기하고, 전문가에 대해 의심하고, 권위에 대해 의문을 제기하는 것이었다."가 바로 The One이었습니다.

이처럼 저자 역시 다양한 분야에 많은 통찰을 얻기 위해 실리콘밸리 천재들의 사고방식에 주목하고 접목하려고 항상 노력하고 있습니다. 또한 이 에필로그 부분은 제15장에서 언급한 OpenAI 챗GPT의 도움을 받아서 작성해보았는데, 글을 쓰기 위해 직접 챗GPT를 활용해보니 실리콘밸리의 최첨단 기술이 결코 먼 이야기가 아니라는 느낌이었습니다. 여러분도 이러한 혁신기술과 가까워져 삶과 인생에 많은 통찰을 얻기 바랍니다.